Alfred Rosenberg

La trace du juif à travers les âges

Traduit avec une introduction et des notes

Par Alexander Jacob

ALFRED ROSENBERG
(1893-1946)

Alfred Rosenberg (1893-1946) était une figure importante de l'Allemagne nazie, connue pour son rôle dans le développement de l'idéologie raciale et antisémite du parti. Membre de la première heure du parti nazi, il est l'auteur de *"Le mythe du XXe siècle"*, qui expose ses convictions en matière de supériorité aryenne et d'antisémitisme. Rosenberg a occupé le poste de ministre du Reich pour les territoires occupés de l'Est pendant la Seconde Guerre mondiale, supervisant les politiques menées en Union soviétique. Après la guerre, il a été jugé au procès de Nuremberg, reconnu coupable de crimes de guerre et exécuté en 1946.

La trace du juif à travers les âges

Die Spur des Juden im Wandel der Zeiten

Deutscher Volksverlag, München 1920

Traduit et publié par
Omnia Veritas Limited

www.omnia-veritas.com

© Omnia Veritas Ltd - 2024

Tous droits réservés. Aucune partie de cette publication ne peut être reproduite, distribuée ou transmise sous quelque forme ou par quelque moyen que ce soit, y compris la photocopie, l'enregistrement ou d'autres moyens électroniques ou mécaniques, sans l'autorisation écrite préalable de l'éditeur, sauf dans le cas de brèves citations dans des revues critiques et d'autres utilisations non commerciales autorisées par la loi sur les droits d'auteur.

INTRODUCTION	9
AVANT-PROPOS	29
I. QUESTIONS GÉNÉRALES	31
Diaspora	*31*
Commerce et usure	*33*
Les lois morales juives	*54*
Intolérance religieuse	*61*
Le ghetto	*80*
Brûlage du Talmud	*85*
II. APERÇU HISTORIQUE	103
Les Juifs au Portugal	*105*
Les Juifs en France	*111*
Le judaïsme et la politique	*136*
Le Juif et l'Allemand	*143*
Les Juifs de l'Entente	*148*
Les Juifs et la franc-maçonnerie	*151*
Le sionisme	*187*
La révolution russo-juive !	*196*
III. L'ESPRIT JUIF	208
Le Talmud	*208*
L'esprit technique	*219*
Le 19ème siècle	*233*
Le caractère juif - L'énergie juive	*246*
La règle du monde juive	*251*
Conséquences	*264*
AUTRES TITRES	269

Introduction

Par Alexander Jacob

Alfred Rosenberg est né en 1893 à Reval[1] dans l'Empire russe et a étudié l'architecture à l'Institut polytechnique de Riga où il a obtenu son diplôme en 1917. Dans sa jeunesse, il lit avec un vif intérêt les œuvres de Kant et des idéalistes allemands, ainsi que Schopenhauer, Nietzsche, Wagner et Houston Stewart Chamberlain. Mais c'est sa découverte de la philosophie indienne qui a été l'inspiration spirituelle la plus profonde de sa vie. Il commente ainsi la primauté de la vie contemplative dans la pensée indienne,

> "Comme nous sommes loin ici de toute avidité de pouvoir et d'argent, de toute rapacité et de toute intolérance, de toute mesquinerie et de toute arrogance".[2]

En 1918, Rosenberg émigre en Allemagne, d'abord à Berlin puis à Munich, où il rencontre Dietrich Eckart et collabore à son magazine *Auf gut Deutsch*. C'est par l'intermédiaire d'Eckart que Rosenberg rencontre Hitler. Rosenberg avait déjà adhéré au NSDAP en janvier 1919, c'est-à-dire avant Hitler, qui ne l'avait rejoint qu'en octobre de la même année. Cependant, Rosenberg n'était pas très proche d'Hitler en tant qu'assistant politique et

---

[1] Aujourd'hui Tallinn, capitale de l'Estonie

[2] Toutes les références se rapportent à la présente édition.

était plus ou moins cantonné à la rédaction du journal *Völkischer Beobachter* (Observateur nationaliste) auquel il a contribué par plusieurs articles. Le *Völkischer Beobachter* est le nom donné au *Münchener Beobachter* lorsque ce dernier est racheté par la Société Thulé en août 1919. En décembre 1920, le journal est racheté par le NSDAP et édité par Dietrich Eckart jusqu'à sa mort en 1923, date à laquelle Rosenberg prend en charge la rédaction.

Influencé à la fois par ses lectures d'auteurs antisémites et par son expérience directe de l'implication des Juifs dans la révolution russe, Rosenberg s'est intéressé à la question juive dès la fin de la première guerre mondiale. En 1919, il a rédigé l'étude classique sur les Juifs.[3] En 1929, il crée un "Kampfbund für deutsche Kultur" (Ligue militante pour la culture allemande) qui durera jusqu'en 1934. Parmi les membres et les sympathisants de cette société figurent les éditeurs Hugo Bruckmann et Julius Lehmann ainsi que des dirigeants de la Société Wagner tels que Winifred Wagner, Eva, la veuve de Houston Stewart Chamberlain, et le baron Hans von Wolzogen, ami de Richard Wagner. L'objectif principal de la société était de combattre le modernisme sous ses multiples formes, telles que l'art expressionniste, l'architecture du Bauhaus et la musique atonale. En 1930, Rosenberg devient député national-socialiste et publie son histoire culturelle *Mythus des zwanzigsten Jahrhunderts,* qu'il conçoit comme une continuation de *Die Grundlagen des neunzehnten Jahrhunderts* (1899) de Chamberlain. En 1933, après l'accession d'Hitler au pouvoir, Rosenberg est nommé chef du département de politique étrangère du NSDAP, mais il n'exerce pas une grande influence à ce poste. En 1934, il est chargé de la formation intellectuelle et philosophique du NSDAP.

---

[3] La première édition de *Die Spur des Juden im Wandel der Zeiten* a été publiée en 1920 à Munich par Boepple (Deutscher Volksverlag). J'ai utilisé pour ma traduction l'édition légèrement améliorée de Rosenberg de 1937, publiée par le Zentralverlag der NSDAP, Franz Eher Publishers, Munich.

Pendant la guerre, en juillet 1940, l'Einsatzstab Reichsleiter Rosenberg (le groupe de travail Rosenberg) a été créé et chargé de collecter les œuvres d'art considérées comme appartenant de plein droit au Reich européen de l'Allemagne. En 1941, après l'invasion de l'URSS, Rosenberg est nommé ministre des territoires occupés de l'Est, mais il entre régulièrement en conflit avec le brutal Gauleiter Erich Koch, nommé Reichskommissar de l'Ukraine.[4] À la fin de la guerre, en mai 1945, Rosenberg est capturé par les troupes alliées et jugé à Nuremberg. Contrairement à Albert Speer, il ne plaide pas coupable et refuse de prendre ses distances avec le national-socialisme lui-même, même s'il s'est clairement opposé à nombre de ses personnalités, en particulier Goebbels, Bormann et Himmler, qui ont eu une plus grande influence sur Hitler et, par conséquent, un plus grand pouvoir exécutif dans le Reich. Rosenberg a été reconnu coupable par le tribunal de Nuremberg et pendu le 16 octobre 1946.

Dans ses mémoires *intitulées Letzte Aufzeichnungen* (Notes finales), rédigées pendant sa détention entre 1945 et 1946, Rosenberg décrit l'ensemble du mouvement national-socialiste comme une réponse à la question juive :

> Le national-socialisme est la réponse européenne à une question centenaire. C'était l'idée la plus noble à laquelle un Allemand pouvait donner toute sa force. Il a fait de la nation allemande un don d'unité, il a donné au Reich allemand un nouveau contenu. C'était une philosophie sociale et un idéal de propreté culturelle conditionnée par le sang. Le national-socialisme a été mal utilisé, et finalement démoralisé, par les hommes auxquels son créateur avait fatalement accordé sa confiance. L'effondrement du Reich est historiquement lié à cela. Mais l'idée elle-même était action

---

[4] À la fin de la guerre, Koch est entré dans la clandestinité et n'a été retrouvé par les forces alliées qu'en mai 1949. Il a été jugé et condamné à mort en 1959, mais sa peine a été commuée en prison à vie, peut-être parce que les Russes pensaient qu'il pouvait détenir des informations sur les œuvres d'art confisquées par les nationaux-socialistes au palais de Tsarskoïe.

et vie, et cela ne peut pas être oublié et ne le sera pas. De même que d'autres grandes idées ont connu des sommets et des profondeurs, le national-socialisme renaîtra un jour dans une nouvelle génération endurcie par le chagrin et créera sous une nouvelle forme un nouveau Reich pour les Allemands. Mûri par l'histoire, il aura alors fusionné la force de la croyance avec la prudence politique. Dans son sol paysan, il se transformera, à partir de racines saines, en un arbre solide qui portera des fruits sains. Le national-socialisme a été le contenu de ma vie active. Je l'ai servi fidèlement, malgré quelques maladresses et insuffisances humaines. Je lui resterai fidèle tant que je vivrai.[5]

En ce qui concerne la question juive elle-même, il a expliqué que :

> La guerre contre les Juifs est née du fait qu'un peuple étranger sur le sol allemand s'est arrogé la direction politique et spirituelle du pays et, se croyant triomphant, l'a affichée effrontément. Mais aujourd'hui, la simple protestation contre un tel phénomène fait peser une telle suspicion sur quiconque exige une différenciation nette entre ces camps opposés que personne n'ose soulever la question sans être accusé de préparer un nouvel Auschwitz. Et pourtant, l'histoire ne s'arrête pas. Les forces de vie et de sang existent et seront efficaces.

La profondeur de la compréhension par Rosenberg des dangers d'une domination juive sur la société européenne est évidente dès son premier grand ouvrage sur les Juifs, *Die Spur des Juden im Wandel der Zeiten (La trace du Juif à travers les âges)*. Se concentrant sur les défauts de l'esprit juif lui-même comme source de ces dangers, Rosenberg décrit, dans la première partie de cet ouvrage,[6] la formation de l'esprit juif depuis les temps les plus reculés jusqu'à aujourd'hui. Dans la deuxième partie, il passe

---

[5] Voir Memoirs of Alfred Rosenberg, tr. Eric Posselt, Chicago : Ziff-Davis, 1949.

[6] Dans mon édition, j'ai divisé le texte en trois parties pour faciliter la lecture et la compréhension.

en revue l'histoire de l'implication des Juifs dans la politique européenne, en particulier au Portugal, en France, en Allemagne et en Russie, et examine également la contribution des sociétés maçonniques, à partir du XVIIIe siècle, aux mouvements révolutionnaires qui ont conduit à l'émancipation fatale des Juifs d'Europe. Dans la dernière partie, il analyse plus attentivement les caractéristiques et les limites de l'intellect juif et propose sa propre solution à la question juive.

Rosenberg commence par souligner que la diaspora juive est antérieure à l'exil babylonien du 6ème siècle avant J.-C. Les Juifs, qui se caractérisent essentiellement par leurs talents et leurs ambitions financières, avaient été tentés par les possibilités commerciales de se disperser dans toute la Méditerranée et l'Afrique du Nord bien avant qu'ils ne commencent à se déplacer vers l'est après l'Exil. Ce qui est significatif dans leurs premières activités commerciales, c'est qu'elles étaient invariablement marquées par l'usure et la tromperie, alors que dans l'Espagne et le Portugal médiévaux, ils prospéraient également dans le commerce des esclaves. En prêtant de l'argent aux princes pour leurs aventures militaires ainsi que pour leur luxe privé, les Juifs ont acquis un pouvoir important auprès des tribunaux, ce qui leur a permis d'obtenir des droits préférentiels et des privilèges. C'est la montée de ce pouvoir juif mal acquis qui a poussé les populations locales dans les agitations et les persécutions antisémites qui ont finalement éclaté dans de nombreux pays européens. Les guildes d'artisans qui, jusqu'aux 13ème et 14ème siècles, étaient ouvertes aux Juifs ont commencé à fermer leurs portes et les Juifs ont bientôt été contraints de vivre dans des ghettos pour leur propre sécurité afin d'éviter les explosions périodiques de violence antisémite. Les tentatives des gouvernements d'interdire l'usure et d'obliger les Juifs à travailler manuellement n'aboutissent à rien, car les Juifs trouvent toujours des moyens de contourner ces lois.

Rosenberg révèle que la principale raison pour laquelle le Juif a connu un tel succès dans ses entreprises commerciales est le fait que les lois morales juives autorisent de manière flagrante la malhonnêteté dans les transactions avec les non-Juifs. C'est d'ailleurs ce qui a poussé le philosophe allemand Fichte à s'exclamer :

> "Que les Juifs continuent à ne pas croire en Jésus-Christ, qu'ils ne croient en aucun dieu, tant qu'ils ne croient pas en deux lois morales différentes et en un dieu hostile à l'humanité".

Cette ambivalence morale des Juifs s'accompagne d'une intolérance à l'égard de toute autre religion que la leur. Cette intolérance s'étendait même à des apostats juifs comme Uriel d'Acosta et Spinoza. Rosenberg note avec perspicacité la similitude essentielle entre l'intolérance du judaïsme talmudique et la rigidité dogmatique du système marxiste qui "donne une réponse à toutes les questions et exclut les débats". Comme il le dit lui-même :

> Cet esprit qui dirige les troupes de l'anarchie à la fois diplomatiquement et brutalement, conscient de son but, est l'esprit religieux, économique, politique et national de l'intolérance fondamentale qui s'est développée à partir d'un fondement racial ; il ne connaît que l'universalisme de la religion (c'est-à-dire le règne du dieu juif), le communisme (c'est-à-dire les États esclavagistes), la révolution mondiale (la guerre civile sous toutes ses formes) et l'internationalisme de tous les juifs (c'est-à-dire leur règne mondial). C'est l'esprit de la rapacité effrénée et sans scrupules : l'Internationale noire, rouge et dorée sont les rêves des "philosophes" juifs, depuis Ezra, Ezéchiel et Néhémie jusqu'à Marx, Rothschild et Trotsky.

Cela contraste fortement avec la tolérance des anciens Indiens et Allemands. C'est d'ailleurs à la tolérance des souverains perses achéménides que les Juifs doivent leur existence actuelle, puisque c'est Darius Ier qui a permis aux Juifs de retourner dans leur patrie après leur exil à Babylone.

D'autre part, le judaïsme qui se cristallise à cette époque est lui-même marqué par ce que l'historien Eduard Meyer appelle "le dénigrement arrogant selon lequel tous les autres peuples, comparés au peuple choisi par le Dieu maître du monde, sont devenus des païens voués à la destruction". C'est ainsi que Meyer conclut :

> Le codex sacerdotal est la base du judaïsme qui existe sans changement depuis l'introduction de la loi par Esdras et Néhémie en 445 avant J.-C. jusqu'à nos jours, avec tous les crimes et les monstruosités, mais aussi avec l'énergie impitoyable et orientée vers un but qui lui est inhérent depuis le début et qui a produit, en même temps que le judaïsme, son complément, la haine des juifs.

Le ghetto qui a caractérisé l'existence juive par la suite a en effet été créé à l'origine par le désir des Juifs eux-mêmes de se séparer culturellement de leurs peuples d'accueil. Plus tard, lorsque le ressentiment de la population locale est devenu violent, le ghetto a également servi de protection contre les blessures. Progressivement, la ghettoïsation et les diverses restrictions à la propriété et à l'immigration ont été jugées nécessaires pour protéger la population locale elle-même de l'influence juive. Comme le souligne Rosenberg :

> Les hommes de cette époque agissaient sur la base d'une expérience amère et ne se laissaient pas mener par des slogans manifestement stupides et un manque de critique flagrant, comme notre public "civilisé" actuel en Europe se laisse faire sans résistance. Seules les lois sur l'immigration peuvent nous sauver de la domination juive actuelle ou nous devons décider de devenir plus efficaces et sans scrupules que le Juif. (L'État national-socialiste l'a fait pour la première fois).

L'un des signes les plus caractéristiques et les plus significatifs de l'hostilité des Juifs à l'égard des Européens est leur haine du christianisme. Rosenberg donne des exemples de cette haine tirés du Talmud ainsi que de l'ouvrage intitulé Toledot Yeshu, qui prétend rendre compte de la vie de Jésus. Il n'est donc pas surprenant que l'Église ait de plus en plus proscrit les ouvrages juifs :

Imaginons la situation : dans les États chrétiens vit un peuple étranger qui, dans ses livres, injurie amèrement le fondateur de la religion d'État, qui, toute la semaine, à la synagogue, prononce la malédiction de son dieu sur les chrétiens et qui, par d'autres moyens, ne cache pas sa haine. Même une Église moins consciente d'elle-même que l'Église romaine aurait dû prendre des mesures de masse pour mettre fin à cette situation.

Il est intéressant de noter que les brûlages de livres juifs qui ont commencé au XIIIe siècle ont en fait été initiés par les Juifs eux-mêmes qui s'opposaient aux écrits "hérétiques" de Moïse Maïmonide. De même, les brûlages du Talmud qui ont suivi ont été initiés principalement par des Juifs convertis, qui ont fait preuve de la même intolérance dans leur nouveau catholicisme que dans leur judaïsme antérieur. Rosenberg va jusqu'à attribuer les persécutions anti-scientifiques de l'Église catholique romaine contre des penseurs comme Galilei et Bruno à l'adoption d'une intolérance juive au sein de son propre système ecclésiastique. En effet, pendant l'Inquisition, les persécuteurs les plus redoutés, dont Torquemada, étaient des juifs convertis :

> "Le symbolisme de la foi catholique est naturellement laissé de côté, mais la joie des persécutions religieuses trouve dans les juifs convertis ses représentants les plus typiques."

La deuxième partie de l'ouvrage aborde l'histoire des Juifs en Europe et étudie notamment le cas des Juifs du Portugal, de France, d'Allemagne et de Russie. Ce faisant, il souligne également l'importance de l'implication des Juifs dans le développement du mouvement maçonnique en Europe. Rosenberg commence par noter la similitude des expériences dans les différents États européens où les Juifs ont été admis. Dans un premier temps, ils sont acceptés par leurs nations d'accueil avec peu de réserves, puis ils commencent leur exploitation innée des affaires usuraires pour tenir les princes et la population sous leur contrôle et enfin ils subissent des persécutions antisémites ou des expulsions. Au Portugal, l'histoire des Juifs commence dès le 11e siècle et l'on constate que les Juifs profitent largement du commerce croissant des esclaves et prêtent ces bénéfices à la population locale à des taux d'intérêt de plus en plus élevés, jusqu'à ce que des révoltes populaires éclatent finalement au 16ème siècle. En France, la présence des Juifs est attestée dès le 6ème siècle, mais c'est surtout sous Charlemagne et les Carolingiens qu'ils ont acquis un statut élevé en France en tant qu'agents commerciaux. Comme dans la plupart des pays, leurs ambitions mondaines ne connaissaient pas de limites et, au IXe siècle, l'évêque Agobert de Lyon a entrepris une campagne officielle longue et ardue contre leur astuce commerciale et leur arrogance dans le traitement des esclaves chrétiens. Mais il s'aperçut que les Juifs bénéficiaient de protections en haut lieu et ses efforts ne portèrent guère leurs fruits. Ce n'est qu'au début du 14ème siècle que les agitations populaires réussirent à les chasser de Lyon. Dans le centre de la France, la situation économique après les croisades était extrêmement favorable à l'activité usuraire des Juifs et ils l'ont exploitée au maximum, jusqu'à ce qu'ils soient chassés à la fin du 14ème siècle.

Ce n'est qu'à Pamiers, au pied des Pyrénées, que la conduite des Juifs était plus tolérable, car les rabbins appliquaient des règles strictes de modération à leur peuple. Par conséquent, il n'y eut pratiquement pas de persécution des Juifs dans cette région. Cependant, pendant la Révolution française, les Juifs travaillèrent ardemment à leur émancipation par l'intermédiaire d'agents tels que Herz Cerfbeer en Alsace et Moses Mendelssohn à Berlin. Les barrières qui séparaient leur existence usuraire de celle des païens commencèrent à disparaître progressivement.

Bien que les Juifs aient formé dès le début un réseau international qui aidait les Juifs de différents pays par des contacts mutuels, l'essor de la maçonnerie au début du XVIIIe siècle leur a permis d'agir plus efficacement et plus clandestinement par l'intermédiaire des différentes loges d'Europe. Au début, les Juifs n'étaient pas acceptés dans les loges maçonniques en raison de l'aversion qui régnait à leur égard. Mais, progressivement, des mouvements comme le Martinisme au 18ème siècle ont commencé à accepter les Juifs en grand nombre et des loges essentiellement juives ont également commencé à être créées.

Les objectifs anti-royalistes et anticléricaux des francs-maçons apparaissent clairement dans le rôle qu'ils ont joué dans la Révolution française. Rosenberg souligne en particulier le rôle du juif Cagliostro dans le déclenchement de la calamité. Plus tard, lorsque l'armée révolutionnaire décida d'étendre ses idées à d'autres parties de l'Europe par le biais d'expéditions militaires, elle fut aidée par le fait qu'il y avait des francs-maçons parmi les généraux allemands qui permirent aux Français de conquérir le territoire allemand sans trop de difficultés. Rosenberg explique également les conquêtes de Napoléon comme étant dues en grande partie au soutien maçonnique, soutien qui lui a été retiré lorsqu'il a décidé d'utiliser la maçonnerie à ses fins plutôt que de la laisser l'utiliser aux siennes.

Au dix-neuvième siècle, le développement des loges juives s'est poursuivi régulièrement jusqu'à ce que la maçonnerie devienne identique aux idées juives de révolution. Comme l'a fait remarquer avec justesse Gotthold Salomon, de la loge "Rising Dawn" de Francfort :

> Pourquoi n'y a-t-il pas non plus, dans l'ensemble du rituel maçonnique, de trace du christianisme ecclésiastique ? Pourquoi les francs-maçons ne parlent-ils pas de la naissance du Christ mais, comme les juifs, de la création du monde ? Pourquoi n'y a-t-il aucun symbole chrétien dans la franc-maçonnerie ? Pourquoi le cercle, le carré et la balance ? Pourquoi pas la croix et d'autres instruments de torture ? Pourquoi pas, au lieu de la Sagesse, de la Force et de la Beauté, le trio chrétien : Foi, Charité, Espérance ?

Bientôt, des mouvements nationalistes révolutionnaires voient le jour dans toute l'Europe, tels que la Jeune Allemagne, la Jeune Italie et la Jeune Europe. Les objectifs subversifs anti-européens des révolutions du XIXe siècle sont révélés dans un message écrit par le juif Piccolo Tigre :

> La chose la plus importante est d'isoler l'homme de sa famille et de le rendre immoral… Quand vous aurez instillé l'aversion pour la famille et la religion dans un certain nombre d'esprits, alors laissez tomber quelques mots excitant le désir d'entrer dans les loges. La vanité de la bourgeoisie à s'identifier à la franc-maçonnerie a quelque chose de si banal et de si universel que je me réjouis toujours de la bêtise humaine. Je m'étonne que le monde entier ne frappe pas à la porte des plus éminents pour leur demander d'être un ouvrier de plus dans la reconstruction du temple de Salomon.

Après la Commune de Paris de 1871, les mouvements révolutionnaires encouragés par la Maçonnerie se sont progressivement transformés en mouvements socialistes et communistes. Marx et ses collègues ont veillé à ce que le mouvement socialiste ne soit pas un mouvement purement ouvrier, mais toujours dirigé par des intellectuels juifs tels que Trotsky, Kuhn et Levine. Dans le même temps, le noyau de la conspiration anti-européenne se cristallise dans des sociétés exclusivement juives telles que l'ordre B'nai B'rith fondé à New York en 1843 et les synagogues elles-mêmes. Le grand rabbin de Francfort, Isidor, déclare par exemple en 1868 :

> Déjà les peuples, conduits par les sociétés de régénération du progrès et des lumières (c'est-à-dire les francs-maçons), commencent à s'incliner devant Israël. Puisse l'humanité entière, obéissant à la philosophie de l'Alliance Universelle Israélite, suivre le Juif qui dirige l'intelligentsia des nations progressistes. L'humanité tourne son regard vers la capitale du monde rénové, qui n'est ni Londres, ni Paris, ni Rome, mais Jérusalem, qui s'est relevée de ses ruines, qui est à la fois la ville du passé et de l'avenir.

Le sionisme est l'aboutissement de cette ambition juive et il remporte sa grande victoire en 1917 lorsque la Grande-Bretagne conquiert Jérusalem sur les Turcs. En ce qui concerne la relation des Juifs avec les Allemands et l'Empire allemand, Rosenberg prend soin de souligner tout d'abord l'incompatibilité essentielle de l'esprit juif, avec son horreur de la religion mystique et de tout ce qui sort du domaine du calcul rationnel, avec l'esprit allemand, pour ce qui est de la religion et de l'Empire allemand.

> "Il n'y a peut-être en Europe aucune nation qui ait exploré et expliqué le mystère intérieur de l'homme comme l'Allemagne ?

Rosenberg observe avec perspicacité que la "profondeur des sentiments et la tendresse" que Schiller loue chez Goethe constituent en fait l'essence même de l'âme européenne. C'est la raison pour laquelle, alors que les Juifs pouvaient vivre assez confortablement avec les Français et les Anglais, ils détestaient positivement les Allemands — tout comme les Russes, dont les inclinations spirituelles s'opposaient radicalement à l'existence juive. Il n'est donc pas surprenant que, lorsque les Juifs ont réalisé que l'Empire britannique servait plus efficacement le rêve internationaliste sioniste que l'Empire allemand, ils aient décidé de soutenir les Anglais contre les Allemands lors de la première guerre mondiale. Organisés au sein de l'Alliance israélite universelle, les Juifs se sont lancés dans une entreprise de destruction de l'Allemagne. Il est vrai que certains Juifs antisionistes en Allemagne craignaient que la reconnaissance des Juifs en tant que nation ne leur permette plus de se cacher en tant que "citoyens d'État" lorsqu'ils étaient accusés de trahison commerciale ou politique dans leur pays d'adoption. Mais la solidarité internationale entre les Juifs était primordiale et les premières craintes exprimées par Fichte dans ses *Discours à la nation allemande* (1808) se sont concrétisées :

> La pensée évidente ne vous vient-elle pas à l'esprit que si vous donnez aux Juifs, qui sont, indépendamment de vous, citoyens d'un État plus fort et plus puissant que tous les vôtres, la citoyenneté de vos États, vos autres citoyens seront entièrement sous leurs pieds ?

L'horreur d'une domination juive totale sur la société européenne s'est concrétisée pour la première fois lors de la révolution russe, lorsque les bolcheviks juifs ont pris les rênes du gouvernement aux dépens d'éléments plus modérés et ont mis en place un gouvernement russe juif. Rosenberg a en fait été le témoin direct du contrôle juif de l'État soviétique lorsqu'il a voyagé en 1917 et au début de 1918 de Saint-Pétersbourg à la Crimée. Comme il le révèle :

> Au nom de la fraternité et de la paix, les bolchevistes ont attiré à eux des hordes irréfléchies et se sont immédiatement mis au travail avec une haine féroce contre tout ce qui était "bourgeois" et bientôt avec un massacre systématique et une guerre civile, si l'on peut appeler ainsi ce massacre unilatéral. Toute l'intelligentsia russe, qui s'était battue pendant des décennies pour le peuple russe et avait été condamnée à la potence ou à l'exil pour son bien-être, a été simplement tuée partout où elle pouvait être atteinte… Les ouvriers et les soldats ont été poussés à un tel point qu'il n'y avait plus de retour possible pour eux, ils sont devenus les créatures sans volonté de la règle juive tenace qui avait brûlé tous les ponts derrière elle.

Le problème de toute domination juive sur le monde est la qualité défectueuse et dangereuse de l'esprit juif lui-même. C'est ce que Rosenberg explore dans la dernière partie du présent ouvrage.[7] Il se concentre tout d'abord sur le Talmud en tant qu'exemple de l'intellect juif et souligne l'absence totale de valeur métaphysique ou religieuse dans cet ouvrage. Au contraire, tout y est clair et net : "Le monde a été créé à partir de rien par le dieu des Juifs, le peuple qui devrait gouverner le monde et à qui toute chose créée appartient de droit". Autour de cette prémisse fondamentale se tisse un vaste tissu de sophismes et de casuistiques moraux parfois incompréhensibles, parfois obscènes. L'autre défaut fondamental de l'esprit juif, sa tendance technique, est illustré par les diverses

---

[7] Ces observations de Rosenberg devraient rendre les discussions contemporaines sur le QI juif (voir, par exemple, G. Cochran, J. Hardy, H. Harpending, "Natural history of Ashkenazi intelligence", Journal of Biosocial Science 38 (5), 2006, pp. 659-693, et Richard Lynn, *The Chosen People : A Study of Jewish Intelligence and Achievement*, Washington Summit Publishers, 2011) ne valent pas grand-chose, si ce n'est des exercices académiques.

manifestations du modernisme lui-même. Comme le souligne Rosenberg :

> Aujourd'hui, les chemins de fer et la poésie, les avions et la philosophie, le chauffage à eau chaude et la philosophie appartiennent à la culture. Le mot "culture" ne devrait désigner que les expressions de l'homme qui sont le produit (ressenti ou pensé) d'une conception du monde. En font partie la religion, la philosophie, la morale, l'art et la science dans la mesure où ils ne sont pas purement techniques. Le reste, c'est le commerce, l'économie et l'industrie, que je voudrais désigner comme la technique de la vie. Il me semble que le fait que je qualifie l'esprit juif d'esprit essentiellement technique donne une idée importante de l'essence de cet esprit. Dans tous les domaines que j'ai considérés comme appartenant à la technique de la vie, il a, comme nous l'avons vu, toujours été actif avec une énergie tenace et avec de grands succès. Mais même là, d'où jaillit la culture, ce n'est que l'aspect technique extérieur, sous ses différentes formes, qu'il a marqué ou possédé.

Il en va de même pour l'obsession juive des lois. Comme l'explique Rosenberg :

> Plus le sentiment de justice et d'injustice est clairement et définitivement enraciné dans un peuple, moins il a besoin d'une technique juridique compliquée et plus il possède de culture spirituelle. C'est donc un jugement totalement erroné que de voir dans l'énumération minutieuse des activités permises et interdites de la vie quotidienne une expression dérivée d'un ethos supérieur.
>
> Bien au contraire, c'est le signe que la morale n'est pas centrée sur l'homme, mais qu'elle est déterminée de l'extérieur, et que la récompense et la punition pour son observation sont déterminantes. Il est caractéristique de l'esprit juif que la simple morale du bien et du mal ait conduit à un enchevêtrement de lois et à des commentaires qui ont duré des centaines d'années.

Cela contraste avec la quintessence de l'esprit indo-européen :

> la connaissance des Indiens est née de l'aspiration à l'interconnexion de l'univers et a conduit à une connaissance purifiée et symbolique, que cette connaissance n'a donc servi que de moyen pour atteindre un but qui la dépasse. Le Juif a montré tout au long de son histoire une recherche de la connaissance en soi, évitant toute métaphysique comme une maladie infectieuse, et persécutant instinctivement les quelques exceptions qui flirtaient avec la philosophie. La connaissance de la Loi était pour le Juif un but en soi.

C'est pourquoi, souligne Rosenberg, l'enseignement du Christ sur un royaume "à l'intérieur de nous" est essentiellement répugnant pour le Juif.

> Tous les mythes que les Juifs ont appris des Sumero Akkadiens et, plus tard, des Perses, ont été transformés en faits historiques qui justifiaient leur seul objectif politique de dominer les autres. Ainsi, lorsque les Juifs ont entendu parler pour la première fois de l'immortalité de l'âme humaine par les Perses, lorsqu'ils ont entendu parler d'un messie, un Saoshyant, qui délivrerait le monde du pouvoir du principe du mal pour établir un royaume céleste dans lequel entreraient non seulement les saints, mais finalement aussi, après un châtiment sévère, tous les innombrables pécheurs pénitents, ils n'ont compris de ce principe d'un amour libérateur du monde que l'idée d'un messie régnant sur le monde.

Les mythes et symboles adoptés par les Juifs dans l'ouvrage kabbalistique apparemment mystique, le Zohar, se sont transformés en "magie la plus sèche".

> La tendance technique de l'esprit juif se manifeste aussi bien dans le *Moreh Nebukim* de Moïse Maïmonide que dans les œuvres de Spinoza, qui, en tant que véritable technicien juif, a réussi le tour de force de ramener ces opposés [Descartes et Giordano Bruno] à un dénominateur commun et de les combiner dans un "système" ingénieux. Le fait qu'il ait pu faire cela montre qu'il ne comprenait ni l'un ni l'autre.

Il en va de même pour la science :

> Il n'est pas difficile aujourd'hui de cerner avec une totale rigueur la sphère de l'esprit juif. Il a toujours maîtrisé ce domaine de la science que l'on ne peut posséder que par l'entendement. Le manque d'imagination et de recherche intérieure, qui a condamné le Juif à la stérilité dans la religion et la philosophie, se manifeste également dans la science. Aucune idée scientifique créative n'a germé dans l'esprit juif, nulle part il n'a indiqué de nouvelles voies.

L'influence dangereuse de l'esprit juif sur la société technologique moderne est résumée par Rosenberg :

> Si, grâce à l'effort d'hommes généreux, la science avait été amenée à se mettre sur la piste des lois fondamentales du cosmos, il est apparu un facteur qu'il était difficile d'anticiper : le traitement technique des connaissances recueillies, qui favorise l'utilité immédiate. L'homme est devenu de plus en plus l'esclave de sa création, de la machine, la technique de la vie s'est imposée de plus en plus. Et c'est par cette brèche que le Juif s'est engouffré dans notre culture !

En ce qui concerne leur contribution aux arts, les Juifs ne peuvent produire que des virtuoses qui remplacent la qualité par la quantité, des compositeurs comme Mahler qui recherchent des effets spéciaux techniques et des imprésarios comme Reinhardt qui produisent toutes sortes de cirques de divertissement. Les critiques d'art juifs abjurent la forme au profit de la technique et privilégient le bolchevisme artistique[8] et le futurisme, tout en osant parler d'"âme" et d'"expériences intérieures inexprimables". Dans le domaine littéraire, Rosenberg cite le cas de Heinrich Heine qui, malgré son vernis de culture européenne, était typiquement juif dans sa haine du christianisme. La tentative de Kant de démontrer que la foi est au-delà de la raison était particulièrement gênante pour l'esprit de Heine, lié à la raison. En fait, à la fin de sa vie, Heine a renoncé à toute tentative d'imiter

---

[8] On l'appelle aujourd'hui le marxisme culturel.

la philosophie européenne et a déclaré sur son lit de mort : "Je n'ai pas besoin de revenir à la philosophie européenne : "Je n'ai pas besoin de revenir au judaïsme puisque je ne l'ai jamais abandonné". Enfin, la haine juive invétérée du christianisme est apparue sous une nouvelle forme politique dans la doctrine de Marx, qui prêchait l'athéisme matérialiste pour se débarrasser de toutes les religions et l'internationalisme pour se débarrasser de toutes les nations afin que le monde puisse être plus facilement gouverné par les Juifs.

En dernière analyse, la caractéristique essentielle des Juifs est une version purement nationaliste de la Volonté de vivre schopenhauerienne, concept que Nietzsche a réinterprété en Volonté de puissance.[9] Ainsi, "la base du caractère [du Juif] est l'instinct incontrôlé, son but la domination du monde, ses moyens la ruse, le sens et l'énergie utilitaires". Incapable d'amour et de l'instinct créateur qui lui est lié, il a consacré toute son existence à l'acquisition des moyens de dominer le monde — symbolisés dans les opéras du *Ring* de Wagner par l'or du Rhin.[10] Contrairement à d'autres conquérants du monde, comme les Romains ou Napoléon, les Juifs sont marqués par une totale stérilité culturelle derrière le fanatisme religieux qui les oblige à se présenter comme "le peuple élu". Mais, comme l'esclave qui veut jouer au seigneur, le Juif ne parviendra qu'à enfourcher le cheval de son maître jusqu'à la mort.

La solution au problème de l'influence intellectuelle juive sur la société européenne et de son contrôle ne peut être obtenue qu'en révoquant l'émancipation des Juifs :

---

[9] Rosenberg décèle la même caractéristique chez leurs coreligionnaires, les Arabes islamiques.

[10] En effet, Alberich dans le Ring de Wagner et Klingsor dans Parsifal sont tous deux des portraits vivants du Juif éternel.

L'esprit allemand, laissé à lui-même, aurait bientôt établi son propre équilibre, mais la puissance juive dans la presse, le théâtre, le commerce et la science lui a rendu la tâche presque impossible. Nous sommes nous-mêmes à blâmer, car nous n'aurions pas dû émanciper les Juifs, mais créer des lois d'exception insurmontables pour les Juifs, comme Goethe, Fichte, Herder l'avaient demandé en vain. On ne laisse pas traîner le poison sans surveillance, on ne lui accorde pas la même importance qu'aux antidotes, mais on le conserve soigneusement dans des armoires noires. C'est enfin ce qui s'est passé — après 2000 ans — dans le Reich national-socialiste !

L'expansion alarmante de la puissance juive ne peut être freinée que par l'arrêt immédiat de la tolérance, car chaque Européen doit prendre conscience qu'il s'agit de tout ce que notre esprit, notre caractère nous a transmis comme tradition héréditaire à entretenir et à administrer et qu'ici la tolérance humanitaire face à l'hostilité agressive signifie purement et simplement le suicide.

Une étape cruciale dans cette direction a déjà été suggérée par Fichte au 18ème siècle :

> Ils doivent avoir des droits humains, même si ceux-ci ne leur appartiennent pas comme à nous... mais pour leur donner des droits civils, je ne vois pas d'autre moyen que de leur couper une nuit toutes les têtes et de leur en mettre d'autres dans lesquelles il n'y a pas une seule idée juive. Pour nous protéger d'eux, je ne vois pas d'autre moyen que de conquérir pour eux leur terre vantée et de les y envoyer tous.

À la suite de Fichte, Rosenberg propose son propre plan de réduction du pouvoir des Juifs en Allemagne, qui garantirait que

➢ Les Juifs sont reconnus comme une nation vivant en Allemagne. La foi religieuse ou l'absence de foi ne joue aucun rôle.
➢ Est juif celui dont les parents, père ou mère, sont juifs selon cette nationalité ; est désormais juif celui qui a un conjoint juif.
➢ Les Juifs n'ont pas le droit de s'engager dans la politique allemande, que ce soit en paroles, en écrits ou en actions.

➢ Les Juifs n'ont pas le droit d'occuper des fonctions publiques ni de servir dans l'armée, que ce soit comme soldats ou comme officiers. Leur performance au travail est remise en question.
➢ Les Juifs n'ont pas le droit de diriger les institutions culturelles nationales et communales (théâtres, galeries, etc.) et d'occuper des postes de professeurs et d'enseignants dans les écoles et les universités allemandes.
➢ Les Juifs n'ont pas le droit de travailler dans les commissions d'essai, de contrôle, de censure, etc. de l'État ou des communes ; ils n'ont pas non plus le droit d'être représentés dans les conseils d'administration des banques d'État et des établissements de crédit communaux.
➢ Les Juifs étrangers n'ont pas le droit de s'installer durablement en Allemagne. L'acceptation dans la fédération allemande devrait leur être interdite en toutes circonstances.
➢ Le sionisme doit être activement soutenu afin de transporter un certain nombre de Juifs allemands chaque année en Palestine ou, plus généralement, au-delà des frontières. (p. 189)

Si ces restrictions juridiques ne peuvent que créer les conditions d'un développement naturel de la culture allemande, il faut veiller à favoriser en même temps la culture allemande. Il sera nécessaire à cet égard de cultiver un christianisme également débarrassé de l'influence juive néfaste de l'Ancien Testament :

> L'esprit chrétien et l'esprit "sale juif" doivent être séparés ; la Bible doit être divisée en deux parties, chrétienne et anti-chrétienne.

Au lieu de considérer les anciens Hébreux comme les ancêtres des Européens chrétiens, il serait beaucoup plus approprié et gratifiant d'étudier et d'absorber les réalisations spirituelles des anciens Indo-Européens, Indiens, Perses, Grecs et Allemands.

Bien que les objectifs de Rosenberg en matière de nationalisme européen puissent aujourd'hui — après la défaite militaire des nationaux-socialistes — sembler insurmontables face à la globalisation américano-juive croissante du monde, on peut trouver un certain encouragement dans la remarque suivante faite par Rosenberg concernant la campagne des nationaux-socialistes pour mettre fin à l'esclavage financier du juif international :

> "Si l'on y parvenait, ne serait-ce que partiellement, la hache aurait été abattue sur l'arbre de vie du Juif". (p. 189)

AVANT-PROPOS

La trace du Juif fut mon premier ouvrage ; écrit en 1919, il parut en 1920. Comme, plus tard, dans la bataille, les discussions contemporaines ont trouvé un intérêt immédiat, il n'a plus été, après la vente de la première édition, publié à nouveau. Mais aujourd'hui, comme toutes les questions d'éducation et d'instruction exigent une étude approfondie, cet ouvrage écrit il y a 18 ans apportera sa contribution à la compréhension du Juif et de son empreinte à travers les âges puisqu'il est basé en grande partie sur des sources juives jusqu'alors inconnues de l'antijudaïsme. Je n'ai pas eu besoin de faire des corrections — à part une vérification stylistique — puisque presque tout a été préparé par moi. Dans les derniers chapitres, il a été possible d'atténuer certaines attaques personnelles contre des hommes politiques et d'abréger certains extraits de type intellectuel historique.

J'espère donc que la nouvelle édition sera utile pour comprendre le caractère immuable de la nature juive. Pour l'avenir, tout dépend de la compréhension par les générations futures de la nécessité profonde du combat de notre époque, afin qu'elles ne se fatiguent pas et ne s'affaiblissent pas, comme celles qui nous ont précédés.

Berlin, mars 1937. A.R.

Le parcours du juif à travers les âges

Alfred Rosenberg

* * * * *

> *L'idée juive est l'idée du profit.*
> Dostoïevski

> *Le Juif ne nous épargnera pas.*
> Goethe

> *Il ne faut examiner que la nature innée de chaque être, et non ses autres caractéristiques, car la nature est au-dessus de toutes les caractéristiques et, étant au-dessus, régit ces dernières.*
> Dicton indien

I. QUESTIONS GÉNÉRALES

Diaspora

Il serait vraiment superflu de perdre des mots sur la nature de la question juive, même aujourd'hui, mais les phrases qui prennent racine semblent posséder une force et une vitalité invincibles. On croit encore, même parmi les personnes qui ont pris position sur la question juive, que les Juifs ont été forcés de quitter leur patrie, qu'ils ont été déplacés d'abord à Babylone, puis à Rome. Ces deux exemples sont tout à fait justes, mais ils sont les seuls à l'être. En effet, déjà bien avant la destruction de Jérusalem et bien avant la naissance du Christ, nous voyons les Juifs vivre dispersés sur toutes les terres connues à l'époque. (Dès avant l'Exil, par exemple, des maisons bancaires juives sont repérables en Mésopotamie). De Babylone, ils ont erré de leur propre initiative toujours plus loin vers la mer ; en même temps, ils vivaient déjà dans les îles Ioniennes, en Asie Mineure et, si l'on en croit le prophète,[11] en Espagne, où ils sont arrivés en même temps que les Phéniciens.

Mais les témoignages de cette époque sont rares ; plus tard, plusieurs témoignages montrent que les Juifs ont préféré quitter, par milliers, leur patrie où ils devaient s'occuper tant bien que mal de culture et de viticulture et s'adonner à des activités plus légères et plus lucratives. Nous reviendrons sur ce point plus tard, mais il suffit de rappeler que les Juifs ont d'abord fondé des colonies durables parmi les Phéniciens, c'est-à-dire à Tyr et à Sidon. Ils se répandirent ensuite dans le reste de la Syrie et habitèrent surtout

---

[11] Isaïe 66 :19

Antioche, Séleucie, Laodicée et Damas. Ils étaient attirés plus loin, en Asie Mineure, où ils cherchaient à se loger sur les routes des caravanes et dans les villes côtières de la péninsule. C'est ainsi qu'ils vivaient en Cappadoce, en Phrygie, à Tarse, à Tralles. En Ionie [12], ils étaient particulièrement nombreux à Smyrne, Éphèse, Milet, ainsi qu'à Halicarnasse et Cnide. Leurs colonies s'étendent également à Chypre, Rhodes, Délos, Paras, en Crète, à Thessalonique, à Corinthe, à Sparte et en Attique.[13]

En Italie, c'est de Rome que nous possédons les premières informations sûres, datant de 139 avant J.-C. Même ici, les Juifs devaient être installés depuis longtemps pour pouvoir fonder une communauté aussi importante qu'elle l'était déjà à l'époque. Les Juifs vivaient également en grand nombre dans les villes d'Afrique du Nord, en particulier en Égypte. Ils s'installèrent principalement à Alexandrie et formèrent bientôt une forte minorité de la population. Grâce au gouvernement tolérant de Ptolémée Lagides,[14] a permis aux Juifs de s'installer partout, et c'est ainsi que le cercle des colonies juives s'est refermé autour de toute la Méditerranée. Les colonies communiquaient activement entre elles, attiraient de nouveaux colons de Palestine, s'avançaient de plus en plus sur les routes commerciales, si bien que Strabon [15] avait raison d'affirmer qu'à l'époque de la

---

[12][L'Ionie est la région côtière occidentale de l'Anatolie, centrée autour de Smyrne (Izmir)]. [N.B. Toutes les notes entre crochets sont de la traductrice].

[13] Herzfeld, Handelsgeschichte der Juden im Altertum, Braunschweig, 1879. [Levi Herzfeld, Handelsgeschichte der Juden des Alterthums. Herzfeld (1810-1884) était un rabbin et un historien allemand.]

[14] [Ptolémée Ier Soter ("le Sauveur"), ou Lagides (vers 367 av. J.-C. — vers 283 av. J.-C.) était un général macédonien sous Alexandre le Grand qui devint souverain de l'Égypte (323 av. J.-C. — 283 av. J.-C.) et fondateur de la dynastie des Ptolémées].

[15] [Strabon (env. 64 av. J.-C. — 24 ap. J.-C.) était un géographe et historien grec surtout connu pour ses 17 volumes intitulés Geographica].

naissance du Christ, il n'y avait plus aucun endroit qui ne soit pas habité et gouverné par des Juifs.

Ces brèves indications, que l'on peut multiplier à l'envi, devraient démontrer 1. que l'émigration juive de Palestine, commencée dès l'Antiquité, devint de plus en plus importante, et 2. que cette émigration fut volontaire. Aucun peuple n'avait demandé, et encore moins forcé, les Juifs à s'installer chez eux ; non, comme s'ils étaient possédés par une pulsion démoniaque, les Juifs se déplaçaient d'un pays à l'autre, et "après quelques siècles", comme le rapporte l'historien juif Herzfeld, "et en général sans aucune contrainte visible de l'extérieur, les Juifs étaient installés sur tous les terrains, de la Médie à Rome, du Pont au golfe Persique, de la Macédoine à l'Éthiopie, et dans cet énorme éventail de pays, il n'y avait pas de ville commerciale importante où les Juifs n'étaient pas représentés".[16]

Commerce et usure

L'espace dont nous disposons ne nous permet pas d'examiner plus en détail — dans des cas individuels et dans le passé le plus lointain, où elle était déjà manifeste — l'impulsion au commerce dans l'histoire de l'esprit juif. Il convient seulement de préciser que cette disposition n'est pas le résultat de l'exclusion des juifs par les nations, mais qu'elle a toujours été un élément moteur immuable de la vie juive. En soi, il n'y a pas de critique à faire, car le commerce et les échanges sont des éléments indispensables de notre vie, mais en fait on peut objecter beaucoup à la forme de l'esprit commercial juif, dont on parlera plus loin.

Le fait est que, dès l'époque de Salomon, et peut-être même bien avant, des routes de caravanes très fréquentées menaient de la Palestine à Babylone, que Salomon recevait un tribut des marchands de passage, qu'il a établi des bazars à Damas et dans

---

[16] Op. cit. p.274.

d'autres lieux, que, déjà à son époque, le commerce des chevaux avec l'Égypte avait pris une grande ampleur et, enfin, qu'il a entrepris, avec les Phéniciens, le célèbre voyage vers le mystérieux Ophir, le pays d'or de l'Orient lointain[17].[18] Outre la grande route qui reliait Damas au plateau de Yisrael et au golfe d'Acco, il existait d'autres routes commerciales très fréquentées. L'une d'elles menait de Scythopolis à Siehem, l'autre passait par Genaea, puis par Sichem et de là à Jérusalem. Entre cette ville et le port d'Eilat, il existait un commerce direct et florissant ; une autre route menait à la ville côtière de Jaffa. Sur ces artères commerciales, les Juifs menaient depuis l'antiquité un commerce intermédiaire animé, mais nombre d'entre eux devaient apparemment être occupés différemment pour pouvoir vivre à la campagne.

Lorsqu'ils furent emmenés en exil, de nouvelles possibilités s'offrirent à l'esprit commercial juif. En peu de temps, 111any d'entre eux acquirent de grandes richesses, en particulier sous les Perses, tolérants et orientés vers l'agriculture. Lorsque les lamentations sur la patrie perdue s'épuisent, ce n'est pas l'ensemble de la population qui retourne en Palestine, mais seulement les pauvres et les "saints", qui y sont contraints et qui constituent la plus petite partie des exilés. Ceux qui sont restés sur place ont poussé leurs entreprises commerciales et bancaires toujours plus loin vers l'est et sont tous restés à l'étranger.

Ceux qui revinrent trouvèrent devant eux un pays peu peuplé qui n'attendait qu'une mise en culture énergique. Or, si les Juifs furent contraints par la nécessité de s'y rendre, ce ne fut pas selon

---

[17] (Ophir est un pays mentionné dans la Bible qui est censé avoir été abondamment riche en or).

[18] Voir K. E. v. Baer, Reden und Aufsätze, Vol. 2 [Karl Ernst von Baer, Reden und kleinere Auftätze, 2 volumes, Saint-Pétersbourg, 1864]. [Baer (1792-1896) était un biologiste, anthropologue et géologue qui a entrepris des expéditions scientifiques sur la côte nord de la Russie et de la Scandinavie].

leur désir, ce dont la meilleure preuve est fournie par l'émigration massive qui commença bientôt vers les pays susmentionnés.

Le grand mensonge dont on nous abreuve constamment consiste à penser que, par la dispersion et les lois restrictives, le juif a été exclu de toute autre activité que le commerce et qu'il a donc dû, par nécessité, s'orienter vers le prêt d'argent. Bien au contraire, le juif a émigré parce qu'il espérait trouver à l'étranger le meilleur terrain pour ce service. Ce n'est donc pas un hasard si c'est précisément dans les grands centres commerciaux que l'on trouve les colonies juives les plus florissantes, car si le juif avait eu envie de travailler, il se serait installé dans un pays au sol fertile et non dans des îles rocailleuses et des docks étroits. Les exemples de ce fait de l'antiquité sont nombreux et proviennent de toutes les époques et de tous les pays.

Dans les terres basques d'Espagne, par exemple, il y avait encore peu de villes. Afin de stimuler les échanges et le commerce dans ces provinces, Sancho le Sage (1189) a élevé l'ancienne Gasteiz[19] au rang de ville et a promulgué un édit selon lequel tout étranger vendant ses marchandises pouvait y vivre sans aucune charge. Le résultat fut qu'un certain nombre de Juifs de tous les pays s'y installèrent immédiatement pour ne pas manquer cette occasion favorable.[20] En Perse, lorsque Abbas Sophir[21] a voulu relancer l'économie de son pays détruit par la guerre, il a accordé des privilèges considérables aux marchands étrangers. Même ici, le résultat fut que de tous les endroits, avec d'autres peuples,

---

[19] (Aujourd'hui appelé Vitoria-Gasteiz).

[20] Keyserling, Die Juden in Navarra, p.114. [Meyer Keyserling, Die Juden in Navarra, den Baskenlaendern und auf den Balearen, Berl in, J. Springer, 1861. Keyserling (1829-1905) était un rabbin et historien allemand].

[21] [Shah Abbas Ier (1571-1629) fut l'un des plus grands souverains de la dynastie safavide de Perse].

principalement des Juifs, affluèrent en grand nombre.[22] C'est précisément ce qui s'est passé en Pologne, en Bohême et dans d'autres États. Le Juif n'avait pas de sentiment patriotique et ne pouvait acquérir de tels privilèges nulle part, il n'y aspirait pas non plus et, en éternel vagabond, il se déplaçait là où le commerce intermédiaire et l'usure pouvaient prospérer.

Il s'agit ici d'une qualité caractéristique indéniable qui est devenue de plus en plus rigide avec le temps, mais qui n'a pas du tout été imposée au Juif par des hommes méchants.

Alors que les Anglo-Saxons, les Scandinaves et les Allemands s'installaient à l'étranger pour cultiver des terres vides, qu'ils construisaient leurs fermes et bâtissaient leur vie la charrue à la main (leurs frères d'une autre nature enquêtaient entre-temps sur la terre et le cosmos), le Juif s'installait irrésistiblement dans la foule bigarrée des villes portuaires, des kiosques d'échange et des foires.

Les Juifs, comme on l'a vu, participaient activement au commerce babylonien, qui acheminait des produits chinois et indiens vers l'Occident et fournissait ses propres marchandises précieuses aux marchés de la mer Méditerranée.

Les nombreux chefs commerciaux nommés ont cependant la plus mauvaise réputation. Trois villes de Babylone sont particulièrement connues, et ce en raison de l'activité commerciale des Juifs.[23]

Les Juifs travaillaient volontiers avec les Phéniciens, mais ils tombaient souvent dans les conflits les plus âpres avec leurs demi-

---

[22] Schudt, Jüdische Merkwürdigkeiten, Vol. I, p.27. [J.J. Schudt, Jüdische Merkwürdigkeiten, 4 volumes, 1714-1717. Johann Jakob Schudt (1664-1722) était un historien et orientaliste allemand qui était nettement antijuif].

[23] Herzfeld, op.cit. p.219.

frères de race. À Alexandrie, ils se sont rapidement hissés, grâce à des activités commerciales et financières astucieuses, au rang de rois financiers du pays, sont devenus collecteurs d'impôts, ont prêté leur argent en cas d'urgence, même aux rois (c'est ainsi qu'ils ont émis une lettre de change à l'intention d'Agrippa), et ont obtenu les postes les plus influents à la cour.

Cette puissance juive donna lieu à de nombreux soulèvements populaires, en particulier dans les villes où ils étaient maltraités ; mais avec la plus grande ténacité, ils reprirent leurs affaires et atteignirent bientôt leur ancien niveau d'influence.[24] Comme à Alexandrie, les Juifs vivaient d'un commerce intermédiaire très actif à Cyrène, en Éthiopie (où un Juif aurait été le trésorier de la reine Candace — *Actes* 8:27), en Arabie, autour de la mer Noire et dans les îles grecques, où ils s'illustraient surtout dans le commerce des esclaves.

En bref, les Juifs ont suivi depuis les temps historiques la phrase classique du Talmud, tractate Jebamot, fol.66a :

> "Gagnez 100 florins dans le commerce pour pouvoir déguster chaque jour de la viande et du vin, mais gagnez 100 florins dans l'agriculture et vous n'aurez guère de sel et de légumes".

Rabbi Eléazar, voyant un champ où l'on plantait des choux sur toute sa largeur, dit : "Même si l'on voulait planter des choux sur ta longueur, le commerce serait meilleur que toi" : "Même si l'on voulait planter des choux sur votre longueur, le commerce est meilleur que vous". Lorsque Rab marcha un jour entre des épis de maïs et vit qu'ils se balançaient d'avant en arrière, il dit : "Continuez à vous balancer, le commerce est préférable à vous" : "Continuez à vous balancer, le commerce vous est préférable".

---

[24] Jost, *Jüdische Geschichte*, Vol. 4, p.230. [Isaak Markus Jost (1793-1860) était un historien juif allemand.]

L'usure et la tromperie étaient dès le début à l'ordre du jour ; on lit avec intérêt les Prophètes qui ne se sont pas lassés de se plaindre de ces caractéristiques. Même les exhortations répétées à l'honnêteté du Talmud font certes honneur au prédicateur, mais montrent clairement qu'elles n'ont pas été écoutées. (D'ailleurs, elles ne concernent que les juifs entre eux). Et lorsqu'il est demandé de ne pas faire les poids en métal, car celui-ci s'use (!), mais en pierre dure ou en verre, et de ne pas les faire en sel,[25] parce qu'ils peuvent être rongés, ces commandements ne sont pas dépourvus d'un certain humour et rejoignent Osée lorsqu'il dit :

> "Canaan a dans sa main des balances trompeuses, il aime à tricher" (12,7).[26]

Or, si l'on reprend les récits de voyage des différentes époques, on rencontre le phénomène toujours répété que les habitants de tous les pays où les Juifs ont été trouvés en grand nombre sont pleins de plaintes contre le commerce frauduleux et l'usure insupportable des Juifs. Et quand les juifs et les philosémites aveugles sont prêts à expliquer tout cela par la simple envie, c'est en espérant que le lecteur sera extrêmement puéril. Lorsque l'apparition de la juiverie produit partout les mêmes résultats, il doit y avoir une autre raison que l'envie des habitants.

Mais nous n'avons pas besoin de recourir à cette vision théorique car les faits de toutes les époques sont, pour la plupart, si confirmés et si nombreux que l'on peut ouvrir n'importe quel bon livre pour étayer une telle vision et que l'on devra alors plutôt s'occuper du grand nombre de ces faits que de les chercher.

Lorsque les Juifs, comme nous l'avons vu plus haut, se sont installés dans les villes du Pays basque espagnol pour stimuler le commerce, conformément à la volonté de Sancho le Sage, ils ont

---

[25] Herzfeld, p.138

[26] (Voir Osée 12 :7)

trouvé plus confortable de prêter aux paysans et aux citadins dans le besoin de l'argent pour leurs entreprises, moyennant un taux d'intérêt. Ce dernier étant élevé, les Basques durent mettre en gage leurs biens et tombèrent dans une dépendance de plus en plus grande.

Le conseil de la ville de Viktoria envoya une demande de protection au roi, qui annonça alors un édit interdisant aux Juifs d'émettre des obligations

> "car, s'ils continuaient ainsi, les citoyens chrétiens subiraient un grand préjudice et la ville serait dépeuplée" (I 332).[27]

En Perse, où, comme nous l'avons vu, de nombreux étrangers étaient attirés, "les Juifs avaient, par leurs méthodes et leur emprise, exploité et appauvri les sujets indigènes à un point tel que la clameur parvint aux oreilles de l'empereur lui-même", rapporte une chronique, et ajoute :

> "que le ministre d'État a longuement réfléchi à la manière dont il pourrait se libérer des Juifs sans offenser les autres étrangers".[28]

À Constantinople, les Juifs sont installés en grand nombre, où ils ont également obtenu d'énormes richesses. "La plus grande partie de l'argent", rapporte Tavernier, "est entre les mains de l'Empereur et des Juifs ; mais je veux parler des Juifs qui demeurent à Constantinople. Car, pour ce qui est de ceux qui sont dans les provinces, ce sont des gens misérables, et plus misérables que les chrétiens, puisqu'ils ne cultivent pas la terre, et que, ne dépendant que de leur marchandage, ils ne peuvent tous gagner

---

[27] Keyserling, Geschichte der Juden in Navarra, Berlin, I 861, p.119.

[28] Schudt, op.cit. vol. 1, p.27.

assez par le commerce".²⁹ Il s'est avéré que les Juifs avançaient souvent de l'argent au Pacha sous forme de fausses pièces de monnaie, qu'ils supervisaient les douanes, "où ils maltraitaient surtout les chrétiens", et qu'ils s'occupaient également de la collecte des impôts en Syrie, en Palestine et en Égypte (³⁰). Sargredo donne son impression dans les termes forts qui suivent :

> "La méchanceté est à Constantinople comme une prostituée ordinaire, dont les Juifs sont les proxénètes".³¹

Nous verrons plus loin comment cela s'est passé au Portugal et en France ; en ce qui concerne l'Espagne, les Juifs y étaient déjà connus depuis les temps les plus reculés comme les trafiquants d'esclaves les moins scrupuleux, ils opprimaient les habitants grâce à leurs richesses incommensurables et étaient en mesure d'annuler les lois adoptées pour la protection des Chrétiens ou d'empêcher leur mise en application. Finalement, on eut recours aux méthodes rigoureuses du baptême forcé et de l'expulsion. La première méthode n'aboutit naturellement à rien, et nous assistons pendant des siècles à des hauts et des bas dans la lutte entre l'argent et les droits des citoyens, accompagnée de fanatisme religieux de part et d'autre.³²

---

[29] Beschreibung des Serails, Ch.10 [Jean-Baptiste Tavernier (1605-1689) était un voyageur français qui visita Constantinople en 1631. Le récit de ses voyages a été publié en 1676 sous le titre Les six voyages de Jean-Baptiste Tavernier].

[30] Thevenot, Reisebeschreibung, Ch.78, p.369. [Jean de Thevenot (1633-1667) était un voyageur français qui a beaucoup voyagé au Proche-Orient. Un recueil de ses écrits de voyage, Voyages, a été publié à titre posthume en 1689).

[31] Neueroffnete Ottomanische Pforte. [Giovanni Sagredo (tr. Paul Rycaut) Die neu-ero ffnete Ottomanische Pforte, Augsbourg, 1694. Sagredo (1617-1682) était un diplomate vénitien dont l'histoire des Ottomans a été publiée en 1673 sous le titre Memorie istoriche de'monarchi ottomani].

[32] Pour plus de détails, voir l'excellente et concise représentation de Heman, Die historische Weltste/lung der Juden, Leipz ig, 1882. [Carl Friedrich Heman, Die historische Weltstellung der Juden und die moderne Judenji-age. Heman

"Depuis les temps les plus reculés", rapporte un historien juif, "les Juifs menaient des activités financières et d'échange, auxquelles les chroniqueurs antijuifs ont donné le nom d'usure".[33] Puisque le même historien admet, au début de son ouvrage, que les Juifs "étaient sur un pied d'égalité avec les autres citoyens et jouissaient même des privilèges des infanzones,[34] l'usure n'est donc pas née d'une hostilité envers les Juifs mais, comme ailleurs aussi, de l'hostilité de nombreux chroniqueurs envers les Juifs à cause de l'usure.

"Où y avait-il, au Moyen-Âge, un marché plus fréquenté qu'à Tudela ?"[35] s'exclame fièrement Keyserling, avant de poursuivre :

> "Le commerce des esclaves était, depuis les temps les plus reculés, pratiqué par les Juifs ; il a pris ici plus d'ampleur et d'importance que dans les autres royaumes de la péninsule et s'est maintenu ici aussi le plus longtemps sans dommage jusqu'au siège total des Maures ou, si l'on veut, jusqu'à l'expulsion des Juifs".[36]

Ce commerce d'esclaves a ensuite permis à Tudela d'atteindre "le statut d'une ville commerciale importante". Mais l'ensemble du commerce devient particulièrement intéressant du fait que ce sont presque uniquement des Maures qui ont profité du commerce d'esclaves, donc en fait les descendants des hommes que les Juifs

---

(1839-1919) est né d'un père juif converti au protestantisme. Il a travaillé à la fois comme prêtre protestant et professeur de philosophie et a écrit sur la philosophie, la théologie et l'histoire juive].

[33] Keyserling, Die Juden in Navarra, p.43.

[34] [En Aragon, les infanzones étaient les descendants des cadets du roi qui n'avaient pas hérité du trône].

[35] [Tudela est une ville basque proche de Pampelune].

[36] Dans tous les pays d'Europe, la traite des esclaves a été abolie au cours du 13ème siècle.

avaient traîtreusement appelés dans le pays des siècles plus tôt. Mais le destin s'est accompli, car, comme le rapporte Heman dans l'ouvrage mentionné, c'est au moment où le dernier empire maure a été renversé que l'expulsion des Juifs a été décidée.

À Rome, ville qui avait été au cours des siècles un centre de batailles politiques et religieuses, que plus d'un pillard avait envahie et où les guerres civiles étaient à l'ordre du jour, la vie des Juifs n'était naturellement pas formée de manière très visible. Même là, les empereurs et les papes étaient constamment confrontés à la question juive. Il fallait soit renforcer leurs droits et libertés, soit, comme par exemple lors du quatrième concile du Latran en 1215, adopter des règlements, soit obliger les Juifs à payer la dîme évitée, leur interdire d'attaquer les ecclésiastiques, soumettre leurs statuts à un tribunal, etc.[37] Les Juifs furent très tôt de riches propriétaires terriens, mais pas pour travailler eux-mêmes la terre, mais, comme le rapportent Vogelstein-Rieger :

> "La traite des esclaves était pratiquée avec tant d'empressement (en particulier de nombreux esclaves étaient importés des territoires gaulois) afin d'acquérir une main-d'œuvre convenable pour les domaines possédés par les Juifs".[38]

L'histoire changeante et funeste des Juifs à Rome ne peut être abordée ici de manière plus détaillée, ces suggestions peuvent suffire à montrer qu'elle était similaire à celle de tous les pays.

Dans d'autres villes italiennes, les Juifs acquièrent également une grande richesse et un grand pouvoir, si bien qu'à Cesena, par

---

[37] Vogelst ein-Rieger, Geschichte der Juden in Rom, Berlin 1895-1896, Vol.], p.230. Le fait que, lors du concile, on ait également protesté contre l'usure des chrétiens chaque fois qu'elle apparaissait, prouve que les prêtres ne blâmaient pas du tout les juifs par haine aveugle, mais se laissaient guider par des raisons factuelles.

[38] op.cit., Vol. 1, p.147.

exemple, on craint sérieusement qu'ils ne deviennent, grâce à leur capital, les seigneurs de toute la ville, ce qui n'est pas étonnant lorsqu'on apprend que le magistrat était extrêmement heureux que les "prêteurs hébraïques" ne prennent pas plus de 20 pour cent.[39] À Livomo, les Juifs étaient devenus si puissants que les chrétiens durent célébrer le sabbat[40] à cause d'eux, et il en fut de même dans beaucoup d'autres villes.[41]

Venise, Gênes et Florence semblent, au moins pour un temps, avoir été une exception, car on rapporte que les hommes d'affaires de ces villes n'étaient pas inférieurs aux Juifs en matière de ruse. En effet, des plaintes similaires à celles formulées à l'encontre des Juifs ont également été déposées à l'encontre des Lombards, comme par exemple en France, où des lois ont été adoptées à leur encontre. Cela montre que parfois, même des Européens pouvaient être "non pas des chrétiens, mais des juifs baptisés", comme on le disait à l'époque. Mais le fait qu'il ait fallu s'opposer aux Lombards comme aux Hébreux prouve que l'usure en tant que telle était un facteur extrêmement important, que la défense contre elle était dirigée contre quiconque la pratiquait et que, par conséquent, la plainte répandue dans le monde entier contre l'usure et la trahison juives — même lorsqu'elle retentit là où il n'y a pas toujours de preuves écrites similaires — a sa raison d'être bien fondée.

Parmi les princes, les Juifs ont pu se rendre indispensables, et ont souvent essayé de le faire, en leur avançant de l'argent pour des

---

[39] Vogelstein-Rieger, Vol I, p.117.

[40] [Samedi]

[41] Misson, Reise nach Italien, Lettre 39, p.1009 [Maximilien Misson (1650 (?)-1722) était un exilé huguenot qui accompagna en tant que tuteur les petits-enfants du duc d'Ormond dans leur Grand Tour de Hollande, d'Allemagne et d'Italie. Il a raconté ses voyages dans Nouveau Voyage d'Italie (La Haye, 1691), qui a été traduit en allemand sous le titre Reise nach Italien (Leipzig, 1713)] ; Schudt, Jüdische Merkwürdigkeiten, Vol. I, p..228.

entreprises militaires et en encourageant de la même manière leur prodigalité et leur libéralité, mais en leur soutirant des intérêts et des privilèges élevés. C'est pourquoi les rois ont également protégé les Juifs partout et la colère des peuples a dû déjà monter très haut avant qu'ils ne cèdent aux pressions visant à restreindre les droits préférentiels des Juifs. Souvent, ils protégeaient les Juifs militairement comme, par exemple, en Navarre, où une insulte faite à un Juif était punie de la même manière que si elle avait été faite à un grand d'Espagne ; où le Juif ne pouvait pas être arrêté pour des questions financières ; où il était libéré de toutes les taxes imposées sur les marchandises. À Tudela, le roi Sancho attribua (1170) la forteresse aux juifs comme domicile pour leur plus grande sécurité. En outre, les juifs ne devaient pas payer la dîme sur les biens qu'ils possédaient par héritage ; si un juif devait quelque chose à un chrétien, ce dernier devait présenter deux témoins "dont l'un devait être juif".[42] En 1255, Tudela se souleva, fut pacifiée avec difficulté et reçut une nouvelle constitution, jusqu'à ce que la vieille escroquerie recommence.[43]

Les rois de Navarre s'appauvrissent eux aussi définitivement : ils rentrent chez eux sans dîner, ils ne peuvent payer les grains achetés aux Juifs, etc. Or, si l'on pense que les Juifs auraient eu la moindre considération pour la situation difficile de leurs protecteurs qui, il est vrai, défendaient les droits des Juifs comme s'il s'agissait des leurs, on se trompe lourdement.

---

[42] Keyserling, op.cit. pp.16, 18, 19.

[43] Les demandes du conseil de rétablir les anciennes lois de la ville montrent, selon Keyserling, "clairement la tentative de forcer les Juifs à renoncer à leurs droits et de prendre le pouvoir sur eux". Cette phrase montre une fois de plus qu'il est impossible, même pour un historien aussi important que Keyserling, de percevoir qu'il était tout à fait évident que les étrangers devaient être placés au-dessous des citoyens et ne pas exiger avec arrogance un traitement spécial partout. La cupidité juive est une force motrice démoniaque contre laquelle même le "bon" Juif est impuissant.

Ils parviennent à se rendre encore plus "indispensables". "Les intérêts soulevés par les Juifs, on ne peut le nier, semblent avoir atteint un niveau démesuré", admet Keyserling avec un peu de tristesse.

> "Tout a été cédé comme des pions : le paysan a abandonné sa charrue, le chevalier son château, les rois leurs bijoux, l'évêque son anneau".

Il en a été ainsi dans tous les pays : la frivolité et la passion du faste se sont alliées à la mesquinerie et à l'usure des Juifs ; on n'a pu les séparer que par la violence et le peuple a dû en payer le prix. C'est ainsi que Luther dit à juste titre :

> « J'entends dire que les Juifs donnent de grandes sommes d'argent et qu'ils sont ainsi utiles aux gouvernants. Non pas de leurs propres biens, mais des biens des sujets et des gouvernants qu'ils volent et dérobent par l'usure… »

Les sujets doivent donner de l'argent et être maltraités par les Juifs. Le Juif ne doit-il pas en rire secrètement, nous qui nous laissons si honteusement prendre pour des singes et des imbéciles ? Un autre Allemand fait l'observation philosophique suivante sur l'usure juive :

> "Quand on presse une éponge mouillée, elle rejette de l'eau, mais elle avait auparavant aspiré l'eau en elle-même ; de telles éponges mouillées sont les Juifs, ils donnent certes quelque chose au bénéfice général, mais ils ont auparavant aspiré les chrétiens par leur usure. Les araignées attrapent les mouches avec leurs toiles, les accueillent, tournent autour d'elles, mais au grand détriment des pauvres mouches, car elles les aspirent et les laissent mortes. Ces araignées, ce sont les juifs ; ils donnent de l'argent et font croire qu'ils le font pour le bien commun, mais ils aspirent les chrétiens par leur usure. Les fonds juifs destinés

au bien commun sont de véritables toiles d'araignée dans lesquelles les chrétiens restent suspendus". [44]

Cet homme avait toutes les raisons de faire ces observations mélancoliques, car l'Allemagne n'était pas une exception dans le cycle de la question juive et il se répétait ici, dans chaque grande ville, quelque chose de semblable à ce qui s'était passé à Tudela, à Constantinople, en Perse et, comme nous l'avons vu, au Portugal et en France.

Aujourd'hui encore, on fait circuler le conte de fées selon lequel les Juifs d'Allemagne ont été opprimés et négligés. Ce n'est pas du tout le cas. Auparavant, ils pouvaient circuler librement et s'installer partout. Mais ce n'est pas tout, l'égalité des droits avec les habitants est allée si loin que les Juifs ne pouvaient être poursuivis que par leurs propres juges. Le document le plus ancien qui nous montre ce droit comme un ancien privilège et le confirme à nouveau date de 1230.

En outre, la règle veut qu'aucun chrétien ne puisse maintenir une plainte contre un juif s'il n'est pas en mesure de présenter pour lui-même au moins un témoin juif. Les réunions du tribunal judiciaire juif se tenaient principalement dans les synagogues et même les prélats de l'Église catholique devaient prendre la peine de s'y rendre lorsqu'ils avaient des conflits juridiques avec des Juifs.

Mais les Juifs ont pu étendre ces privilèges à tous les domaines grâce à leur insolence ancestrale. Dans le vaste commerce de prêts sur gages qu'ils pratiquaient, il suffisait qu'un juif déclare, à propos d'un objet volé qu'il avait trouvé, qu'il l'avait acheté honnêtement ! Le propriétaire légitime était alors obligé de payer

---

[44] D. Müller, Jud. Detekt ; Schudt, op.cit, Vol. 2, p.205.

le prix que le prêteur sur gages juif avait déclaré avoir calculé.[45] Les droits de Goslar[46] accordaient au juif, et à lui seul, le privilège de prêter de l'argent même sur des objets qu'il savait volés. Ainsi, alors que l'Allemand, s'il était trouvé en possession d'un bien acquis légalement, était tenu de le restituer à son propriétaire sans dommage, le Juif pouvait exiger un prix qu'il avait lui-même fixé ![47]

La suppression de l'usure est l'objectif qui a été visé avec le plus de persévérance et qui a été le plus souvent atteint. Le taux d'intérêt fixé par la loi oscillait entre 33% et 120%, mais le taux réellement exigé était souvent bien plus élevé. C'est pourquoi la noblesse, les citoyens et les paysans se trouvent toujours dans la plus grande dépendance à l'égard des Juifs, comme en témoignent de nombreux documents.

Un comte Walram von Zweibrücken se retrouve entre les mains de 17 usuriers juifs ; en 1338, dans la petite ville d'Oberwesel, on ne dénombre pas moins de 217 débiteurs envers les juifs ; le comte d'Öttingen met en gage sa couronne d'or ; les landgraves Balthasar, Friedrich et Wilhelm von Thuringen sont entièrement entre les mains de cinq juifs d'Erfurt. En 1385, un seul juif d'Ulm a 43 lettres de créance à montrer ; il y a 55 obligations de débenture pour deux juifs d'Erfurt.

---

[45] Stobbe, Die Juden in Deutsch/and, Braunschweig, 1866, p.119 [Johann Otto Stobbe (1831-1887) était un professeur de jurisprudence et un historien dont l'ouvrage sur les Juifs, Die Juden in Deutschland wahrend des Mittelalters in politischer, socialer und rechtlich er Beziehung, a été publié à Braunschweig en 1866].

[46] [Goslar, ville de Basse-Saxe, a acquis des droits municipaux et commerciaux indépendants en 1219].

[47] Pour plus de détails, voir l'excellent ouvrage de G. Liebe [(I 859-1912)], Das Judentum in der deutschen Vergangenheit, Leipzig, 1903, pp.12-15.

Lorsqu'un juif, Isaak, s'est enfui de Munich et qu'il a été capturé, on a trouvé en sa possession les bijoux des citoyens, de la noblesse et même le service en argent du roi. Ces récits se poursuivent pendant des pages. Grâce à l'usure et au commerce du gage, le Juif était en effet puissant à la cour des princes et des prélats où il travaillait souvent en tant que conseiller financier et collecteur d'impôts. Aux côtés de ce Juif de cour se trouvait presque toujours un membre de la tribu en tant que secrétaire, qui tenait la comptabilité en hébreu et qui, de cette manière, était le seul à avoir une vue d'ensemble de la situation des affaires.

À partir de ces brèves suggestions, on peut prévoir les conséquences nécessaires. Le pouvoir des Juifs s'est accru, la colère du peuple s'est accrue et une persécution juive a éclaté. Mais il ne faut pas croire, comme l'affirment toujours les Juifs, qu'ils ont toujours été chassés et maltraités par les Allemands. Au contraire.

Jusqu'au 13ème siècle, le Juif pouvait exercer toutes les professions, tout lui était ouvert. Mais lui-même ne pensait pas à travailler main dans la main avec les Gentils, il s'isolait strictement et n'avait avec le non-Juif que les rapports nécessaires au commerce. Et on ne trouve aucune trace d'un quelconque intérêt pour la vie de la nation d'accueil. Le fait que les Géorgiens se soient refroidis à cause de leur exploitation par l'immigrant sans scrupules doit être attribué par les Juifs à eux-mêmes. Le Juif n'était pas non plus, comme le dit encore le dicton, le paria de la société. Certes, Juifs et usuriers étaient devenus synonymes et le mépris pour cette profession était justifié.

> Et n'aiment pas beaucoup les Juifs,
> Ne leur faites pas confiance,
> Ils sont les voleurs de votre âme,
> Les violateurs de vos femmes.

dit innocemment une vieille chanson, mais on ne peut cependant pas parler de mauvais traitements constants si le comte palatin Philipp se rendait avec son fils à la synagogue, si un juif pouvait être autorisé, sous peine d'une amende d'au moins dix florins, à tirer la langue à une image de Marie, si en 1327 à Ratisbonne un prêtre fuyait deux juifs qui voulaient l'assassiner.

Et lorsque la communauté juive évitait de punir les mécréants, la cour chrétienne se contentait d'interdire les relations avec eux. Selon un chroniqueur de Strasbourg, les personnes qui avaient insulté un juif devaient s'attendre à une punition plus sévère que celles qui avaient blessé un citoyen ordinaire.

Dès les premiers temps, les Juifs étaient les prêteurs du conseil municipal et du gouvernement ; le peuple devait déjà être acculé au désespoir avant de se révolter violemment contre leur pouvoir. C'est un événement qui se répète constamment : la domination des Juifs coïncide toujours avec la chute de la nation allemande, leur affaiblissement avec son essor.

Après la deuxième croisade et à l'époque de la peste noire (au milieu du 14ème siècle), la misère de l'Allemagne a atteint deux de ses points culminants. L'Allemand enclin à la loi et à l'ordre n'est alors plus en mesure de résister à l'expression de la colère précédemment réprimée et de se libérer de ses exploiteurs.

Ce qui est raconté sur "l'empoisonnement des puits", etc., de la part des Juifs avec l'intention d'en dévoiler les "raisons", n'est que balivernes, répandues soit par des gens incapables de faire la différence entre l'enveloppe et le noyau, soit par des Juifs qui veulent représenter les Allemands comme des fanatiques idiots (comme, par exemple, Graetz).

Les Allemands avaient senti amèrement qu'ils avaient un ennemi de leur peuple et un exploiteur sans scrupules dans le pays. Le fait qu'ils aient été conscients, même pendant la peste noire, de ce dont il s'agissait, ressort d'une chronique d'Erfurt qui mentionne comme cause "l'argent incommensurable que les barons et les chevaliers, les citoyens et les paysans devaient aux juifs".

Mais les accès de désespoir n'ont rien arrangé. Car, quelques années plus tard, la situation était à nouveau la même, le taux d'intérêt pire qu'avant. Si le pays a souffert de la guerre, c'est finalement le juif qui en a profité. Car, exactement comme aujourd'hui, "tous les commissaires étaient juifs et tous les juifs commissaires ; les juifs ont une loi et une liberté qui consiste à mentir et à tricher tant que cela leur rapporte", peut-on lire dans une profonde plainte datant de la guerre de Trente Ans.

> "La constatation", dit Liebe, "est incontournable : les périodes de confusion dans la vie publique qui ont entraîné immédiatement une paralysie de la vie économique et garanti à la mentalité des affaires la possibilité d'une activité impitoyable n'ont pas été défavorables aux Juifs".[48]

Car il ne faut pas oublier que toutes les persécutions étaient des exceptions qui étaient toujours commentées en tant que telles, alors que les rapports sur la vie quotidienne, bien que ce soit la caractéristique de toute époque, sont naturellement beaucoup plus rares. Le tapage que les historiens juifs font autour des "massacres juifs" est largement exagéré ; il serait bon d'étudier combien de forces populaires ont été pillées et lentement épuisées, combien de désespoir non rapporté d'hommes allemands se trouve entre les deux.

Plus tard, la rage ainsi périodiquement exprimée se transforma en un mépris général à l'égard de l'esprit juif. Les corporations d'artisans qui, jusqu'aux 13ème et 14ème siècles, étaient ouvertes aux Juifs, même si ces derniers ne se sentaient pas obligés de saisir l'occasion d'exercer un métier, leur sont désormais fermées par principe.

Si auparavant le Juif pouvait vivre dans la ville (il préférait le plus souvent vivre dans son propre quartier), il y avait désormais une

---

[48] Op.cit. p.67.

enceinte, le ghetto, et la situation qui existait auparavant était désormais considérée comme la norme.[49] Le juif usurier était caractérisé extérieurement par un chapeau pointu, les rapports avec lui étaient interdits, etc.

Cependant, même cette exclusion n'était pas si grave, mais elle est devenue obligatoire à l'époque. Le fait que le Juif n'était pas au bas de l'échelle sociale se voit déjà dans le titre de "modeste" que même le paysan portait et qu'un compte-rendu de Francfort rapporte :

> "Il est conseillé de les interroger sur leur ordre juif autant que l'empereur turc de Constantinople. L'abbé Trithemius[50] a rendu le verdict pratique suivant en 1516 :

> "Il est compréhensible qu'une aversion ait pris racine parmi le haut et le bas, parmi les savants et les ignorants, contre le juif usurier et j'accorde toutes les mesures légales de masse pour la protection du peuple contre l'usure juive. Ou bien est-ce plutôt un peuple étranger et immigré qui devrait nous gouverner, et ce non pas grâce à une force, un courage et une vertu plus grands, mais grâce à l'argent dont il semble aimer l'acquisition par-dessus tout ? Mais ce n'est pas par des persécutions violentes et des pillages qu'il faut se libérer de la nuisance juive, mais en

---

[49] Arthur Ruppin admet également dans Die Juden in der Gegenwart que la séparation des Juifs a été "d'abord volontaire" et seulement plus tard "forcée". (Arthur Ruppin (1876-1943) était un sioniste allemand qui a dirigé le bureau palestinien de l'Organisation sioniste mondiale à Jaffa à partir de 1908 et a occupé la chaire du département de sociologie à l'Université hébraïque de Jérusalem à partir de 1926. Pour l'État israélien envisagé, il a préconisé une sélection eugénique des habitants et a également contribué à la création du programme des kibboutz. Son livre Die Juden in der Gegenwart a été publié en 1904].

[50] [Johannes Trithemius (1462-1516) était un abbé, historien et occultiste allemand].

supprimant toute usure et toute tricherie nuisible aux Juifs et en les incitant à un travail utile dans les champs et les ateliers". [51]

Mais ces projets et d'autres similaires n'ont abouti, comme ailleurs, à rien. Si l'on parcourt les pages des Annales de Nuremberg et que l'on se demande ce qui a bien pu pousser les citoyens à expulser les Juifs en 1499, la réponse est laconique :

> "Les Juifs installés à Nuremberg avaient la vie belle. Ils devinrent de plus en plus arrogants et effrénés. L'usure immodérée qu'ils pratiquaient, la cupidité insatiable à laquelle ils se livraient, la calomnie des chrétiens, l'augmentation quotidienne de leur nombre, finirent par rendre pénible au conseil et aux citoyens l'hébergement parmi eux de ces hôtes et de ces sangsues nuisibles au commerce". [52]

En 1499, les juifs furent chassés, sous protection militaire (afin qu'il ne leur arrive rien de grave), de la ville "dans laquelle ils vivaient depuis si longtemps et où ils avaient acquis de si grandes richesses grâce à une usure dévorante".[53] Le fait qu'en 1310, l'empereur Heinrich VII ait accordé aux Nurembergeois un "privilège" interdisant aux Juifs de prendre aux citoyens plus de $43^{1}/3$ pour cent et aux étrangers plus de 55 pour cent d'intérêt hebdomadaire montre bien que cette plainte était totalement justifiée. Un bon privilège, assurément ! [54]

---

[51] Selon Liebe, op.cit. p.32.

[52] Würfel, Historische Nachrichten van der Judengemeinde in Nürnberg, Nüremberg, 1775, p.83. [L'étude d'Andreas Würfel, Historische Nachrichten van der Juden-Gemeinde, — welche ehehin in der Reichsstadt Nürnberg angericht gewesen, aber Ao. 1499 ausgeschaffet warden, a été publiée en 1755].

[53] Wilrfel, op.cit. p.85.

[54] Zeitschrift für die Geschichte des Oberrheins, X,66, Karlsruhe, 1859 ; également Würfel, op.cit.

Il en fut de même dans d'autres villes d'Allemagne, et partout le peuple poussa un soupir de soulagement lorsque les Juifs durent quitter la ville. Le prédicateur Hartmann Creidius s'exprime ainsi à l'occasion de l'expulsion des Juifs d'Augsbourg :

> "Et c'est un grand avantage pour les citoyens locaux que la ville a sur les autres villes puisque les maudits juifs non seulement sucent le sang des pauvres chrétiens par une usure cruelle et des excès, mais aussi leur enlèvent le pain de la bouche par toutes sortes de commerce et d'affaires, de sorte que de nombreux citoyens ont été contraints avec leurs femmes et leurs enfants à la ruine et à la mendicité".[55]

Il serait trop long d'évoquer en détail l'histoire de chaque ville allemande, et ce serait d'autant plus superflu que la même chose se répète partout. En 1539, un édit fut publié dans toute l'Allemagne, dans lequel on lisait qu'il fallait interdire l'usure aux Juifs, qu'il fallait les inciter à faire des travaux manuels pour qu'ils apprennent ainsi à gagner leur pain à la sueur de leur front, comme les Chrétiens. Bien entendu, tout cela n'a servi à rien.

Si l'on lit les rapports sur le commerce juif du Moyen Age, tels qu'ils ont été consignés par les chroniqueurs allemands, on constate chez eux un étonnement récurrent devant les acuités juives toujours en germe qu'ils ont à raconter. Falsifications d'échanges, fausses faillites, séduction de jeunes gens inexpérimentés, enfants de parents riches, vers la dissipation, lettres de créance écrites en hébreu acceptées de bonne foi mais qui, traduites plus tard, ne contiennent qu'une proposition grossière, changement d'emballage lors de l'achat, l'acheteur découvrant, au lieu des vraies marchandises, des cailloux ou de la paille, etc.

---

[55] Augsburger Wunderpredigt, p.508 [Hartmann Creidius (1606-1656) était pasteur de l'église Sainte-Anne à Augsbourg] ; Schudt, op.cit., Bk.VI, p.47.

Souvent, à toutes ces plaintes s'ajoute une note humoristique de l'auteur qui se moque de la crédulité des Allemands, souvent il cherche des images pour décrire de manière drastique les relations entre Juifs et Chrétiens, comme par exemple lorsqu'il dit :

> "Un prince qui établit des juifs parmi ses sujets agit comme un maître de maison qui possède un étang avec de jeunes poissons et y jette un assez gros brochet qui mange le tout ; Qui est en effet assez fou pour garder une chèvre comme jardinier ? Qui voudrait garder un renard comme gardien d'oies ou comme gardien de poules ? Soyez sûrs, chères autorités, que si vous voulez tourmenter les pauvres gens, vous n'avez qu'à installer des juifs sur vos terres".[56]

Je dépasserais le cadre de ce livre si je souhaitais aborder tout cela plus en détail. Il est certain qu'à toutes les époques et dans tous les pays où les Juifs vivaient en grand nombre, les mêmes plaintes du peuple contre la fraude et l'usure juives ont été exprimées. A ce fait et à sa justesse incontestable s'ajoute une autre constatation plus importante. Même s'il y avait des éléments malsains chez les chrétiens aussi et s'il ne manquait certainement pas de voleurs et d'escrocs, au moins tous sont unis dans le jugement de leur tricherie, alors que la loi juive fait une différence prononcée dans la conduite des juifs entre eux et avec les non-juifs.

Lois morales juives

Il ne fait aucun doute qu'il en est ainsi, bien que les Juifs fassent naturellement de leur mieux pour se présenter comme étant oints de l'huile de l'humanité. Ils y parviennent également, car nous commettons tous l'erreur d'examiner le passé juif à partir d'une vision du monde et d'une morale allemandes ou chrétiennes, et

---

[56] Jüdischer [abgestreifter] Schlangenbalg, Ch.3, 5,80. [Samuel Friedrich Brenz (fin du XVIe siècle), juif converti au christianisme, s'en prend à ses anciens camarades de religion dans *Jüdischer abgestreifter Schlangenbalg*, publié en fascicules entre 1614 et 1715].

nous sommes facilement enclins à y transférer des pensées que les Juifs étaient loin d'avoir.

Lorsque nous parlons, par exemple, du prochain et que nous comprenons ainsi tout homme, le juif ne veut parler que du juif. Ces commandements qui nous semblent si humains, que nous trouvons dans le Pentateuque, qui sont également enfouis dans le Talmud comme des oasis, et que nous acceptons volontiers, ravis d'y trouver quelque chose d'humain, acquièrent un arrière-goût amer en raison de la différenciation répétée entre les Juifs et les Gentils (non-Juifs, païens). Dans le traité Baba Kamma, fol.113b, nous lisons : Dans *le traité Baba Kamma, fol.113b, nous lisons :* "Deut 22 :3 dit : 'avec tout objet perdu de ton frère', ce qui signifie : tu dois le rendre à ton frère, mais tu n'as pas besoin de le rendre à un païen". Rabbi Chanina dit : "Qu'est-ce que cela signifie ? Rabbi Chanina dit : "Que signifie ce qui est écrit dans *Lv* 25,17 : 'on ne doit pas tromper son prochain' ? Réponse : celui avec lequel on est lié par la Torah et le règlement, on ne doit pas lui faire de mal".[57] Dans d'autres endroits, il est enseigné que l'interdiction de voler ne concerne que les Juifs entre eux, voire qu'elle se limite au plagiat.[58]

La conversation de Jacob avec Rachel rapportée dans le Talmud peut être qualifiée de classique. Jacob dit à Rachel : "Veux-tu m'épouser ?". Elle répondit : "Bien sûr, mais mon père est un trompeur et tu ne pourras pas traiter avec lui : Elle répondit : "Bien sûr, mais mon père est un trompeur et tu ne pourras pas traiter avec lui". Ce à quoi Jacob répondit : "Je suis son frère en tromperie : "Je suis son frère en tromperie". Elle demanda alors : "Est-il donc permis à un homme juste d'être grand dans la

---

[57] Bava Metzia, fol.59a. [Ce traité, comme les autres mentionnés ci-dessous, est l'un des 63 traités de la Mishna, ou lois judaïques, qui constituent la première partie du Talmud, la seconde partie étant la Gemara, qui fournit une élucidation de la Mishna].

[58] Sanhedrin, fol.86a.

tromperie ?" Ce à quoi il répondit : "Pour les purs, tu te montres pur : "Pour les purs, tu te montres pur, pour les faux, tu es infidèle, voir *Ps* 18, 27.[59]

Dans ces maximes de leur géniteur tribal Jacob, les rabbins ne trouvent manifestement rien de répugnant, puisqu'ils répètent ce récit à de nombreuses reprises avec un plaisir certain. Dans un autre contexte, ils ne s'embarrassent pas non plus de scrupules : lorsque Haman dit à Mordechai qu'il ne faut pas se réjouir de la chute d'un ennemi, ce dernier répond : Cela n'est vrai que pour un Israélite, mais c'est de vous qu'il est dit dans *Dt* 33, 29 : "Vous les foulerez aux pieds sur leurs hauteurs"".[60] La forme entière du concept juif de justice, cependant, émerge non seulement dans ces déclarations et ces règlements, mais surtout dans la narration d'un événement concret peint avec un plaisir visible. Rabbi Shila a châtié un homme qui avait vécu avec une Égyptienne. Ce dernier est allé voir le roi et l'a calomnié en ces termes :

> "C'est un homme qui juge parmi les Juifs sans la permission du roi."

Le roi lui envoya immédiatement un message. Lorsque Rabbi Shila arriva, les juges prirent la parole : "Pourquoi as-tu châtié cet homme ?" Parce qu'il a vécu avec un âne", répondit-il. "Les juges demandèrent : "As-tu des témoins ? Oui, répondit-il. Elias vint sous une forme humaine et en donna le témoignage. "Celui avec qui les choses se passent ainsi", continuèrent les juges, "est voué à la mort".

Ce à quoi le rabbin répondit :

---

[59] Tractate Megillah fol.12a.
[60] Ibid, fol.15 a, b.

"Depuis le jour où nous avons été chassés de notre pays, nous n'avons pas le pouvoir de tuer, mais vous pouvez faire de lui ce que vous voulez".

Pendant que les juges examinaient la question, Rabbi Shila commença à prononcer la phrase de *Chronique* 29 :11 : "À toi, ô Eternel, la grandeur et la puissance". Les juges lui demandèrent : "Qu'as-tu dit ? "Qu'as-tu dit ?" Il répondit : "J'ai dit : Béni soit l'Éternel ! J'ai dit : "Béni soit le miséricordieux qui a établi le royaume sur la terre et dans les cieux, et qui t'a donné le pouvoir et la miséricorde dans la justice". Les juges dirent : "L'honneur du royaume est très cher", ils lui donnèrent un bâton et lui dirent : "Tu peux juger".

Lorsque Rabbi Shila sortit, l'homme qu'il avait châtié lui parla : "Le miséricordieux fait-il un tel prodige aux menteurs ? Le rabbin : "Lâche ! Ne les appelle-t-on pas des ânes ? Comme il est écrit dans *Ezéchiel* 23 :20 : "dont la chair est semblable à celle des ânes". Quand le rabbin vit que l'homme s'en allait dire aux juges qu'il les avait traités d'ânes, il pensa : Il s'agit d'un persécuteur et la Torah dit : "Prévenez celui qui veut vous tuer". Il prit son bâton et le tua. Il prit son bâton et le tua : "Puisqu'un étonnement m'est venu à propos du verset de la *Chronique* 29, 11, je l'expliquerai de la manière suivante : à toi, ô Éternel, la grandeur, qui est liée à l'œuvre de la création, etc."

S'ensuit toute une série d'affirmations bibliques assemblées sans aucun sens.[61] Ce court récit devrait parler en termes clairs, sans beaucoup de commentaires ; tout y est contenu : l'incroyable

---

[61] Tractate Berachoth, fol.58a. Il est caractéristique que, dans le cas de Rabbi Meir, l'une des plus grandes autorités du Talmud, ses contemporains aient pu rapporter qu'il n'était jamais possible de découvrir sa propre opinion, car il était capable, par des comparaisons, des déductions à partir d'autres passages, etc. d'énoncer comme un commandement réel d'une loi claire et sans équivoque le contraire même de celle-ci. Graetz, *Geschichte der Juden*, Vol. 4, p.178.

mépris du non-Juif, le mensonge cautionné par le prophète Elias et le meurtre autorisé par la Torah. Si l'on ajoute les mots du cinquième livre de Moïse 23, 20 : "Tu peux pratiquer l'usure avec l'étranger, mais pas avec ton frère", c'est la motivation économique. Le sentiment national résonne dans le récit de l'empereur perse qui, tout comme les Européens aujourd'hui, s'est rendu chez les Juifs, a écarté les bras en signe de tolérance et a dit :

> "Venez, nous voulons tous devenir un seul peuple !". "C'est vrai", répondit Eabbai Tanchum, "nous, les circoncis, ne pouvions pas être comme vous, alors faites-vous circoncire et devenez comme nous".[62]

Cette séparation nationale et cette morale à double fondement sont un fait indéniable du passé et du présent juifs, tant en théorie qu'en pratique. Je ne souhaite pas multiplier les citations, mais je me contenterai de mentionner les paroles de l'un des érudits juifs les plus éminents et en même temps les plus éminemment philo-juifs :

> "C'est un projet qui frappe par son insolence lorsque des rabbins réunis cherchent à persuader le public chrétien que les juifs sont tenus à la même conduite morale à l'égard de tous les hommes et présentent le judaïsme comme une religion d'amour de l'humanité".[63]

Il en découle toutefois des enseignements extrêmement importants.

Si le chrétien, l'européen, peut s'égarer, s'il peut parfois tomber plus bas que le juif, il possède dans sa doctrine morale absolue

---

[62] Sanhedrin, fol.39a.

[63] Bernhard Stade, Geschichte des Volkes Israel, Vol. 1, p.510. [Bernhard Stade (1848-1906) était un théologien protestant dont l'histoire du peuple juif a été publiée en deux volumes en 1887-1888].

quelque chose qui lui montre, même dans la chute la plus profonde, le chemin de la remontée. Au commandement du vol et de la trahison s'oppose, écrit et non écrit, celui de la société européenne. La tendance de l'homme à s'abandonner à son égoïsme reçoit de la morale un contrepoids. Pour le Juif, en revanche, son élan naturel reçoit de sa doctrine morale une grande force supplémentaire qui se combine, pour ainsi dire, avec une énergie raciale tenace (nous y reviendrons plus tard).

Si le Juif voit dans les biens d'un non-Juif une chose qui lui appartient de droit, si les biens des païens sont semblables au désert sans maître, et si tous ceux qui s'en emparent les ont acquis honnêtement,[64] s'il n'y a pas d'adultère avec une non-Juive : "Pour les païens, il n'y a pas de femme, elles ne sont pas vraiment leurs femmes",[65] cela signifie un vol légalement autorisé de tous les peuples. Toute l'usure, toute l'escroquerie pratiquée au cours des siècles sur les peuples du monde n'est donc pas à considérer comme une aberration mais, au contraire, comme l'application des lois du Sinaï et des érudits du Talmud.

C'est pourquoi Luther a écrit avec indignation sur ce sujet, c'est pourquoi Goethe a dit des Juifs : "Ils ont une religion qui leur permet de voler les étrangers", c'est pourquoi Fichte s'est écrié avec désespoir : "Que les Juifs continuent à ne pas croire en Jésus-Christ, qu'ils ne croient en aucun dieu, tant qu'ils ne croient pas en deux lois morales différentes et en un dieu hostile à l'humanité".[66]

---

[64] Bava Batra, fol.54b.

[65] Sanhedrin, fol.81a, b.

[66] [Johann Gottlieb Fichte (1762-1814) est l'un des fondateurs de l'idéalisme allemand. Cette remarque est tirée de la brochure de Fichte de 1793 "Beitrag zur Berichtigung der Urtheile des Publicums über die französische Revolution" (Contribution à la correction de l'opinion publique sur la Révolution française).

Ainsi, lorsqu'on attaque les Juifs, ce n'est pas pour bâillonner la liberté de pensée, comme ils le soutiennent toujours avec indignation, mais pour attaquer un système de lois qui va directement à l'encontre de celles de tous les États. Il faut établir une fois pour toutes qu'une race dotée de ce sentiment juridique ne peut rendre justice à celle des Européens et que, par conséquent, les Juifs doivent à jamais se voir refuser toute influence à travers les fonctions publiques qu'ils occupent, car un juge juif ne peut et ne peut agir autrement que pour protéger et défendre, toujours et partout, les seuls Juifs.

Les naïfs enthousiastes de l'humanitarisme soutiennent aujourd'hui que les lois juives sont, à notre époque progressiste, des choses du passé. À cela, il faut répondre que près de 9 millions de Juifs, soit les deux tiers de l'ensemble des Juifs du monde, sont toujours les adeptes les plus stricts du Talmud. C'est pourquoi les lois de tous les États ont toujours été une épine dans l'œil du Juif, qui a toujours essayé de les contrecarrer ou de les expliquer avec la finesse du Talmud pour atteindre ses propres objectifs. C'est pourquoi nous constatons également que les Juifs ont rarement essayé d'être admis en tant que citoyens dans toutes les professions, mais qu'ils ont toujours cherché à obtenir des conditions et des lois exceptionnelles pour eux-mêmes. Les lois d'un pays empêchaient bien sûr les Juifs d'exercer mécaniquement leurs pratiques, mais lorsque cette interdiction, sous quelque influence que ce soit, s'est relâchée, le Juif s'est engouffré le premier, et avec beaucoup d'énergie, dans la brèche. Nous le voyons aujourd'hui en Russie et nous l'avons vu jusqu'en 1933 en Allemagne. Cela ne peut pas non plus s'expliquer par le fait que les Juifs métropolitains n'ont rien à voir avec les lois talmudiques. En effet, ce n'est pas le Talmud qui a fait les Juifs, mais les Juifs qui l'ont fait. En outre, ce livre a régi la vie intellectuelle juive pendant deux mille ans, il a été inculqué aux enfants dès l'âge de six ans, jour après jour, et a donc naturellement formé le caractère de tous les Juifs dans la direction donnée, qu'ils soient aujourd'hui des spéculateurs boursiers athées, des fanatiques religieux ou des Juifs en costume talmudique. En outre, nos Juifs métropolitains sont directement originaires de petits villages de Galicie[67] ou de Pologne.

Or, si l'on admet que, quoi qu'en disent les amis bien intentionnés des Juifs, il y a suffisamment de spéculateurs chrétiens, on ne peut nier que c'est précisément le sentiment de justice qui a été particulièrement fort au sein du peuple allemand.

Un peuple peut absorber un certain pourcentage de mauvais spécimens, mais lorsqu'un esprit frauduleux, dépourvu de toute retenue, préparé de la manière la plus experte par l'éducation la plus tatillonne à toutes les subtilités et corruptions juridiques, adhère avec une incroyable ténacité et est soutenu par d'énormes richesses, il s'agit d'un danger pour le peuple. Avec des phrases sur l'humanité et l'égalité, on ne peut résoudre aucun problème historique et racial comme les maîtres internationalistes d'aujourd'hui, par le biais de la propagande juive, croient pouvoir le faire. Pour cela, il est nécessaire de reconnaître la direction de la volonté des Juifs, mais pour cela, notre époque, embrouillée par des phrases, manque du caractère nécessaire.

Intolérance religieuse

Si le Juif s'est consciemment séparé de tous les autres peuples dans les questions morales, juridiques et nationales, il est compréhensible que sa pensée religieuse n'ait pas fait exception. Son peuple étant l'élu, sa religion était pour lui, en général, la seule religion.

Jéhovah, dont l'influence était limitée dans l'Antiquité au seul territoire de Canaan, s'est progressivement agrandi et s'est développé dans l'imaginaire du peuple juif en une divinité de plus en plus puissante. Mais cela n'a pas empêché qu'il soit également

---

[67] [La Galicie est une région qui se trouve aujourd'hui à cheval sur la frontière entre la Pologne et l'Ukraine].

adoré comme un dieu national, chargé de guider et de protéger le peuple d'Israël. Les hauts murs que Néhémie avait construits autour de Jérusalem et qui devaient séparer physiquement les Juifs des païens étaient l'expression de la séparation fondamentale interne et de l'intolérance religieuse. Dieu est dieu et nous sommes son peuple, tel est l'alpha et l'oméga de la religion juive jusqu'à aujourd'hui. "Le Juif est le maître de toute intolérance, de tout fanatisme religieux, de tout meurtre au nom de la religion, il ne fait appel à la tolérance que lorsqu'il se sent opprimé, mais il ne l'a jamais exercée et, selon sa loi, il ne le pourrait pas", dit Chamberlain dans *La Genèse du XIXème siècle*, livre dont seules les époques ultérieures apprécieront le service qu'il a rendu au peuple allemand. Ces paroles sont tout à fait incontestables. Depuis les temps les plus anciens, par exemple, ce sont les Juifs qui ont persécuté les chrétiens là où ils le pouvaient et qui ont ordonné aux païens d'opprimer les mêmes ; lorsque Julien l'Apostat a réintroduit le culte païen, les Juifs de Syrie ont profité de l'occasion pour lancer des persécutions contre les chrétiens avec une vigueur redoublée.

Lorsque les Juifs de Chypre sont devenus nombreux, ils ont décidé de massacrer tous les autres habitants. Cette décision mémorable a coûté la vie à 240 000 non-Juifs. [68] Tertullien raconte qu'à Carthage, à l'époque des persécutions chrétiennes, les Juifs avaient le plaisir de porter sur eux une image peinte représentant un homme aux oreilles et aux sabots d'âne, tenant un livre à la main et portant l'inscription : le dieu des chrétiens.

Ce qui subsiste encore dans toutes nos églises du principe du "salut unique", c'est le reste de l'influence du Pentateuque et du prophète Ézéchiel. Une foi forte sans rancune sanglante est pour

---

[68] Mommsen, *Römische Geschichte*. [Theodor Mommsen (1817-1903) était un historien allemand dont l'histoire de Rome a été publiée pour la première fois en trois volumes en 1854-1856. L'œuvre de Mommsen a été récompensée par le prix Nobel de littérature en 1902].

le Juif encore aujourd'hui une impossibilité (malheureusement aussi pour beaucoup de chrétiens infectés par sa mentalité), sans parler des époques antérieures. C'est ce qu'attestent les écrivains juifs et les rabbins, certes d'une manière plus douce que Chamberlain, mais en disant essentiellement la même chose.

Lorsque, par exemple, Napoléon réunit en 1807 le célèbre Synédrium juif universel à Paris[69] et, dans le but de clarifier les questions litigieuses, donne du fil à retordre aux Juifs, ceux-ci rédigent en guise de réponse toute une série d'articles dans lesquels ils se lavent les mains comme des agneaux innocents.

Mais l'introduction de ces notes de réponse dit : "Loué soit le Seigneur, le Dieu d'Israël, qui a placé sur le trône de France et d'Italie un souverain selon son propre cœur". Et à la question de savoir si les Juifs considèrent tous les Français comme des frères, les rabbins donnent la réponse la plus diplomatique : ils "considèrent, selon la loi de Moïse, tous les individus des nations comme des frères qui reconnaissent Dieu, le créateur du ciel et de la terre, et qui vivent au milieu desquels les Juifs jouissent de privilèges ou même d'une simple acceptation amicale". Ici donc, le Juif n'est pas opposé au Français, à l'Italien et même pas au Chrétien, mais c'est à lui que revient le choix d'un "frère" selon ce qu'il entend par "privilèges" ou "acceptation bienveillante" et ce qu'il fait de la croyance du même en Dieu créateur du ciel et de la terre.

Mais comme ce Dieu, comme le montrent les premiers mots, est le Dieu d'Israël, les diplomates du Grand Sanhédrin disent en belles paroles exactement la même chose que le Talmud, à savoir

---

[69] (Voir ci-dessous p. 86.)

que celui qui ne reconnaît pas Jéhovah comme l'Unique n'est guère un homme, et encore moins un frère.[70]

Cependant, des auteurs plus récents pensent précisément de cette manière ; par exemple, un rabbin d'aujourd'hui dit :

> "L'idée de choix est naturellement liée à une certaine exclusivité. Car reconnaître une vérité, c'est en même temps essayer de se tenir à l'écart de l'erreur. Israël a compris sa religion de plus en plus clairement dans son opposition aux nations. La religion d'Israël a donc dû commencer par le particularisme".

Et plus loin,

> "Le judaïsme est la religion mondiale dans la mesure où toutes les religions qui ont l'universalisme pour objectif conscient en sont issues et, du fait qu'elles en sont issues, se sont fixé cet objectif.

En conclusion, il affirme ouvertement qu'il considère tous ceux qui croient en d'autres religions comme déchus de l'unique

---

[70] Maïmonide dit ce qui suit à propos du commandement de Jéhova de détruire tous les idolâtres : "Quatre générations suffisent, car l'homme ne peut pas regarder au-delà de quatre générations de ses descendants : "Quatre générations suffisent, car un homme ne peut pas regarder au-delà de quatre générations de ses descendants. Il faut donc, dans une ville idolâtre, tuer un vieil idolâtre et sa famille jusqu'à son arrière-petit-enfant. [Il a donc également été établi que parmi les commandements de Dieu figure celui de tuer tous les descendants des idolâtres, y compris les enfants en bas âge. Ce commandement est répété partout dans le Pentateuque (Deut. 12 :16)". Et Maïmon de conclure de manière décisive : "Tout cela afin de détruire sans laisser de trace ce qui engendre une si grande corruption". Traduction de Munk, Le guide des égarées, Paris, Vol. I, Ch. LIV. [Moïse Maïmonide (1135-1204) était un rabbin séfarade qui a codifié la loi talmudique dans son Mishneh Torah en 14 volumes et a écrit un traité philosophique sur la Mishna, en arabe, sous l'influence de la philosophie arabe aristotélicienne, appelé Delalatul Ha'yreen (Guide des perplexes)].

religion.[71] Même le Dr Arthur Ruppin considère que la force de la religion et l'intolérance vont nécessairement de pair lorsqu'il dit à propos des Juifs : "Dès le début, l'orthodoxie (juive) était moins une religion qu'une organisation de combat revêtue d'habits religieux pour le maintien du peuple juif". "Le Juif ne connaît pas la tolérance en matière religieuse ; la religion est trop importante pour lui pour cela".[72]

L'historien juif Bédarride termine également son ouvrage par une glorification de la religion juive, de la race juive et de la loi juive, que nous n'aurions pas à lui reprocher si ne réapparaissait pas le mépris révélateur des non-Juifs.

Il dit :

> "Les Juifs sont les administrateurs d'une loi qui, remontant au berceau de l'humanité, est à l'apogée de la civilisation la plus avancée. Peuvent-ils abandonner cette loi qu'ils considèrent à juste titre comme surpassant toutes les autres, pour en adopter une autre qui, à leurs yeux, n'est qu'une copie ?[73]

Le camp strictement orthodoxe parle naturellement sur un ton plus élevé. Il suffit de jeter un coup d'œil sur les journaux juifs actuels : selon eux, les Juifs sont tellement au-dessus de tous les autres peuples parce qu'ils ont été les premiers de tous les hommes à avoir reconnu Dieu. Dans le programme de l'association des jeunes de l'"Agudas Israel", on trouve la phrase

---

[71] L. Back, *Wesen des Judentums*, Berlin, I 905. [Leo Baeck (1873-1956) était un rabbin allemand qui représentait les juifs libéraux. En 1943, il fut envoyé au camp de concentration de Theresienstadt, mais il survécut à la guerre, en partie grâce à son statut d'intellectuel, et s'installa à Londres en 1945].

[72] *Die Juden der Gegenwart*, Berlin, 1904, pp.47,152.

[73] *Les Juifs en France, en Italie et en Espagne*, Paris, 1861, p.433. [Jassuda Bedarride (18 04-188 2) était un juriste juif français].

suivante : "Les Juifs sont les enfants de Dieu" : "Les Juifs sont les enfants de Dieu". C'est un point du programme !

Un érudit talmudique de Pologne (d'où sont originaires tous nos Juifs) s'exprime de la manière suivante :

> "Les Évangiles n'ont aucune valeur d'autorité ni comme source historique ni comme littérature éthique"... "Le christianisme est tombé dans l'établissement de ses fondements moraux à l'opposé du judaïsme, dans la fuite du monde, dans la calomnie de toute culture, de tout progrès", et il fait l'éloge du rabbin Ishmael, qui dit que les Évangiles sèment l'envie, la haine et la jalousie entre Israël et son Père qui est aux cieux". [74]

La façon dont le Dr. Lippe imagine le contraire de la fuite du monde ressort suffisamment du Talmud, le seul livre qu'il reconnaisse. C'est là, par exemple, qu'Isaïe dit au roi Chiskia :

> "Tu mourras parce que tu ne t'es pas préoccupé de la propagation".[75]

En ce qui concerne la valeur de la vie, Rabbi Jehuda dit :

> "Trois choses allongent les jours et les années de l'homme : celui qui passe beaucoup de temps en prière, à table et aux toilettes".[76]

Rabbi Elieser le Grand dit :

> "Celui qui, en rêve, dort avec sa mère peut espérer la raison. Celui qui couche avec une vierge fiancée peut espérer la Torah. Celui qui couche en rêve avec sa sœur peut espérer la sagesse. Celui

---

[74] Dr. K. Lippe, Rabbinisch-wissenschafliche Vortrage, Drohobycz, 1897. [Karel Lippe (1830-1915) était un médecin sioniste en Roumanie].

[75] Tractate Berachoth, fol.10a,b.

[76] Ibid, fol.54b et 55a.

qui couche en rêve avec la femme d'un homme peut être sûr qu'il est un fils du monde futur. Celui qui voit en rêve une oie peut espérer la sagesse ! Celui qui dort avec elle deviendra un chef d'école. Celui qui en rêve se soulage, c'est un bon signe pour lui. Mais ce n'est le cas que s'il ne s'est pas nettoyé après, etc." [77]

Et le rabbin Ismaël respecté par le Dr. Lippe soutient des chrétiens :

"David dit à leur sujet : *Ps* 139, 21 : Ne devrais-je pas haïr ceux qui te haïssent (le dieu d'Israël) et détester ceux qui se rebellent contre toi ? Plein de la haine la plus complète, je hais ceux qui te haïssent, ils sont pour moi des ennemis".[78]

En conclusion, on peut citer les paroles d'un anti-talmudiste qui méritent d'être proclamées. Walther Rubens écrit :

"Le mouvement de réforme initié par Mendelssohn,[79] l'identification pratique du judaïsme avec l'humanité, ce courant s'est endigué, s'est même de temps en temps retourné dans un mouvement rétrograde..., les mêmes sentiments de fanatisme sont nourris que ceux de l'époque de Spinoza qui lui plantèrent un poignard perfide,[80] bien que les Juifs soient actuellement suffisamment politiques pour cacher ce fanatisme et que ce n'est qu'ici et là que les griffes du loup sortent de la peau du mouton.

---

[77] Fol.56b.

[78] Tractate Shabbath, fol.116a.

[79] [Moses Mendelssohn (1729-86) est une figure importante du siècle des Lumières allemand qui a cherché à mieux faire accepter les Juifs dans la société cultivée allemande. Cependant, il n'a jamais renoncé à son sens de l'unicité de sa religion, comme le montre son œuvre majeure, Jérusalem (1783). Voir également les pages 84 et 103 ci-dessous].

[80] [Le récit d'une tentative manquée de poignarder Spinoza peu avant son excommunication formelle est donné dans le dictionnaire biographique de Pierre Bayle, Dictionnaire historique et critique (1697)].

Le Schulchan-Aruch, [81] cet obscur ouvrage de pouvoir, fourmillant d'absurdités de toutes sortes et de lois fanatiques, est le codex infaillible de cette orientation".[82]

Ces exemples peuvent suffire. Ils devraient révéler avec quelle mentalité les Juifs se sont installés dans les pays d'Europe et d'Asie, comment ils étaient disposés à leur égard dans les relations morales, nationales et religieuses et comment ils le sont encore aujourd'hui.

À l'intolérance principale à l'égard des non-Juifs s'ajoute une persécution non moins vive des membres de la communauté devenus infidèles à la loi. On sait que l'apostasie était punie par la lapidation, l'étranglement, le versement de métaux fluides dans la gorge, afin de brûler l'âme, et tout ce qui pouvait être pratiqué.

C'est ce que l'on dit, entre autres :

> "Un criminel est plongé dans le fumier jusqu'aux genoux ; puis un tissu dur est placé dans un tissu mou et enroulé autour de son cou ; un témoin tire un bout vers lui, et l'autre tire l'autre bout vers lui, jusqu'à ce que le criminel ouvre la bouche. Pendant ce temps, on fait chauffer du plomb et on le verse dans sa bouche, de sorte qu'il descend jusqu'à ses entrailles et les brûle".[83]

Cette brutalité a été combattue par les lois des peuples accueillant les Juifs, ce qui n'a pas empêché les tentatives dans ce sens de se poursuivre jusqu'à aujourd'hui. Mais surtout dans les temps anciens, les rabbins n'avaient aucune pitié ni pour les individus, ni pour les sectes apostates. Par l'excommunication et le boycott économique, les talmudistes étaient en mesure de supprimer tout

---

[81] [Le Schulchan Aruch est le code juridique qui fait le plus autorité dans le judaïsme et a été rédigé par Yosef Karo en 1563 en Israël].

[82] [W. Rubens,] Das Talmudjudentum, Zurich, 1893, p.3.

[83] Sanhedrin, fol.52a.

autre mouvement intellectuel. L'histoire des Karaïtes (Karnes ou Karaïmes) est instructive dans ce contexte.

Ceux-ci rejetaient les discussions savantes des érudits juifs du Talmud et s'en tenaient strictement à la parole de la loi de l'Ancien Testament. Dispersés dans les pays, ils vivaient en conflit acharné avec les autres communautés juives.

Ils ont été vilipendés partout et des écrits polémiques ont été rédigés contre eux, dans lesquels un érudit de Tolède, Abraham Ben Dior,[84] , s'est particulièrement distingué et a critiqué les Karaïtes de manière virulente. Non contents de cela, ils cessèrent toute communication sociale et humaine avec eux et les empêchèrent d'entreprendre quoi que ce soit.

Le résultat fut que les Karaïtes disparurent progressivement de l'Ouest, de l'Espagne, par exemple, où ils avaient été les plus nombreux bien avant l'expulsion des Juifs de ce pays. Ils se déplacèrent de plus en plus vers l'Est et n'existèrent plus que sous forme de petites colonies dans le sud de la Russie, notamment en Crimée, et en petit nombre en Palestine. Une inimitié similaire existait entre les Rabbanites et les Sadducéens. Partout où le nombre d'une communauté était supérieur à celui de l'autre, un terrorisme constant s'exerçait sur la minorité. Normalement, les Rabbanites, de loin les plus nombreux, étaient les vainqueurs définitifs et exerçaient des pressions sur les Sadducéens, mais, dans la mesure du possible, ces derniers ne leur cédaient pas.

C'est ainsi qu'ils devinrent majoritaires à Burgos et obligèrent les talmudistes à abandonner nombre de leurs coutumes ; par exemple, il était strictement interdit d'allumer une lampe en célébration le jour du sabbat, comme le voulait la coutume talmudique. Cette interdiction irritait naturellement beaucoup les rabbanites et un certain rabbin Néhémie, qui ne pouvait plus

---

[84] [Abraham Ben Dior (mort en 1199) était un rabbin de Tolède].

supporter cette situation, alluma la lampe selon l'ancienne coutume le jour du sabbat.

Cela provoqua une agitation sauvage qui aurait abouti à un affrontement sanglant si les autorités espagnoles auxquelles les talmudistes s'adressèrent n'étaient pas intervenues. Le conflit fut tranché en faveur des Rabbanites, les Sadducéens et aussi les Karaïtes furent supprimés, proscrits de la synagogue, et le Talmud et ses adeptes triomphèrent. [85]

Comme pour des sectes entières, cela s'est produit, comme nous l'avons mentionné, même pour des personnes individuelles. On connaît l'histoire de Spinoza qui, suite aux plaintes de Zophar de la synagogue d'Amsterdam, fut excommunié ; mais l'histoire d'Uriel d'Acosta est particulièrement caractéristique.[86]

Né de parents juifs, mais convertis au christianisme, et élevé dans cette dernière foi, il en vint cependant à douter de la véracité de cette religion. Il étudia avidement l'Ancien Testament et, comme celui-ci l'attirait plus que le Nouveau, il décida de se convertir au judaïsme, quitta sa ville natale de Porto au Portugal, où il ne pouvait pas le faire ouvertement, et se rendit à Amsterdam où il se fit circoncire.

Cependant, il découvrit rapidement que les doctrines des rabbins étaient différentes de ce qu'Uriel avait imaginé après son étude du Pentateuque, dont il ne manquait pas de faire des commentaires. Cela agaça les grands rabbins qui lui lancèrent un ultimatum : se soumettre à toutes leurs vues et à tous leurs statuts ou se considérer comme banni. Il ne céda pas et fut excommunié.

---

[85] Depping, Histoire des Juifs dans le Moyen âge, Paris, 1834, p. 104. [Georgl George-Bernhard Depping (1784-1853) était un Allemand qui a émigré en France et a écrit des articles pour des revues françaises et allemandes ainsi que plusieurs études historiques].

[86] [Uriel d'Acosta (1585-1640) était un philosophe juif portugais].

Tous les Juifs, à l'exception de ses propres frères, reçurent l'ordre de le persécuter en l'injuriant, de le couvrir de pierres et d'immondices, et de ne pas lui permettre d'avoir la paix dans sa maison. D'Acosta écrivit pour sa défense un livre dans lequel il niait l'immortalité de l'âme puisqu'il ne trouvait pas cette croyance chez Moïse et qu'il n'y était question que d'un avenir corporel et temporel.[87] Les rabbins accusent Uriel d'être un "épicurien" et un agresseur de la religion chrétienne. Il est donc emprisonné, mais libéré après paiement d'une amende et confiscation de ses livres.

Les persécutions de la part des Juifs ne cessent pas pour autant et, brisé par quinze années de tourments et d'isolement de ses

---

[87] Il convient de mentionner ici que la croyance des Juifs en la résurrection est totalement matérialiste. Non seulement seuls les juifs seront ressuscités, ce qui est l'avis de tous les maîtres, mais les morts ramperont à travers les enfers souterrains jusqu'à Canaan pour y ressusciter. Salomon Jarchi écrit dans son commentaire sur la Genèse 27 :29 que Jacob souhaitait être enterré en Canaan parce qu'il avait prévu que la poussière en Egypte se transformerait en poux ou parce que ceux qui meurent en dehors de Canaan ne peuvent être ressuscités qu'en roulant difficilement sous terre. — Et le Targum ou la traduction chaldaïque du Cant 8 :5 dit : "Quand les morts revivront, le Mont des Oliviers se fendra et tous les Israélites morts en sortiront, même les justes morts en prison passeront par le chemin des enfers sous la terre et sortiront du Mont des Oliviers". C'est ce que signifient les paroles de Dieu : "Voici que j'ouvrirai vos tombes, je vous en ferai sortir, vous, mon peuple, et je vous ramènerai sur la terre d'Israël (Ez 37,12-13)" — Ces pensées lunatiques sont exprimées, par exemple, dans le traité Kethuboth, fol.111 a : Rabbi llai : "Les morts roulent dans la terre jusqu'à la terre d'Israël et y vivent à nouveau". Rabbi Abba Sala le Grand lui demanda alors : "Mais le fait de rouler causera-t-il de la douleur aux justes ?" Ce à quoi Abaii répondit : Abaii répondit : "Des creux seront creusés pour eux dans la terre".

[Salomon ben Isaac Jarchi (1I 04-1180) était un rabbin né et mort en France, bien qu'il ait beaucoup voyagé et rencontré Maïmonide en Égypte. Parmi ses nombreux commentaires, ceux sur le Pentateuque ont été traduits en allemand par F. Breithaupt en 1710].

[Le Targum est une traduction araméenne de la Bible hébraïque datant de la période du Second Temple (516 av. J.-C. — 70 ap. J.-C.)].

camarades de race, il décide de faire la paix et cède. Au moment de conclure l'accord, son neveu l'accuse de ne pas avoir respecté consciencieusement toutes les règles alimentaires. Cela déclencha une nouvelle haine amère dans la communauté, ses biens lui furent confisqués, son mariage bloqué et, lorsque la rumeur courut qu'il avait dissuadé deux chrétiens de se convertir au judaïsme, la fureur des juifs ne connut plus de limites.

Uriel est convoqué à la synagogue et on exige de lui des excuses publiques et une soumission inconditionnelle. Il refusa, mais fut banni et dut subir les mêmes persécutions qu'auparavant. Finalement, âgé, il déclara qu'il était prêt à renoncer à ses opinions et à se soumettre aux rabbins. Acosta dut confesser en chaire, en habits d'enterrement, un cierge noir à la main, qu'à cause de ses péchés il avait cent fois mérité la mort, qu'il se soumettait à tout châtiment et promettait de ne plus jamais apostasier. Il dut ensuite se rendre dans un coin de la synagogue et se déshabiller jusqu'à la ceinture, après quoi il fut attaché à une colonne où, au milieu des psaumes chantés par toute la communauté, et donc en présence des deux sexes, 39 coups de fouet lui furent administrés dans le dos.

Après cela, l'interdiction fut révoquée, mais Uriel fut contraint de s'allonger devant la sortie de la synagogue, où tout le monde, en partant, posa un pied sur lui, que même ses proches n'épargnèrent pas, au contraire, ils le piétinèrent avec la plus grande fureur. Humilié et, en même temps, aigri par ces effroyables mauvais traitements, le vieil homme décida de se venger. Il tira sur son frère, qui l'avait traité avec la plus grande cruauté ; le coup manqua, Uriel sut qu'il serait découvert, s'enferma et mit fin à ses jours d'un coup de pistolet.[88]

---

[88] Voir Boissi, *Dissertations*, Uriel d'Acosta ; également J. Millier, *Prolegomena et Schudt, Jiidische Merkwiirdigk eiten*, I, p.286. [Louis Michel de Boissy (1725-1793) était un historien français dont l'ouvrage historique

Alors que dans d'autres pays les Juifs étaient strictement surveillés, à Amsterdam ils jouissaient encore de toutes les libertés et il est étrange de voir avec quelle haine tenace un homme pouvait être traqué et persécuté pendant des décennies sans aucune intervention de la part des autorités.

En effet, les Juifs jouissaient à Amsterdam d'une telle liberté qu'Uriel d'Acosta a pu dire à juste titre dans son autobiographie, qu'il a composée peu avant sa mort :

> "Si Jésus de Nazareth venait à Amsterdam et que les Juifs voulaient le crucifier, ils pourraient le faire sans crainte".

À la fin du XVIIe siècle, un prédicateur juif errant, Nehemiah Haja Hajim, jouit d'une grande estime auprès de tous les Juifs et a réussi à se faire suivre par de nombreuses personnes pieuses. Mais ses intentions ne tardèrent pas à se faire jour : il voulait prouver que même le judaïsme enseignait l'existence d'un dieu trinitaire. Lorsque la nouvelle s'est répandue, tous les milieux se sont soulevés contre ce "mensonge malveillant".[89] Néhémie fut amèrement persécuté ; il préféra ne pas souffrir comme Acosta mais s'enfuit en Orient, où la malédiction de l'excommunication de la communauté juive lui fut jetée, résultat de la guerre acharnée qui avait commencé contre l'"hérésie".

Lorsque Pinchas poignarde un hébreu en train de fumer le jour du sabbat, il est publiquement félicité pour cela et reçoit un sacerdoce héréditaire. Abraham Geiger rapporte le cas suivant, datant de 1848 :

---

incomplet, Dissertations critiques pour servir d'éclaircissements à l'histoire des Juifs, avant et depuis Jésus-Christ, a été publié en deux volumes en 1785].

[89] Vogel stein-Rieger, Geschichte der Juden in Rom, [1895-1897] 11, p.277. [Hermann Vogelstein (1870-1942) et Paul Rieger (1870-1939) étaient tous deux des rabbins libéraux allemands opposés au mouvement sioniste].

"Un homme de Jérusalem obligea un prosélyte, qui s'était déjà laissé circoncire mais qui, souffrant des conséquences de cette opération, ne pouvait pas encore prendre le bain du prosélyte, à travailler le jour du sabbat et le pressa si longtemps qu'il s'en plaignit par écrit".

Cela a suscité le mécontentement des autres talmudistes présents qui considéraient une telle procédure comme inconvenante et n'avaient pas non plus entendu parler d'une telle chose auparavant dans des cas similaires. Sauf que l'homme a prouvé qu'il était un talmudiste à part entière. Un converti au judaïsme qui, même circoncis, n'a pas encore pris le bain du prosélyte n'est pas encore juif et, selon Sanhedrin 58b, un non-Juif qui a célébré un jour à la manière du sabbat (et cela peut être n'importe quel jour de la semaine) a perdu la vie".[90] Lorsque, dans la première moitié du XIXe siècle, le rabbin Drach se convertit au catholicisme, il attire sur lui la colère de tout le judaïsme français. Ses enfants lui sont retirés, lui-même est menacé de mort à plusieurs reprises. Un érudit philo-juif comme Bernhard Stade écrit à propos du commandement de *Dt* 17, 2-17, de lapider les apostats, qu'il faut l'appliquer à notre époque : "Il n'y a aucun doute à ce sujet, puisque jusqu'à nos jours, le judaïsme orthodoxe a établi la peine de mort pour l'apostasie — même en 1870, on a tenté en Russie de l'appliquer à un homme qui s'était converti au christianisme et qui était encore en vie, appelé Elieser Baffin, qui avait été ramené par la force de l'étranger où il s'était converti".[91] Celui qui connaît la Russie ne trouvera rien d'extraordinaire à cela, en Pologne et en Galicie c'est pire ; nous avons vu plus haut que l'esprit est le même en Allemagne.

W. Rubens, déjà cité, dit :

---

[90] Nachgelassene Schriften, 11, p.283. [Abraham Geiger (1810-1874) était un rabbin allemand qui a contribué à fonder le mouvement du judaïsme réformé].

[91] Geschichte des Volkes Israel, Vol. 1, p.422.

"Selon le Schulchan Aruch. Art.223 du second volume, il est fait obligation aux Israélites de tuer par la force ou la ruse un autre Israélite qui défie les observances religieuses (par exemple, fume le jour du Shabbat)…"

"Il est certain que si les lois des États ne protégeaient pas l'insolent fumeur de sabbat, il aurait été exposé dans de nombreux endroits aux pires insultes, comme j'ai pu le constater par ma propre expérience.

Le juif orthodoxe est même aujourd'hui aussi fanatique contre des camarades raciaux intraitables (l'ordre de Mayence) que le zélote qui a planté son couteau dans Spinoza.[92] De nos jours, le chauvinisme juif a en effet poussé l'art de la falsification historique si loin qu'il attribue la procédure fanatique du collège rabbinique d'Amsterdam à l'influence des chrétiens et soutient avec la plus grande impudence que le judaïsme a toujours eu pour principe la liberté d'apprentissage.[93]

L'ordre de Breslau a un caractère plus caméléon. Il peut s'adapter aux exigences de l'époque, il flirte même avec les sciences radicales mais ne renonce pas d'un iota à certaines règles cérémonielles, il cherche à les étayer par des bases rationnelles même si celles-ci sont si fragiles qu'un élève de l'enseignement secondaire peut les faire voler en éclats".[94]

Même dans ce cas, il convient de souligner que rien ne change si le Juif renonce au Talmud en tant que livre religieux, car le caractère national immuable continue alors à représenter dans d'autres domaines un point de vue dogmatique tout aussi immuable. Nous le voyons aujourd'hui dans la vie publique, par exemple, dans la doctrine de la vision socialiste du monde. Je ne veux pas parler des mesures et des projets économiques du

---

[92] (Voir ci-dessus p. 31.)

[93] Section artistique du Frankfz1rter Zeitung.

[94] Op.cit. p.28,4.

marxisme, mais seulement souligner l'intolérance fondamentale qui sous-tend tout son système jusqu'à aujourd'hui.

Les idées communistes étaient déjà formées bien avant Marx, mais le Juif intelligent a été capable de les lier ensemble et de les forcer à prendre une forme rigide. Il y aura d'autres choses à dire sur l'esprit et la volonté juifs en tant que centre du caractère juif, mais il faut souligner ici cette qualité qui rejette fermement tout le reste, exactement comme un Talmud.

Avec la même infaillibilité doctrinaire que la grande synagogue d'Esdras, Marx et Lassalle ont juré sur leur manifeste. Et cette rigidité du dogme qui donne une réponse à toutes les questions et exclut les débats réussit comme une nouveauté.

Chaque fois que la vitalité, l'élasticité et l'esprit de résistance de l'homme sont affaiblis, il se rend toujours en pèlerinage dans un endroit où le ciel ou le paradis sur terre est promis avec une certitude infaillible ; et l'esprit juif, en l'occurrence athée, se tient toujours aussi rigide à la tête de la brutale lutte des classes qui est prêchée.

Certes, lorsqu'il s'agit de la lutte elle-même, les dirigeants juifs s'effacent complètement, inconsciemment fidèles au principe talmudique : "Si tu vas à la guerre, n'y va pas en tête, mais en dernier, afin de pouvoir te retirer le premier, rejoins celui que l'heure favorise". Canaan a recommandé cinq choses à ses fils : "aimez-vous les uns les autres, aimez le vol, aimez la débauche, haïssez vos maîtres et ne dites jamais la vérité".[95]

Les masses déséquilibrées qui doivent avoir une réponse à tout ce qui les apaise les suivent jusqu'à leur propre perte.

---

[95] Tractate Pesachim, fol. 113a et 113b.

Cet esprit qui dirige les troupes de l'anarchie à la fois diplomatiquement et brutalement, conscient de son but, est l'esprit religieux, économique, politique et national d'intolérance fondamentale qui s'est développé à partir d'un fondement racial ; il ne connaît que l'universalisme de la religion (c'est-à-dire le règne du dieu juif), le communisme (c'est-à-dire les États esclavagistes), la révolution mondiale (la guerre civile sous toutes ses formes) et l'internationalisme de tous les juifs (c'est-à-dire leur règne mondial).

C'est l'esprit de la rapacité effrénée et sans scrupules : l'Internationale noire, rouge et dorée, ce sont les rêves des "philosophes" juifs, depuis Ezra, Ézéchiel et Néhémie jusqu'à Marx, Rothschild et Trotski.

Avant de passer à un autre point, je voudrais opposer à la religion juive bornée une autre pensée. Il ne s'agit pas de la doctrine du Christ, mais des pensées de l'Inde lointaine. Ici aussi, il existe des livres sacrés reconnus comme inspirés par la divinité, ici aussi le peuple a décidé au cours de son développement de certaines images (sur lesquelles nous ne pouvons pas entrer dans les détails ici) sur la base de son caractère national.

Dès le début, la question de Dieu est présentée à l'Indien comme une question cosmique et il transfère son âme, ressentie comme divine, dans chaque créature de ce monde. Mais à partir de cette base de livres saints sont nés six grands systèmes religieux, tous orthodoxes, et neuf autres, considérés comme hétérodoxes, mais néanmoins persécutés par des étranglements, des lapidations, etc. La pensée indienne englobe toutes les formes de vie spirituelle, depuis l'isme matériel, qui ne cède rien au nôtre, jusqu'à l'immatérialisme, dans lequel le corps n'est guère justifié en tant qu'enveloppe gênante.

> Bien manger et s'endetter,
> Vivre joyeusement le peu de temps
> Quand la vie vous est donnée
> Il ne vous reste plus qu'à subir la mort,

> Vous ne reviendrez jamais !
> chantent les uns, et les autres répondent : [96]
> Mais celui qui, dans son esprit, s'est compris comme le Soi,
> Comment peut-on vouloir devenir malade avec la nostalgie du corps,
> Pour celui qui dans la souillure abyssale du corps
> L'éveil au Soi s'est produit,
> qui se sait tout-puissant, créateur du monde,
> Il est l'univers, puisqu'il est lui-même l'univers.

Lorsque le bouddhisme a commencé sa campagne contre l'ancien brahmanisme et qu'il a ainsi entamé une bataille, il a certes été confronté à de nombreuses reprises à des affrontements physiques, mais ceux-ci étaient si mineurs qu'ils peuvent être totalement ignorés.

On comprend alors la parole du roi Ashoka qui a fait graver tout cela dans la pierre pour le peuple : "Il faut honorer sa propre religion, mais ne pas en critiquer une autre. Seule l'harmonie fait la sainteté. Que les confesseurs de chaque foi soient riches en sagesse et heureux par la vertu".[97]

Ensuite, on peut citer un autre dicton d'une époque plus tardive qui évoque pour nous toute l'atmosphère de la pensée indienne :

> "Un champ d'herbe comme campement, un bloc de pierre comme siège, le pied des arbres comme habitation, l'eau froide des cascades comme boisson, les racines comme nourriture, les

---

[96] Traduction de Paul Deussen dans son Allgemeine Geschichte der Philosophie. [Paul Deussen (1845-1919) était un spécialiste du sanskrit qui se consacrait à la philosophie de Schopenhauer. Son Allgemeine Geschichte der Philosophie a été publié en deux volumes de 1894 à 1917 et son premier volume est consacré à la philosophie indienne].

[97] Lassen, Indische Altertümer. [Christian Lassen (1800-1876) était un orientaliste norvégien allemand qui a écrit une histoire de l'Inde ancienne en 4 volumes intitulée Indische Altertumskunde qui a été publiée entre 1847 et 1861].

gazelles comme compagnes. Dans les bois, qui seuls offrent toutes ces richesses sans qu'on les demande, il n'y a que le défaut que là, où les nécessiteux sont difficiles à trouver, on vit sans l'effort du travail pour les autres". [98]

Comme nous sommes loin ici de toute avidité de pouvoir et d'argent, de toute rapacité et intolérance, de toute mesquinerie et arrogance.

Même les anciens Allemands, si décriés, pensaient de la même manière avant que l'esprit des livres de Moïse et d'Ézéchiel ne leur soit imposé. C'est ce que nous montrent, par exemple, les anciens Goths d'Espagne :

"Ne calomnie pas une doctrine que tu ne comprends pas", disait la goth Agila à un confrère catholique ; pour notre part, bien que nous ne croyions pas ce que tu crois, nous ne te calomnions pas pour autant, car il y a un dicton parmi nous qui dit qu'il n'est pas punissable, lorsque l'on passe par les autels des païens et une église de Dieu, de montrer du respect à l'un et à l'autre".[99]

Enfin, nous nous pencherons sur une troisième tribu indo-germanique, les Perses. C'est à la tolérance de ce peuple que les Juifs en général doivent toute leur existence ; c'est grâce à eux

---

[98] Extrait de L.v.Schroeder, *Indiens Literatur und* Kultur. [Leopold von Schroeder (1851-1920) était un indologue allemand qui travaillait en Autriche. Il a traduit la Bhagavad Gita en allemand et s'est également beaucoup intéressé au mythe du Graal et à sa représentation dans l'opéra de Wagner].

[99] Helfferich, *Der westgotische Arianismus*, p.49. [Adolf Helfferich (1813-1894), professeur de philosophie à l'université de Berlin, a publié en 1860 Der westgotische Arianismusund die spanische Ketzer-geschichte]. [L'arianisme est la doctrine proposée par Arius d'Alexandrie (IIIe siècle après J.-C.), qui élevait Dieu le Père au-dessus de Dieu le Fils, car il considérait ce dernier comme une divinité créée, contrairement au premier. Sa doctrine a été qualifiée d'hérétique par le concile de Nicée en 325. Elle fut cependant propagée parmi plusieurs tribus germaniques, dont les Wisigoths (Goths de l'Ouest), par le missionnaire arien Ulfilas].

qu'ils ont pu entamer leur retour dans leur patrie et qu'ils ont été approvisionnés en argent. "La juiverie", dit l'historien Eduard Meyer, "a été créée au nom du roi perse et grâce à l'autorité de son empire, et ainsi les effets de l'empire achéménide se font sentir puissamment et immédiatement jusqu'à notre époque".

Et sur les Juifs qui ont quitté le pays, le même érudit extrêmement philo-juif a dit :

> "La séparation religieuse, le dénigrement arrogant selon lequel tous les autres peuples, comparés au peuple choisi par le Dieu maître du monde, étaient des païens voués à la destruction, étaient offensants pour tous les peuples voisins.
>
> Le codex sacerdotal est la base du judaïsme qui existe sans changement depuis l'introduction de la loi par Esdras et Néhémie en 445 avant J.-C. jusqu'à nos jours, avec tous les crimes et les monstruosités, mais aussi avec l'énergie orientée vers un but, impitoyable, qui lui est inhérente depuis le début et qui a produit, avec le judaïsme, son complément, la haine des juifs.
>
> La circoncision, l'observation du sabbat, l'abstinence de viande de porc et d'autres bizarreries similaires dans l'alimentation, et le mépris fondamental pour tous les non-Juifs, qui était pleinement réciproque par ces derniers, sont les caractéristiques de la juiverie à l'époque d'Antiochus Épiphane, de Tacite et de Juvénal, tout comme aujourd'hui".[100]

Le ghetto

Les faits évoqués ci-dessus permettent de se faire une idée plus précise de la constitution intellectuelle avec laquelle les Juifs se sont installés en Europe ; de cette constitution sont nés tous les événements d'interaction mutuelle entre les Juifs et les autres

---

[100] Die Entstehung des Judentums, Halle a. S., 1896, p.222. [Eduard Meyer (1855-1930) était un historien qui a publié des histoires de l'antiquité gréco-romaine et des Juifs].

peuples. L'exclusion prononcée, à la fois dans les relations physiques et intellectuelles, de tous les autres peuples a également conduit à un phénomène dont le caractère est encore aujourd'hui mal évalué : le ghetto.

L'isolement d'un peuple étranger immigré au milieu de la population locale est un fait qui apparaît partout et pour lequel il n'est pas nécessaire de chercher des raisons compliquées. Tous les Européens ont fait construire leur propre quartier dans les colonies. Tous les comptoirs des Portugais, des Espagnols, de la Hanse, etc. se sont étroitement liés. Les Juifs ont fait de même ; et ce qui est valable pour d'autres peuples devrait-il soudain être, pour eux, le résultat d'une répression unilatérale ? Au contraire, c'est précisément chez eux que l'exclusivité a dû être appliquée de manière plus logique, en raison de leur caractère racial intolérant.

L'histoire des migrations juives nous prouve qu'il en était réellement ainsi : lorsque les Juifs, par exemple, comme nous l'avons mentionné plus haut, se sont installés en grand nombre à Alexandrie, ils ne se sont pas installés en tant que communauté fermée, mais ont réclamé à cor et à cri de posséder une partie de la ville pour eux-mêmes. Flavius Josèphe explique cette demande par le fait que les Juifs pouvaient ainsi "mener une vie pure et ne pas se mêler aux étrangers". Finalement, les Juifs étaient si nombreux qu'ils habitaient deux quartiers sur cinq.

Les relations à Rome se sont formées exactement de la même manière. Lorsque les Juifs s'installèrent dans cette ville, ils suivirent, comme partout, leur tendance au commerce et installèrent leurs habitations en conséquence, là où les meilleures opportunités s'offraient à eux. À Rome, c'était la rive droite du Tibre, où les marins phéniciens et grecs étaient installés et vendaient leurs marchandises. Tout juif nouvellement arrivé s'y installait également, comme attiré par un aimant, et le quartier juif ne tarda pas à s'étendre considérablement. Lorsque la rive droite fut plutôt occupée, les nouveaux immigrants, pour ne pas être désavantagés, s'installèrent sur la rive gauche du Tibre et il y eut bientôt une deuxième colonie à cet endroit. Le quartier juif de Rome était prêt avant même l'introduction d'une réglementation de masse coercitive. Les nombreuses inondations, auxquelles cette partie de la ville était précisément la plus exposée, les épidémies qui en résultaient, tout cela n'a pas pu, au cours des siècles, contraindre les Juifs à quitter les meilleures places commerciales de la ville. Les quelques exceptions ne valent pas la peine d'être prises en considération. Lorsque l'on fut plus tard contraint de construire un mur autour du quartier juif de Rome, on scella par là une condition qui s'était déjà formée depuis longtemps, ce que les historiens juifs admettent d'ailleurs.

C'est ainsi que Vogelstein-Rieger, par exemple, affirment :

> "Dès le 14ème siècle, le quartier juif a pris les dimensions du futur ghetto.[101]
>
> Plus tard, le mur construit a souvent servi à protéger les Juifs contre les soulèvements populaires, ce qui a été reconnu même par les Juifs.[102] L'historien Heman résume ainsi la nécessité du ghetto, née des circonstances de l'époque :
>
> "En raison de l'exclusion de tout ce qui n'est pas juif, l'esprit juif s'est habitué, dans toutes ses relations, à ne s'autoriser que ce qui lui était profitable.
>
> Mais les conséquences ne manquent pas de se faire sentir : les populations sentent rapidement que les Juifs ne s'intéressent pas vraiment à elles et à leurs institutions. Ils eurent l'impression que les Juifs ne cherchaient qu'à les exploiter. L'antipathie des peuples à l'égard des Juifs trouve son fondement dans l'attitude que le Juif lui-même a eue à l'égard de tous les non-Juifs".
>
> "Le fait que les Juifs aient été contraints par la suite de rester dans leurs ghettos s'est produit autant pour leur protection contre la haine de la population que pour la protection des autres habitants contre leur avidité. Nous voyons ici aussi, une fois de plus, que

---

[101] Geschichte der Juden in Rom, Vol. 1, p.301.

[102] Vogel stein-Rieger, op.cit. vol. 11, p.237.

ce que les juifs dénoncent comme l'oppression honteuse des chrétiens n'est que la conséquence du particularisme qu'ils ont eux-mêmes choisi".[103]

Comme on le voit, la volonté de faire porter la responsabilité de la création des ghettos à des prêtres malveillants est une entreprise très unilatérale mais, on le comprend, particulièrement favorisée par les Juifs.[104]

Les nationalités qui se développaient à l'époque exigeaient pour leur consolidation une vie peu perturbée par les étrangers. Le ghetto et les diverses limitations de propriété et lois sur l'immigration étaient à l'époque une nécessité, et ils le deviennent tout particulièrement à toutes les époques où la conscience nationale n'est pas très marquée et où les Juifs vivent en grand nombre.

Nous devons veiller à ne pas regarder avec un sourire supérieur le Moyen-Âge décrié et à ne pas nous enorgueillir d'être enfin arrivés si loin. Les hommes de l'époque s'appuyaient sur une expérience amère et ne se laissaient pas mener par des slogans manifestement stupides et un manque de critique flagrant, comme notre public "civilisé" actuel en Europe se laisse faire sans résistance. Seules les lois sur l'immigration peuvent nous sauver de la domination juive actuelle ou nous devons décider de devenir

---

[103] Die historische Weltstellung der Juden, Leipzig, 1882, pp.13,18. [Carl Friedrich Heman était un missionnaire protestant qui a écrit plusieurs livres sur les Juifs et la question juive].

[104] Basnage dit : "C'est le propre des Juifs d'être séparés des autres peuples", Histoire des Juifs, Vol.VI, Chs.3,14. [Jacques Basnage (1653-1723) était un théologien et historien protestant français qui a émigré aux Pays-Bas en 1685. Son Histoire des Juifs depuis Jésus-Christ jusqu'à présent fut publiée pour la première fois de 1706 à 1711 et une seconde édition augmentée parut de 1716 à 1726].

plus efficaces et sans scrupules que le Juif. (L'État national-socialiste l'a fait pour la première fois).

Après l'émancipation des Juifs, il est compréhensible qu'une partie d'entre eux se soit déplacée dans le quartier chrétien en s'y opposant, mais les rues juives ont néanmoins été maintenues comme dans les temps anciens. Il ne faut pas oublier que les métropoles sont une création d'une époque récente, où il n'était pas possible pour les Juifs, même avec les meilleurs efforts, de vivre ensemble et que, de plus, leur afflux a été plutôt progressif.

Mais, malgré tout, la tendance à vivre ensemble est toujours là. On voit, par exemple, les relations dans le "pays le plus libre du monde". Les États-Unis comptent plus de trois millions de Juifs. Plus de deux millions d'entre eux vivent dans la seule ville de New York et forment dans cette ville un véritable ghetto. [105] Toutes les tentatives pour soulager New York et faire en sorte que les Juifs vivent à la campagne ont échoué. Ils sont tous revenus pour mener une vie de brocanteur dans la cosmopole, le travail manuel de la terre ne leur plaisant pas.

"Les efforts philanthropiques pour répartir les Juifs", dit Adolf Böhm,[106] "dans le pays ont eu peu de succès... Les immigrants affluent là où sont déjà installés beaucoup de leurs frères". Le vieil instinct d'être des intermédiaires (intermédiaires internationaux), mais de former ainsi un noyau fermé, réapparaît encore aujourd'hui lorsqu'on observe les mouvements de masse ; les

---

[105] Davis Trietsch, *Paliistina und die Juden*, 1916. [Davis Trietsch (1870-1935) était un économiste politique sioniste ardent qui, après de nombreux voyages en Europe, a vécu à New York de 1893 à 1899, où il a étudié les modèles et les problèmes de l'émigration juive].

[106] *Der jüdishe Nationalfonds*, La Haye, [1910], p., 17 [Adolf Böhm (1873-1941) était président du Fonds national juif en Autriche pendant la seconde guerre mondiale].

Juifs sont en effet les immuables, les "hommes les plus cristallisés", dont parlait Goethe *(Faust* II).

Brûlage du Talmud

Tout comme dans le cas du phénomène des ghettos, un jugement fortement unilatéral se cache sous celui de la poursuite des livres juifs. On y voit toujours un acte de la plus grande barbarie et le fanatisme le plus bas des prêtres catholiques romains.

Nous verrons plus loin ce qui est justifié dans cette plainte, mais il faut d'ores et déjà constater que la censure et l'incendie du Talmud n'étaient pas du tout le résultat d'une superstition limitée, mais qu'ils avaient des raisons justifiées.

Imaginons la situation : dans les États chrétiens vit un peuple étranger qui injurie amèrement le fondateur de la religion d'État dans ses livres, qui, toute la semaine, à la synagogue, prononce la malédiction de son dieu sur les chrétiens et qui, par d'autres moyens, ne cache pas sa haine.

Même une Église moins consciente d'elle-même que l'Église romaine aurait dû prendre des mesures de masse pour mettre fin à cette situation ; il n'est plus possible de douter aujourd'hui qu'il en a été ainsi. Écoutons d'abord une voix du christianisme le plus ancien ; Justin écrit : [107]

> "Les Juifs nous considèrent comme des ennemis et nous tourmentent partout où ils le peuvent. En effet, Bar Kokhba,[108]

---

[107] Première Apologie, 31. [Justin Martyr (100-165 apr. J.-C.) était un apologiste chrétien de la première heure. Sa première apologie, ou recommandation philosophique du christianisme, datant d'environ 150 après J.-C., a été adressée à l'empereur romain Antoninus Pius].

[108] [Simon bar Kokhba (mort en 135) était le chef d'une révolte infructueuse contre les dirigeants romains de la Judée].

l'initiateur du soulèvement juif dans la guerre juive qui vient de se terminer il n'y a pas longtemps, a permis aux seuls chrétiens de blasphémer le Christ".

"Les grands prêtres de votre peuple ont fait profaner et injurier le nom de Jésus dans le monde entier"[109] "Vous maudissez dans vos synagogues ceux qui croient au Christ".[110] Vous maudissez dans vos synagogues ceux qui croient au Christ". "Autant qu'il est en votre pouvoir, tout chrétien est chassé non seulement de sa propriété, mais en général du monde ; vous ne permettez à aucun Christ de vivre".[111] "Au lieu de regretter d'avoir tué le Christ, vous nous haïssez, nous qui croyons par lui en Dieu et au Père de toutes choses, et vous nous tuez aussi souvent que vous en avez la possibilité, et vous maudissez constamment le Christ et ses disciples, alors que nous prions tous pour vous comme pour tous les hommes en général".[112]

À l'époque, les juifs réussissaient à tourmenter librement les chrétiens et ils étaient les plus désireux d'inciter les païens à persécuter les chrétiens. Mais lorsque l'Église catholique a renversé la situation, elle a joué le rôle de l'innocent persécuté.

Cette relation hostile au Christ, les Juifs l'ont entretenue avec la plus grande conscience, et la formule de la persécution a été prononcée régulièrement en chaire dans tous les pays pendant des siècles.

Lorsque, au 16ème siècle, "l'empereur de Perse", comme le raconte une grande chronique, interrogea les rabbins vivant dans le pays sur leur attitude à l'égard du Christ, ces derniers répondirent que les chrétiens "étaient vraiment des idolâtres qui

---

[109] Ch.16.

[110] Ch.110.

[111] Ch.133.

[112] Schudt, *Jüdische Merkwürdigkeiten*, Vol. I, p.28.

adoraient non pas Dieu, mais un criminel crucifié et un imposteur".[113]

Telle était la croyance des Juifs de l'Asie à l'Europe occidentale. Lorsque finalement l'Église catholique s'opposa fermement aux formules de persécution, soumit le Talmud à une censure stricte et effaça tous les passages visant le Christ, les juifs poussèrent un cri d'alarme sur la violation de la liberté intellectuelle. Il n'y a pas lieu de dénigrer l'Église, mais toute personne impartiale doit admettre qu'ici aussi, c'est un principe tout à fait juif qui a présidé à son action et que le rabbin Tarphon a précisé de la manière suivante : "Le Talmud n'est pas une religion, c'est une religion :

> "Par la vie de mes enfants, si les écrits des chrétiens venaient à tomber entre mes mains, je les brûlerais tous, y compris les noms de Dieu qu'ils contiennent".[114]

Que dit le Talmud au sujet du Christ, que contiennent ces passages qui répugnent tant à l'Église catholique ?

De même que son esprit, ses tournures de phrases et ses jeux de mots ont permis au Juif d'aujourd'hui d'acquérir une renommée malheureuse, le Juif du passé a déjà utilisé ce don particulier de la même manière. Et c'est en partie à ce jeu de mots empoisonné et méprisant que le Christ doit ses noms les plus humiliants.

Se référant à Nb 24,17 : "Une étoile a surgi de Jacob", les chrétiens ont souvent appelé Jésus "le fils des étoiles", Ben Stara ; que les Juifs ont transformé en Ben Stada (fils d'une prostituée, selon P. Cassel).[115]

---

[113] Tractate Sabbat, 116a.

[114] Tractate Sabbath 116a.

[115] Il existe de nombreux jeux de mots de ce type : Le calice [allemand : Kelch] était appelé Kelf (chien), Pesach (Pâques) Kesach (dissection).

Dans le Talmud, Marie n'est considérée que comme une maîtresse, et comme il ne tient pas strictement compte de la chronologie (il laisse l'ennemi le plus acharné du Christ, Rabbi Akiba, être son contemporain), il identifie à Marie la femme d'un certain Paphos vivant à l'époque de Rabbi Akiba, qui, en raison de sa vie indécente, était considérée comme une prostituée absolue. Le fils de cette femme adultère et d'un soldat romain, donc de la créature la plus dépravée que le Juif puisse imaginer, est le "bâtard" Jésus-Christ.

Un autre nom pour Jésus apparaît de temps à autre : Ben Pandera, littéralement "fils de la panthère". Cette désignation s'explique de la manière suivante : au contact de la vie grecque, le Juif (voir, entre autres, Paul) parmi les Grecs ultérieurs était frappé par leur lasciveté et rien ne le rebutait plus que les orgies de la secte dionysiaque de l'Antiquité déclinante. Or, pour Bacchus, la panthère était un animal particulièrement sacré ; les adorateurs de Bacchus dormaient sur des peaux de panthère, la panthère était représentée sur les pièces de monnaie grecques, etc. Cet animal était donc pour le Juif l'animal "obscène", le symbole de la lasciveté en général. C'est de cette vision qu'est né le jeu de mots suivant : les chrétiens ont appelé Jésus le fils de la Vierge (du grec Parthenos, Ben Parthena), tandis que les juifs ont créé le méprisable Ben Panthera (fils de l'animal obscène). Laible[116] souligne le fait que la haine était moins dirigée contre Marie que contre la personne de Jésus, et que le Ben (fils) était donc exposé à toutes les insultes.

En outre, le Christ est appelé le Fou, le séducteur du peuple (Bileam) et, en tant que tel, il est, selon le point de vue juif, le plus grand qui ait jamais surgi au milieu d'Israël, le magicien qui a

---

[116] *Jésus-Christ dans le Talmud*, Berlin, 1891. [Heinrich Laible était théologien à Rothenburg].

recueilli des drogues secrètes en Égypte et qui a "tenté et séduit Israël".[117]

À l'occasion de sa mort, le Talmud appelle Jésus simplement "le Pendu" et trouve que la potence et le pilori sont le châtiment qu'il mérite. Dans le 2e Thargum sur Esther 7,9, Dieu demande à tous les arbres s'il est possible d'y pendre Haman ; tous refusent cette demande, jusqu'à ce que le cèdre propose de le pendre à son propre gibet conçu pour Mordechai. Ce dernier, Dieu l'appelle la "montée à l'amphithéâtre de Ben Pandera"[118] Cette moquerie de la personne et de la doctrine de Jésus placée dans la bouche de Dieu se passe de commentaire.

On peut voir jusqu'où peut aller la haine du Christ qui, selon Laible, "frise la folie", dans un récit où un disciple du Christ, Jacob de Kephar Sekhania, à qui le rabbin Elieser a transmis une réponse que le Christ aurait donnée à la question, jugée très importante par les Juifs, de savoir si l'on pouvait construire la porte d'entrée du grand prêtre avec les honoraires des prostituées ou si c'était aussi un lieu sacré. La réponse était que "ce qui vient de l'ordure doit redevenir ordure" (Micha 1,17) et plaisait beaucoup au rabbin. Cet accord avec une parole du Christ, même s'il ne s'agit que d'une prétendue parole, suscita la plus grande fureur des Juifs et Elieser n'échappa que difficilement à la lapidation ; par la suite, il se fit les reproches les plus amers d'avoir en général écouté une parole du Christ.

Lorsque le même Jacob Sekhania fut appelé par Rabbi Ishmael pour la guérison d'un neveu mordu par un serpent, le rabbin ne le laissa pas entrer. Et lorsque le garçon mourut, le rabbin dit : "Que tu sois béni pour avoir guéri ton neveu de la morsure d'un

---

[117] Sanhedrin 43a.

[118] [Cf. Luc 2 :46, où le Christ débat avec les rabbins dans le temple].

serpent : "Puisses-tu être béni pour avoir gardé ton corps propre et n'avoir pas violé les paroles de tes camarades".[119]

Un autre passage permet à Jésus d'être l'élève du rabbin Joshua ben Perachia, et comme il pensait à un moment donné que le rabbin voulait le répudier, "Jésus est allé ériger une brique et l'a adorée".[120]

Dans le traité Sota, fol.49a, b, il est dit :

> "Voici ce qu'il faut observer comme signes du Messie : l'impudeur augmente, l'ambition s'accroît, la vigne donne certes des fruits mais le vin est plus cher, le gouvernement se tourne vers l'hérésie, il n'y a pas de réprimande, la maison de réunion est utilisée pour les huées, la sagesse des érudits commence à sombrer, ceux qui évitent les péchés sont méprisés et la vérité est absente ; le fils dénigre son père, la fille se rebelle contre sa mère, les ennemis d'un homme sont ses compagnons de maison, l'atmosphère de l'époque est canine..."

Rabbi Jehuda parle de la même manière de l'ère chrétienne et conclut de la même manière : "... et l'apparence de l'époque sera comme celle d'un chien".[121]

Et à la fin du siècle 19ème, un rabbin nous apprend que les mots "Avec l'augmentation des débauchés, les jugements sont inversés et les conduites corrompues... Tandis que les lèche-bottes augmentent, les orgueilleux aussi..." (Sota fol.47b) se rapportent aux chrétiens puisque ces derniers ont appris de leur maître Jésus-Christ la guérison des blessures par la salive. Cette haine des Juifs a quelque chose d'étrange, car jamais peut-être autant de noms insultants n'ont été donnés et maintenus à travers les millénaires

---

[119] Aboda Zara, 27b.

[120] Sanhedrin, fol.107b.

[121] Sanhedrin, fol.96b et 97a.

à un homme que même les peuples les plus étrangers ne refusent pas de respecter, tels que bâtard, fils de pute, fils d'un animal obscène, le Pendu, fils d'une femme adultère et d'une femme menstruée (Rabbi Akiba), et, pour couronner le tout, le "chien mort enterré dans un tas d'ordures".[122]

Même en enfer, le rabbin imagine pour le Christ un châtiment comme seule une haine effroyable peut en inventer : Jésus y est "puni avec des excréments bouillants" *(Gittin* 57a).

Cependant, à côté du Talmud, les juifs possèdent un autre ouvrage élaboré à partir de celui-ci et consacré au Christ, qui a été diffusé dans toute la juiverie sous forme de milliers de manuscrits : le Toledot Yeshu (Vie du Christ) "qui n'était pas imprimé mais écrit en hébreu chiffré et que les juifs lisaient secrètement chez eux la veille de Noël", comme l'indique un vieux livre.

Ces différents Toledot Yeshu racontent aujourd'hui, dans un grand nombre de versions, la vie du Christ. Voici quelques points saillants qui se répètent.

Miriam (Marie) était la fiancée d'un homme de la famille royale appelé Jokanan. Il était un grand érudit et craignait beaucoup Dieu. Joseph, fils de Panthera, vivait près de Marie et jetait les yeux sur elle. Un soir de sabbat, il avait beaucoup bu et, passant devant la porte de sa maison, il entra chez elle. Elle lui dit qu'elle avait ses règles et le pria de s'en aller. Mais il ne s'en alla pas, coucha avec elle et elle tomba enceinte. Lorsque le bruit courut, Jokanan, le fiancé, fut très affligé et se rendit à Babylone. Mais Marie donna naissance à un fils qui reçut le nom de Jéshu.

Jésus a étudié le Talmud, a été formé à la Torah et était un homme arrogant. Le scélérat se rendait chez les rabbins, la tête haute et le crâne découvert, et ne saluait personne. Un rabbin dit alors :

---

[122] Zohar. Przemysl, 188 0, lll, 282 a

"C'est un bâtard" et un autre a ajouté : "Et le fils d'une femme qui a ses règles".

Lorsqu'il entendit cela, Jésus fut horrifié par l'insulte concernant sa naissance, alla trouver sa mère et lui demanda de lui dire la vérité : "Dis-moi la vérité, afin que je ne me conduise pas mal avec toi, car je ne peux pas prêter attention à une femme impudique". Or, comme Marie ne voulait pas avouer sa honte, Jésus l'a forcée à le faire. Selon une lecture, en l'enfermant dans un coffre et en ne la laissant pas sortir avant qu'elle ne se soit confessée, selon une autre en lui coinçant les seins entre l'entrebâillement de la porte.

Comme Jésus, séducteur et magicien, était en possession d'une formule magique, il accomplit un certain nombre d'actes miraculeux, de nombreux renégats d'Israël le suivirent et il y eut une division au sein du peuple. Lorsqu'il s'est vanté de pouvoir s'élever jusqu'au ciel, il a été contraint de parier avec Judas Iscariote. Jésus prononça le sort (ou les lettres) et s'éleva dans les airs. Judas le prononça à son tour et s'éleva comme un aigle. Aucun des deux n'a pu vaincre l'autre, jusqu'à ce que Judas finisse par uriner sur Jésus, le salissant ainsi et le faisant tomber. Jésus fut exécuté comme un imposteur et un criminel politique, mais tout le bois du crucifix se brisa sous son poids. Les fous, voyant qu'aucun arbre ne pouvait le porter, dirent que c'était à cause de sa piété. Mais ce n'était que le sort qui avait un pouvoir sur le bois. Ils apportèrent alors une tige de chou et le crucifièrent. Après sa mort, Jésus fut enterré par Judas dans le jardin. Plus tard, ses disciples ont dit qu'il était allé au ciel.

Il en va de même pour le récit central des Toledot Yeshu, qui a été diffusé sous différentes variantes dans l'ensemble de la communauté juive. En Allemagne, il a été écrit et raconté en allemand, puis traduit en hébreu, ce qui en a fait un livre national. Un manuscrit juif rapporte ce qui suit :

> "Ce volume est une tradition transmise d'un homme à l'autre, qui ne peut être que copiée mais non imprimée. On ne le lit pas en

public, ni devant des petites filles et des sots, encore moins devant des chrétiens qui comprennent l'allemand... Je l'ai copié sur trois volumes qui ne proviennent pas d'un seul pays mais qui sont en accord les uns avec les autres, seulement je l'ai écrit dans la langue de l'intelligence (l'hébreu) car Il nous a choisis parmi toutes les nations, et nous a donné la langue de l'intelligence. J'ajouterai quelque chose, car la conversation peut être prolongée quelque peu par la moquerie..." [123]

Comme en Allemagne, les Toledot Yeshu ont été largement diffusés en Pologne et dans les pays latins. L'évêque Agobert de Lyon (9e siècle) le connaissait déjà. De même, les Karaïtes, comme les Rabbanites, bien qu'étant leurs ennemis les plus acharnés, ont encouragé l'histoire populaire bien-aimée. En ce qui concerne la haine de la personnalité du Christ, tous les juifs étaient unis, depuis les origines jusqu'à nos jours. En effet, la réponse réfléchie et attendue des judaïsants d'aujourd'hui (on appelait ainsi les protecteurs des juifs dans les temps anciens), selon laquelle tout cela était dans le passé mais qu'aujourd'hui cela a sans doute été surmonté, est fausse. Celui qui a regardé attentivement les journaux et les livres juifs pourra clairement retracer cette haine du Christ, ce trait le plus nationaliste de la juiverie,[124] jusqu'aux temps les plus récents ; car la bataille contre sa personnalité, menée sous différents déguisements, est la devise de tous les juifs orthodoxes ou "libres" de pensée. Mais il faut dire à celui qui ne connaît pas la vérité sans fard que les Juifs appellent "perles et pierres précieuses" les passages susmentionnés du Talmud qui prêchent la haine la plus frénétique du Christ ; que l'appellation "chien mort" provient du Zohar nouvellement publié en 1880, qu'à la fin du siècle 19ème (!), les passages censurés ont tous été rassemblés et imprimés (surtout en Allemagne) et

---

[123] Samuel Krauß, Das Leben Jesu nach jüdischen Quellen, [1902], p.11 [Samuel Krauß (1866-1948) était un théologien juif qui a soigneusement recherché les origines des Toledot Yeshu].

[124] Laible, op.cit. p.86.

distribués dans la juiverie. Mais, afin de ne pas provoquer inutilement les bons chrétiens et les Européens, ces recueils ont été, presque sans exception, imprimés sans indication de lieu et introuvables dans les librairies.

Et les Toledot sont aussi largement diffusés aujourd'hui qu'auparavant. Selon le juif S. Krauss, des manuscrits du Toledot se trouvent "encore aujourd'hui entre les mains de simples juifs"[125] et des juifs instruits "écrivent encore aujourd'hui en Russie, etc. (donc aussi dans d'autres pays) leur forme du Toledot".[126] Le doute que le Toledot ne corresponde pas aux vues des Juifs est écarté une fois pour toutes par Krauss. "Mes coreligionnaires", dit-il, "protesteront contre le fait de devoir considérer le Toledot comme une représentation authentique des opinions juives ; sauf qu'ils devront alors protester aussi contre le Talmud".[127] La haine des juifs contre le Christ, qu'elle soit aujourd'hui réprimée ou non, est un héritage commun à tout le peuple juif. Il est grand temps que cette connaissance pénètre enfin dans les cercles les plus larges, car c'est là que se cache la clé de la compréhension de l'efficacité des Juifs. Les Européens doivent voir qu'il y a des choses qui dorment cachées sous un mince vernis de culture chrétienne. Si celui-ci tombe, nous sommes confrontés aujourd'hui au même esprit et au même caractère que celui qui, il y a près de deux mille ans, a frappé le fondateur du christianisme sur la croix.

Les chrétiens étaient déjà bien informés des omissions des juifs, mais il fallut attendre longtemps avant qu'une censure des écrits juifs ne soit sérieusement entreprise. Ce n'est qu'au début du 13e siècle que la confiscation et l'incinération du Talmud ont commencé, et ce sur la base de différends au sein même de la

---

[125] Op.cit. p.22.

[126] Op.cit. p.155.

[127] Op.cit. p.238.

communauté juive. Les écrits de Maïmonide, par exemple, avaient fortement agité la pensée juive. Certes, le "plus grand homme après Moïse", comme on l'appelait, était tout à fait d'accord avec le talmudiste le plus strict sur le fait que seuls les Juifs sont des hommes et seront ressuscités : le bénéfice de la pluie est pour les bons comme pour les mauvais, mais la résurrection n'est que pour les Juifs justes.

Il est également d'accord avec le fait que l'on peut tromper les non-croyants, et partage même le point de vue plus strict selon lequel on doit effectivement le faire, et suit Levi ben Gerson, qui soutient : "Ce commandement selon lequel il faut pratiquer l'usure avec les étrangers est l'un des 248 commandements que Dieu souhaite respecter, et ce de telle sorte que nous ne devons pas seulement prêter de l'argent à un étranger, mais aussi lui causer du tort, autant que possible, et ce n'est pas à nous de choisir si nous voulons pratiquer l'usure ou non, mais c'est un commandement de Dieu, parce que les étrangers servent un dieu étranger". Maïmonide est également d'avis qu'il faut détruire les épicuriens et les autres non-croyants afin de les ramener à la seule vraie foi. Nous voyons donc que, pour l'essentiel, il était tout à fait fidèle au Talmud.

Il tente néanmoins de se frayer un chemin dans l'effroyable labyrinthe de l'imbroglio et de remonter toute la tradition jusqu'à quelques points essentiels. Cet effort a suscité, comme on l'a dit, une grande indignation. Le judaïsme était divisé en deux parties qui s'insultaient mutuellement et se bannissaient l'une l'autre. Pour s'emparer du pouvoir, les rabbins se tournèrent vers l'Église catholique romaine pour lui demander de l'aide. Cette aide leur fut effectivement accordée, mais elle leur coûta la majeure partie de leurs adeptes. L'appel au tribunal inquisitorial pour l'arbitrage des conflits internes de la communauté juive eut pour première conséquence l'incinération des écrits de Maïmonide par les dominicains de Montpellier et de Paris, toujours zélés en la matière.

Cette première attaque fut bientôt suivie d'une seconde, dont l'impulsion vint à nouveau du côté des Juifs. Un juif français converti au christianisme, Nicolaus Donin, se prononça publiquement lors du concile de Latran contre les doctrines du Talmud qui dénigraient le christianisme. Grégoire IX, premier pape, adopte alors une bulle (1239) dans laquelle il ordonne la confiscation de tous les exemplaires du Talmud. Les juifs ont remué ciel et terre pour contrecarrer ce règlement, mais ils n'y sont pas parvenus. Le pape Innocent IV l'a confirmé et a ordonné de brûler le Talmud dans la bulle "Impia Judaeorum Perfidia". Cette bulle a été appliquée à plusieurs reprises en Espagne, au Portugal, à Rome et dans d'autres pays. À Paris, 24 wagons auraient été jetés au feu.

Plus tard, les poursuites contre le Talmud ont été relancées à l'instigation de nombreux juifs convertis. Salomo Romano en particulier, descendant d'un célèbre grammairien juif, joua à la cour du pape Jules III le rôle de plaignant et signala les passages du Talmud blasphémant le Christ et le christianisme. En août 1553, un ordre papal strict fut émis pour confisquer tous les livres juifs. Ceux-ci, dans la mesure où ils pouvaient être obtenus, furent brûlés en septembre 1553 à Rome, puis à Ferrare, Mantoue, etc.

Mais le pape ayant autorisé les Juifs à conserver leurs livres, seul le Talmud doit être poursuivi avec fermeté, comme auparavant.

Les époques ultérieures prouvent que Rome avait raison en principe et qu'elle n'a dépassé les bornes qu'en pratique. Depuis l'apparition de l'imprimerie, l'ordre de brûler a été relégué à l'arrière-plan et remplacé par la censure, qui obligeait les juifs à effacer tous les passages faisant référence au Christ. Le cœur lourd, les rabbins renoncèrent à leurs "perles et pierres précieuses", mais s'aidèrent de la manière suivante : à la place des observations dénigrant le Christ, on fit un signe en forme de croix, ce qui donna lieu à l'ordonnance rabbinique suivante (1631) :

> "Comme nous avons constaté que de nombreux chrétiens ont fait de grands efforts pour apprendre la langue dans laquelle nos

livres sont écrits, nous vous demandons, sous la menace d'une interdiction majeure, de ne publier dans aucune édition de la Mishnah ou de la Gemara quoi que ce soit sur Jésus de Nazareth... Nous ordonnons que, lorsque vous publierez une nouvelle édition de ces livres, les passages relatifs à Jésus de Nazareth soient supprimés et que le vide soit comblé par une croix. Les rabbins et les enseignants sauront ainsi instruire les jeunes oralement. Les chrétiens n'auront alors plus rien à produire contre nous sur ce sujet et nous pourrons espérer être libérés des épreuves". [128]

Cet écrit est intéressant non seulement parce que les rabbins étaient parfaitement conscients qu'une partie des persécutions juives avait pour cause le dénigrement du Christ, mais aussi parce qu'il montre que les Juifs n'avaient pas un instant l'intention de renoncer à ce dénigrement du Christ.

La prière de la synagogue qui devait se terminer par une demande de bien-être aux dirigeants du pays avait la formule suivante :

"Que Juda, de son temps et du nôtre, soit libéré, qu'Israël vive en sécurité et que le sauveur vienne de Sion". Ce à quoi Isaak Abrabanel donne une explication : "Toute la libération annoncée aux Israélites se produira avec la chute d'Édom (la chrétienté)".

Aujourd'hui, c'est effectivement le cas. Ces brèves observations établiront dans ce cas la justesse de l'action de l'Église catholique romaine. Mais comme je ne peux éviter de parler brièvement du principe catholique romain en général, permettez-moi de mentionner ici les observations suivantes.

---

[128] Strack, Einleitung in den Talmud, Leipzig, 1894, p.74. [Hermann Strack (1848-1922), théologien protestant et orientaliste, a cherché à lutter contre l'antisémitisme et a fondé un Institutum à Berlin en 1833 pour encourager les Juifs à se convertir au christianisme].

Si Rome était fondée à interdire aux étrangers de dénigrer la religion du peuple hôte, cette action juste ne découlait pas tant de la connaissance de cette justification que de l'expression d'une intolérance qui ne tolérait rien d'autre. En effet, non seulement les détracteurs du christianisme ont été persécutés, mais aussi les hommes qui lui étaient fidèlement dévoués et qui s'exprimaient en faveur de la liberté de pensée et de recherche ont été impitoyablement piétinés, pourchassés dans tous les pays, poignardés et brûlés. Roger Bacon, Galilei, Bruno en sont les exemples les plus évidents.

Un Copernic dédie pieusement ses écrits au pape, qui place son travail sous l'interdiction de l'Église et met à l'index tous les livres qui enseignent le système héliocentrique du monde, où ils sont restés jusqu'à la fin du siècle 19ème. Ce système romain rigide a répondu, même en 1904, aux efforts plus tolérants du clergé catholique par un durcissement de la censure ecclésiastique. Si les choses s'étaient déroulées selon la volonté de Rome, des ouvrages scientifiques entiers brûleraient encore aujourd'hui dans les flammes.

C'est tout à fait logique : si l'on possède toute la vérité, tout le reste est mensonge et doit être détruit. Sans doute la grande partie de nos catholiques pense-t-elle autrement et comprend-elle sa foi comme un symbole, à l'instar des croyants d'autres confessions ; mais cela n'empêche pas de reconnaître la justesse de l'observation ci-dessus. C'est pourquoi on peut aussi aller jusqu'à ce que des prélats catholiques allemands "rejettent avec indignation" l'art d'un Goethe comme un "vulgaire poison". Si un pasteur allemand comprend si peu l'œuvre du plus grand de tous les Allemands, il révèle ainsi une lacune qui ne peut être attribuée qu'à l'influence d'un esprit totalement étranger.

Un historien juif devenu abbé catholique convaincu, Lémann, a fait, dans son ouvrage *L'entrée des Israélites dans la société française* (Paris, 1886)[129] la juste observation que les antisémites contestaient en même temps le principe catholique romain (encore une fois, je n'ai pas en vue la religion catholique des Allemands).

Cette observation se fonde sur le sentiment, qui n'est certainement pas exprimé, qu'il y a quelque chose de commun à la base de l'esprit de Rome et de Jérusalem. Après ce qui a été dit plus haut, je n'ai pas besoin de préciser en quoi consiste ce rapport : c'est l'esprit d'intolérance fondamentale repris des Sémites au détriment de l'Europe. Renan[130] l'a déjà souligné, Chamberlain l'a discuté clairement, je m'y réfère donc.

Je remarque en outre que non seulement l'abbé mentionné, mais aussi d'autres Juifs avaient ce sentiment, voire cette mentalité.

L'historien juif Bloch,[131] , qui voudrait accuser les Aryens, touche — même s'il sert aussi consciemment le vieux conte de fées juif — la vérité quand, à propos des disputes basées sur les écrits de Maïmonide et l'appel à l'aide décrit plus haut, il dit ce qui suit :

---

[129] [L'abbé Joseph Lémann (1836-1915), juif converti au christianisme, est devenu prêtre catholique et a écrit plusieurs ouvrages sur les relations entre le catholicisme et le judaïsme. Il a écrit plusieurs ouvrages sur les relations entre le catholicisme et le judaïsme].

[130] [Ernest Renan (1823-1892) était un orientaliste français qui a écrit d'importantes études sur les langues, en particulier les langues sémitiques, et des histoires du christianisme primitif et des Juifs].

[131] [Josef Samuel Bloch (1850-1923) était un rabbin et député autrichien qui a vigoureusement combattu les accusations du professeur August Rohling concernant les meurtres rituels parmi les Juifs dans son livre Der Talmudjude (1871). Bloch déclara que Rohling était incompétent pour commenter le Talmud alors qu'il ne savait même pas lire l'hébreu et Rohling fut donc contraint de perdre sa chaire de théologie à l'université de Prague].

"Ensuite, toute autre dispute a été oubliée, le moine et le rabbin sont partis comme des frères, bras dessus, bras dessous — c'était un autodafé[132] en l'honneur du dieu commun". [133]

Mais même pour d'autres juifs, il n'était pas difficile d'être pleinement d'accord avec le principe catholique romain.

Le symbolisme de la foi catholique était naturellement laissé de côté, mais la joie des persécutions religieuses trouvait dans les juifs convertis ses représentants les plus typiques. Ainsi, même à l'époque de la domination gothique en Espagne sous le roi Egika,[134], c'est l'homme d'État et archevêque juif Julien de Tolède qui a mis en œuvre les décisions cruelles d'un conseil de cette ville selon lesquelles les enfants de sept ans de parents juifs devaient être séparés de ces derniers, afin qu'ils puissent être élevés dans la seule religion chrétienne.[135]

Ajoutons que la confiscation des biens décidée lors de ce concile avait, comme toujours, d'autres raisons que religieuses : les juifs d'Espagne avaient comploté pour tuer le roi, ce qui fut découvert et des mesures strictes furent alors ordonnées.[136] Le grand inquisiteur de Cordoue, Lucero, qui était à l'époque l'un des persécuteurs les plus redoutés des hérétiques, était juif. L'historien juif Keyserling le décrit de la manière suivante :

---

[132] ["acte de foi", terme utilisé pour désigner la pénitence publique imposée aux hérétiques et aux apostats par les inquisitions espagnoles et portugaises].

[133] Die Juden in Spanien, Leipzig, 1875, p.80.

[134] [Egika fut roi des Wisigoths de 687 à 701. Les Wisigoths avaient établi un royaume en Espagne dès le Ve siècle].

[135] Keyserling, Sephardim, Leipzig, 1879, p.2 ; également Helfferich, op.cit.

[136] Jean de Sueur, Histoire de l'Église, Vol. VI, p.274. [L'Histoire de l'église et de l'empire du pasteur protestant Jean le Sueur a été publiée en six volumes à Genève en 1674].

"Il voyait en chacun un hérétique, un juif, un chevalier, des dames nobles, des moines et des nonnes, les personnes les plus respectées de toutes les classes avaient été choisies par lui comme victimes du bûcher. La cruauté de Lucero était proverbiale à Rome".[137]

Un assistant de cet homme était un certain Henriquez Nunez qui, se présentant comme un frère parmi les Juifs locaux, les dénonçait tous et les conduisait dans les bras de l'Inquisition. Il opéra ensuite dans les îles Canaries et acquit une telle renommée dans l'art de la torture que le roi du Portugal, sur recommandation, l'appela auprès de lui, où il se livra également à des activités d'espionnage.

Johann Pfefferkorn, juif lui aussi, s'est prononcé au XVIe siècle pour la destruction des écrits juifs et pour la persécution des juifs ; Margaritha, juive elle aussi, a composé en 1330 un ouvrage sur "la religion de tous les juifs", dans lequel il fait campagne contre sa piété hypocrite. L'un des persécuteurs juifs les plus fanatiques fut Abner de Burgos, converti au christianisme, le "premier des antisémites de Castille".[138] Les tristement célèbres Pablo de Santa Maria, Josua Lorqui, Fray Vicente et, surtout, le plus grand persécuteur d'hérétiques de tous les temps, Torquemada, étaient également juifs.

En bref, leur intérêt pour les châtiments religieux était sans doute très grand. Le juif n'avait qu'à faire tomber le point de ses lois talmudiques contre ses frères de race et les hérétiques, et voilà le Grand Inquisiteur.

---

[137] Sépharades, p.129.

[138] Graetz, Geschichte der Juden, Vol. VIII, 317. [Heinrich Graetz (1817-1891) était un historien juif qui a travaillé principalement à Breslau. Sa *Geschichte der Juden von den iiltesten Zeiten bis auf die Gegenwart*, en 11 volumes, a été publiée entre 1853 et 1875].

Cela devrait suffire à délimiter, dans le cas de l'incendie des ouvrages juifs, l'esprit qui régnait à Rome comme chez les rabbins et qui ne laissait pas rarement la haine s'enflammer. Il faut cependant souligner que ce facteur ecclésiastique et religieux n'a pas été décisif. Il convient de l'expliquer dans ce qui suit par des faits historiques, afin que nous ayons tous les éléments en main pour tenter une synthèse de l'esprit et du caractère juifs.

II. APERÇU HISTORIQUE

Si l'on aborde sans le dogme bien rôdé d'une sensibilité larmoyante l'ensemble des faits historiques concernant les Juifs et leurs relations avec les autres nations, on peut déjà constater une chose : si les résultats dans la conduite de toutes les nations contre le seul peuple juif sont les mêmes, cela ne peut être dû, au moins en grande partie, qu'au caractère de ce peuple juif. Car si les individualités des Perses, des Espagnols ou des Allemands sont les facteurs changeants de l'histoire des Juifs, la personnalité des Juifs, en revanche, est le facteur uniforme et immuable, renforcé par une sélection raciale stricte.

Beaucoup d'auteurs historiques, déséquilibrés par les brutalités actuelles contre les juifs, voient trop facilement un avantage dans un jugement purement humanitaire ; il faut reconnaître cette impulsion sentimentale qui fait honneur à l'homme mais dégrade l'historien pour pouvoir comprendre l'histoire, au-delà des sentiments, dans ses nécessités les plus profondes. Si l'on fait cela, et si l'on utilise surtout des représentations amicales à l'égard des juifs, ou du moins des représentations qui ne sont pas prédéterminées par l'antisémitisme, il apparaît sous nos yeux une courbe de la vie juive, de l'influence juive et de la souffrance juive dans tous les pays du monde qui est d'une similitude vraiment frappante. Partout, les Juifs sont d'abord acceptés sans réserve, partout on les voit dès le début se séparer consciemment, physiquement et intellectuellement, de la population autochtone, partout ils s'efforcent de gagner la faveur des princes et, en leur avançant de l'argent, acquis par le commerce et l'usure, pour leurs entreprises, ils assurent leur sécurité et acquièrent toutes sortes de privilèges pour eux-mêmes. C'est alors que surgissent, parmi toutes les nations, des mouvements antisémites, qui se manifestent d'abord en quelques endroits, puis déferlent sur toute une terre et se déchargent avec une effrayante fureur. Les raisons de ces persécutions juives ont été diverses, qu'il s'agisse d'un Juif surpris avec de fausses pièces de monnaie ou qu'une diffamation du christianisme, le vol d'un crucifix ou quelque chose de semblable, soit attribué à un Juif. Mais si l'observation historique, où qu'elle soit, doit noter la structure sociale afin de découvrir non pas les occasions mais les raisons des événements troublants qui se produisent, c'est tout particulièrement le cas dans l'étude de la question juive dans tous les pays. Certes, les questions politiques et culturelles, et en particulier les relations ecclésiastiques, ont été importantes, elles sont apparues de temps à autre au premier plan, comme à l'époque de l'Inquisition, mais elles ne constituent que les facteurs les plus visibles ; les questions d'ordre économique et caractériel sont toujours allées de pair. Si la question juive revêt aujourd'hui une plus grande importance à bien des égards, elle n'en reste pas moins ancrée dans la position sociale des Juifs.

Sans les richesses incommensurables dont ils disposent, il ne serait pas possible de diriger la politique du monde et de laisser les hommes d'État de nombreux pays devenir les marionnettes de la volonté juive ; il ne serait pas possible d'instiller le poison de la dégénérescence, du conflit avec leur propre caractère, dans le cœur des Européens et de maintenir les esprits dans un état d'esprit favorable aux Juifs si l'or tout-puissant, systématiquement administré, ne recrutait pas des complices dans tous les pays. Mais tout comme aujourd'hui, où le capital bancaire écrasant tient des nations entières par les intérêts, la situation était la même, bien que dans une moindre mesure, en Espagne, en France, en Allemagne et dans beaucoup d'autres États. Partout, le Juif était le seigneur des intérêts des princes, du clergé, du peuple ; et les persécutions juives, si l'on peut anticiper, sont principalement une tentative, sans cesse renouvelée, de briser le joug de l'usure, d'autant plus qu'elle provenait d'un intrus racialement étranger, religieusement et moralement hostile. Le peuple lui-même le savait et, comme sa voix n'était pas entendue, les prêtres finirent par utiliser leur agitation à leurs fins et imprimèrent à la haine un cachet purement ecclésiastique.

Les journalistes juifs et proches des juifs de notre époque parlent avec éloquence des persécutions cruelles dont sont victimes les pauvres juifs innocents. Ils peuvent d'autant mieux raconter ce conte de fées qu'ils savent très bien qu'aujourd'hui, tout au plus un homme sur mille connaît les détails des relations réelles. Les persécutions étaient cruelles, si l'on adopte un point de vue humanitaire, mais néanmoins nécessaires. En effet, l'histoire des juifs, dans son interaction avec celle des peuples d'Occident, ne doit pas commencer par l'Inquisition, comme c'est souvent le cas pour se jeter du sable dans les yeux, mais par l'immigration juive, qui seule permet de comprendre comment le terrain a été préparé pour les persécutions de l'Église.

Les Juifs au Portugal

Il n'est pas possible de déterminer avec précision quand les Juifs ont immigré au Portugal ; cependant, dès le XIe siècle, nous possédons des rapports qui ne laissent planer aucun doute sur le fait qu'ils jouissaient de tous les droits civils, qu'ils pouvaient acquérir des terres et des biens et qu'ils jouissaient même, dans plusieurs cas, de droits préférentiels.[139] Nous voyons donc que, dès cette époque, il n'y avait pas d'aversion de la part des Portugais ou, au cas où les Juifs étaient aussi, en tant qu'étrangers, considérés de manière non amicale, nulle part on ne leur a fait de difficultés dans leur vie ou leur activité mais, au contraire, des privilèges leur ont été rapidement accordés. Ils formaient un État dans l'État, avaient leur propre juridiction qui, bien que différente des lois de l'État, était reconnue par le gouvernement. Le grand rabbin était en même temps un fonctionnaire royal et jouissait d'une influence constante à la cour, il avait une autorité judiciaire sur toutes les communautés juives, il réunissait dans ses mains les fonctions d'autorité officielle et pénale, ce qui était autrement considéré comme le droit du seul souverain.

---

[139] Kunstmann, Rechtsverhältnisse der Juden.

Dans un litige juridique entre un juif et un chrétien, le juif, s'il était poursuivi, ne pouvait être amené au tribunal que par son rabbin ; le chrétien devait se présenter lui-même au forum de l'accusé. Les juges chrétiens ne pouvaient en aucun cas intervenir dans les litiges entre juifs et juifs, et aucun juif ne pouvait dénoncer son compagnon de tribu devant un tribunal d'État. Les coutumes religieuses juives étaient strictement respectées, les Juifs ne pouvaient être convoqués à aucune activité officielle le jour du sabbat et de leurs fêtes, car, comme l'indique un décret du roi Alphonse III (1248-79) : "Comme ils (les Juifs) sont obligés par leur religion de célébrer le sabbat, personne ne doit les convoquer au tribunal ce jour-là". En outre, comme les Juifs ont été déchargés de plusieurs charges fiscales que la population locale devait supporter, il s'est avéré qu'en tant qu'étrangers dans le pays, ils ne jouissaient pas seulement de droits égaux, mais formaient une partie privilégiée de la population.

Les Juifs avaient acquis de grandes richesses grâce au commerce des esclaves et aux activités financières, qu'ils utilisaient immédiatement pour prêter de l'argent à la population locale nécessiteuse et aux citadins à des taux d'intérêt élevés. Sous le règne d'Alphonse III, qui leur avait généreusement accordé toutes les libertés, des plaintes sont apparues dans de nombreuses régions de l'empire au sujet d'une usure inouïe et le roi a été contraint d'adopter des lois contre cette pratique ; celles-ci stipulaient que les intérêts sur le capital ne pouvaient pas augmenter.

Ces clauses n'ayant guère porté leurs fruits, le roi suivant, Don Diniz (1279), tenta de contraindre par la loi les Juifs au travail et à la résidence agricoles afin de les éloigner des affaires usuraires. Il ordonna aux juifs de Bragance d'acheter chaque année une certaine quantité de maisons, de vignes et de terres agricoles, sans avoir le droit d'aliéner ces propriétés foncières. Chaque juif nouvellement arrivé devait contribuer au montant de l'achat. Grâce à cette possibilité, tous les droits des Juifs ont été renforcés, toute attaque et tout mépris à leur égard ont été strictement interdits.

Cette volonté de faire des Juifs des agriculteurs et des citoyens échoua complètement, car le grand rabbin et ministre des finances Don Juda (qui, selon Graetz, était si riche qu'il pouvait avancer de l'argent pour l'achat de villes entières) et d'autres hauts personnages d'Israël purent progressivement contrecarrer l'application des clauses précitées. La richesse des Juifs et, par conséquent, leur usure augmentèrent, ils possédaient les plus beaux palais de Lisbonne, ils dirigeaient les affaires financières du roi et savaient comment amener les pauvres et les riches dans une relation de dépendance économique. Toutes les demandes d'aide adressées au roi étant restées sans effet, une plainte fut adressée au pape en 1309, dans laquelle était exprimée l'indignation de voir le roi s'entourer d'hommes d'État juifs, qu'il n'y avait pas d'affaires qui ne passaient pas par les mains des Juifs, que même les évêques étaient retenus captifs dans des cloîtres. "Les juifs s'enorgueillissent et s'affirment", dit encore le texte, "ils ornent leurs chevaux de toupets et se livrent à un luxe qui a des conséquences néfastes pour tous les habitants du pays".

Le mécontentement du peuple est si intense qu'Alphonse IV (1325-57) interdit strictement aux Juifs de se pavaner dans la rue avec des chaînes en or et d'orner leurs chevaux de bijoux, ce qui avait déjà été interdit aux Chrétiens auparavant. De nouvelles plaintes obligèrent le roi à promulguer un décret contre l'usure (1353), qui stipulait que personne ne pouvait être contraint de payer plus de $33^{1}/3\%$.

Cette décision, ressentie par les Juifs comme une limitation sans précédent de leur liberté, a poussé nombre d'entre eux à émigrer, signe qu'ils espéraient tous ne pas être soumis à une telle violation dans d'autres pays. Mais comme, avec eux, des richesses incommensurables seraient parties, Alphonse décida, dans l'intérêt du pays, de s'approprier pour l'État une grande partie des richesses des juifs qui souhaitaient émigrer. Cette loi le désigna aux yeux des Juifs comme l'un des plus terribles oppresseurs de la juiverie.

Le décret susmentionné contre l'usure ne semble pas avoir porté beaucoup de fruits car, lorsque les villes impériales se sont réunies en 1361, des plaintes ont à nouveau été formulées contre l'entreprise commerciale juive qui ruinait le pays tout entier.

Au contraire, les Juifs ont fait en sorte, par l'intermédiaire du roi de l'époque, Pedro I, le "modèle de justice", comme l'appelle un historien juif,[140] , que toutes les sanctions contre l'usure soient abolies et que le privilège sans précédent soit accordé aux Juifs de rendre nulles toutes les objections d'un chrétien concernant un commerce qu'ils avaient juré être honnête !

Ce "secours" (Keyserling) augmenta démesurément l'influence des Juifs. Ils étaient les trésoriers du roi, les collecteurs de tarifs à Lisbonne et, en général, les plus hauts fonctionnaires du pays. En 1383, il y eut un grand soulèvement populaire et ce n'est que grâce aux efforts de l'administrateur impérial bien-aimé et plus tard du roi Joao qu'il fut possible de préserver les Juifs d'un châtiment sanglant. Leur comportement à l'égard de leur sauveur est remarquable. Lorsque Joao a eu besoin d'argent pour une guerre contre la Castille, les citoyens de Lisbonne lui ont fait don de 1 000 000 de ducats, mais les Juifs n'ont prêté que 70 marks d'argent et 6000 reis !

C'est ainsi que les Juifs étaient encore les seigneurs du pays, qu'ils gardaient des chevaux harnachés d'argent, qu'ils se promenaient avec les plus beaux capuchons et des poignards dorés, qu'ils occupaient les postes les plus importants, qu'ils percevaient la dîme dans les églises et les cloîtres et qu'ils avaient l'insolence de le faire même au cours de la messe. Un roi ultérieur se plaignit à un Juif en qui il avait confiance de la conduite provocatrice de ses compagnons de tribu, car le peuple devait être d'avis que les Juifs qui pataugeaient dans l'or et les pierres précieuses avaient acquis ce luxe grâce aux vols qu'ils avaient

---

[140] M. Keyserling, *Geschichte der Juden in Portugal*, p.23.

commis sur les Chrétiens. "Mais je ne veux pas que tu me répondes", lui dit-il, "car je sais très bien que seules la rapine et la mort t'amélioreront, et que tu regretteras alors tes actes".

Un nouveau soulèvement, qui éclate en l'absence du roi (1449), est à nouveau réprimé, mais l'exaspération du peuple portugais est déjà telle qu'elle s'adresse même au roi et ne peut être réprimée qu'au prix d'une intervention impitoyable. Les choses continuèrent ainsi pendant un demi-siècle. Les représentants du peuple continuèrent à demander que les juifs ne soient pas exemptés des impôts ecclésiastiques, qu'en cas de litige entre juifs et chrétiens, on fasse appel à un juge chrétien, que les sermons insultant le christianisme dans les synagogues soient poursuivis, etc. Alors il est peut-être juste que, comme on le rapporte,

> "la haine ardente du peuple portugais à l'égard de la race juive ne connaissait plus de limites et s'enflammait à présent ouvertement".[141]

Au début du 16ème siècle, à l'occasion d'un affrontement entre juifs et chrétiens, le mécontentement si longtemps refoulé éclate de façon dévastatrice. Les persécutions des Juifs commencent à Evora et s'étendent ensuite à tout le Portugal. C'est naturellement à Lisbonne qu'elles prirent le plus d'ampleur. Tout d'abord, on essaya d'attraper le juif le plus riche et collecteur d'impôts, Joao Mascerenhas, qui avait appliqué les lois les plus sévères contre le peuple. Il pensait qu'il pouvait encore se comporter comme un seigneur, s'était barricadé dans son palais et réprimandait la foule depuis son balcon. Il fut finalement rattrapé dans sa fuite au-dessus des toits et frappé à mort. En l'espace de 48 heures, selon certains historiens, 2000 et, selon d'autres, 4000 Juifs auraient été tués. La peine infligée aux habitants a été exécutée avec la plus

---

[141] Keyserling, op.cit. p. 145.

grande rigueur, beaucoup ont été exilés et 50 hommes ont été exécutés.

Peu de temps après, les Juifs reprirent le contrôle et purent assurer le monopole de la vente du maïs, de sorte que le peuple se retrouva à nouveau dans son ancienne situation en raison de la pression systématique exercée sur les prix. Cependant, le mécontentement des Portugais se renforça considérablement sous la forme du tribunal inquisitorial, et les persécutions contre les Juifs furent désormais placées sous le signe du fanatisme religieux.

Mais ce n'est là que leur aspect extérieur, car tous les baptêmes et les supplices n'ont pas résolu la question juive et leur caractère est resté le même. De plus grandes persécutions furent introduites, allant jusqu'à l'expulsion systématique du pays, et ce avec une grande sévérité. Le tribunal inquisitorial constituera toujours l'un des chapitres les plus sombres et sera un exemple défendu par personne de ce à quoi le principe judéo-romain à l'état pur doit conduire s'il est laissé à lui-même.

Néanmoins, afin d'obtenir une perspective correcte des événements bien connus, il faut souligner que l'Inquisition n'était pas seulement dirigée contre les Juifs, mais principalement contre les Albigeois,[142] les Vaudois[143] et les Protestants. Ces derniers n'ont pas été moins cruellement persécutés par Rome, voire pire que les Juifs. Alors que les papes prenaient souvent ces derniers

---

[142] [Les Albigeois, ou Cathares, étaient une secte hérétique qui a prospéré aux XIIe et XIIIe siècles en Italie et dans le sud de la France. Il s'agissait de dualistes qui établissaient une distinction nette entre les domaines de l'esprit et de la matière et trouvaient répugnante l'ostentation mondaine de l'Église].

[143] [Les vaudois étaient une secte hérétique fondée par Pierre Valdo de Lyon au XIIe siècle. Lors de la Réforme protestante, de nombreux vaudois ont rejoint l'Église réformée].

sous leur protection et les appelaient même "sujets fidèles", les premiers hérétiques étaient livrés sans pitié au terrible tribunal.

Mais le temps des persécutions juives était révolu, la proclamation des droits de l'homme introduisait pour les Juifs du monde entier une ère nouvelle et même pour les Juifs baptisés locaux du Portugal ; aujourd'hui, une riche communauté y prospère et forme une belle branche sur l'arbre de l'État juif mondial.

Les Juifs en France

Si le Portugal était un petit État dans lequel les relations entre le centre et les provinces ne se développaient pas de manière particulièrement différente, la France était un pays plus grand avec une population de caractère diversifié qu'il n'était pas facile de gouverner à partir d'un seul centre. En conséquence, le sort des Juifs varie en fonction de la puissance des rois de France. Néanmoins, tôt ou tard, nous constatons le même résultat : la haine mutuelle et la persécution des Juifs. La date de l'arrivée des Juifs en France est incertaine.

Les premiers écrits datent du début du VIe siècle et nous montrent qu'à cette époque déjà, les Juifs vivaient dispersés sur l'ensemble du territoire. Comme le montrent les premiers documents, les relations entre les Juifs et les Français étaient tout à fait pacifiques ; les Juifs pouvaient pratiquer leurs coutumes et leurs activités sans entraves, recevaient et rendaient visite aux habitants, étaient acceptés dans la police et l'armée de la ville, bref, ils jouissaient de tous les droits civiques.[144]

Mais très vite, des tensions sont apparues. Lorsque l'on se souvient du nombre de lois alimentaires et morales avec

---

[144] M. de Boissi, Dissertations pour servir à l'histoire des Juifs, Paris, 1785, Vol. II, p.18.

lesquelles les Juifs sont entrés dans le pays, des gens qui, pour préserver les élus du mélange et de la pollution avec les Gentils, dirigeaient leurs bardes contre tous les non-Juifs ; si l'on imagine que la haine du Christ et des chrétiens était une caractéristique des immigrés dont on ne pouvait se défaire et qui, malgré l'assimilation, devait frapper aussi vers l'extérieur, on comprendra très bien les plaintes de la population locale lorsqu'elle déclare que son refus du pain et du vin aux chrétiens représente un mépris, que l'arrogance est souvent clairement exprimée dans ses déclarations sur le christianisme.

À cela s'ajoute le fait que les Juifs, comme l'exigeait leur loi, ont contraint tous les esclaves chrétiens à suivre les coutumes cérémonielles juives et les ont circoncis de force, ce qui a fait l'objet de plaintes constantes dans tous les pays. Ils abusaient de leur pouvoir sur les esclaves de telle sorte que ces derniers devaient souvent demander une protection contre les mauvais traitements.[145]

Il n'est donc pas très surprenant, surtout si l'on tient compte du caractère de Rome, que les conciles se soient brusquement opposés à la tolérance des habitants, aient interdit les visites mutuelles entre juifs et chrétiens et prohibé le métissage sous peine d'excommunication, que [146] ait édicté des ordonnances empêchant les juifs de contraindre leurs esclaves à des coutumes insultantes pour les religions chrétiennes et d'accéder à des fonctions judiciaires dans des affaires chrétiennes. [147] A ces conflits s'ajoutèrent d'autres événements qui devaient encore miner les bonnes relations entre juifs et chrétiens qui prévalaient

---

[145] Boissi, op.cit. vol. II, p.26

[146] Orléans, [A.D.] 533.

[147] Clermont, [A.D.] 535

malgré tout et que même des prélats maintenaient en opposition aux décisions du concile.

Lorsque, par exemple, la ville bourguignonne d'Arles fut assiégée avec succès et ne se défendit que difficilement contre les attaques, un Juif dut monter la garde une nuit sur les murs de la ville. Afin d'obtenir un traitement de faveur pour lui et ses frères de race, il lança aux assiégeants un morceau de papier lesté d'une pierre, les invitant à s'approcher du mur à une certaine heure avec des échelles d'assaut. Il leur promet alors de les laisser entrer dans la ville à condition qu'ils les épargnent, lui et ses frères de tribu. Mais cette lettre n'a pas volé assez loin et a été trouvée le lendemain par un soldat de la garnison. Cette découverte a naturellement suscité un grand émoi dans la ville, le juif a été traduit devant le tribunal et condamné à mort. Les autres affirmèrent qu'ils étaient innocents de la trahison et qu'ils n'avaient aucune idée du complot. On ne sait rien de leur sort, mais le Père Daniel raconte qu'une persécution juive fut sur le point d'être entreprise et qu'elle fut finalement satisfaite par l'interdiction faite aux Juifs de monter la garde.[148]

Il n'est pas possible de prouver que c'est exact. Un autre incident a également suscité un grand tumulte. En 576, alors qu'un juif de Clermont souhaitait être baptisé et se rendait, selon la coutume, tout de blanc vêtu au baptistère, il fut aspergé d'huile nauséabonde par un autre. Ce n'est que grâce à l'intervention de l'évêque que l'agresseur n'a pas été battu à mort par le peuple irrité. Mais ces derniers ne se laissèrent pas empêcher de détruire la synagogue par la suite.[149]

---

[148] Daniel, Histoire de France, 1729, Vol. I, p.66. [Gabriel Daniel (1649-1728) était un prêtre jésuite dont l'Histoire de France depuis l'établissement de la monarchie française fut publiée en 1713.

[149] Boissi, op.cit. Vol.II, p.31.

Ces faits et bien d'autres, indéniables, qui nous sont parvenus, montrent que le clergé n'est pas le seul à porter le blâme lorsque, dans des cas similaires, les juifs ont été expulsés de nombreux diocèses ou, selon la coutume de l'époque, ont dû être baptisés. Les moines de l'époque ne savaient pas que la religion n'est que l'expression du sentiment national et que ce dernier ne peut être modifié par le baptême, et comment auraient-ils pu le savoir alors qu'aujourd'hui encore, certains considèrent que le simple baptême suffit à faire d'un Juif un Européen.

Les Juifs étaient désormais exclus de toutes les fonctions officielles et étatiques, et finalement expulsés de France, bien qu'ils soient revenus avec le déclin du pouvoir des Mérovingiens.[150] Charlemagne, et surtout Louis le Pieux, favorisèrent les Juifs partout et c'est ainsi qu'un commerce sans scrupules et l'usure des Juifs s'établirent rapidement, sans aucune limitation, dans toutes les terres françaises. Nous les voyons jouir en peu de temps d'une grande richesse, occuper de hautes fonctions et un puissant contingent à la cour, qui est contrôlée par leur argent. La moitié de Paris leur est hypothéquée et leur appartient, les innombrables débiteurs sont emprisonnés ou travaillent comme esclaves pour leurs Juifs.[151]

La puissance et le manque de conscience des Juifs nous apparaissent particulièrement clairement dans les Annales de Lyon. Déjà à l'époque romaine, Lyon était, en raison de sa situation privilégiée, une ville de commerce actif. Sous César, Auguste et Trajan, elle acquit une plus grande importance, et

---

[150] [La dynastie mérovingienne débute avec Childéric Ier (vers 457-481), dont le fils Clovis Ier (481-511) réunit l'ensemble de la Gaule sous la domination mérovingienne. La dynastie mérovingienne prend fin en 752 lorsque Childéric III est déposé par le pape].

[151] J. de Bruel, Théâtre des [Antiquitez] de Paris, Paris, 1612, Vol. lV, p.1232. [Jacques du Breul (1528-1614) était prieur de l'abbaye de Saint-Germain-des-pres à Paris].

même lorsque la capitale de l'Empire fut transférée sous Constantin dans le Bosphore, elle ne perdit pas son importance. C'était une place de marché pour la soie, les parfums, les pierres précieuses de l'Inde, les vases, les objets en or, en argent et en albâtre de la Perse. Des lions et des tigres d'Asie, des panthères et des oiseaux d'Afrique, des sculptures en bronze de Corinthe et d'Athènes, bref, des marchandises et des raretés du monde entier, étaient vendus sur le forum de Lyon.[152]

Lorsque Rome s'est désintégrée et que les peuples du Nord se sont rués sur elle en détruisant tout sur leur passage, cette vague a également déferlé sur Lyon et a détruit la vie paisible du commerçant. Après que le sud de la France a été à nouveau envahi, cette fois par les Arabes, la ville ne s'est rétablie qu'au 8e siècle. Romains, Burgondes, Goths et surtout de nombreux juifs chassés par les mahométans s'installèrent à Lyon. Grâce à un commerce astucieux, notamment d'esclaves, ils acquièrent de grandes richesses, si bien que Lyon devient rapidement une "nouvelle Jérusalem".[153]

Les Juifs s'introduisaient dans les villes et les faubourgs des chrétiens et les vendaient à leurs coreligionnaires d'Espagne et d'Italie.[154] Et comme les Maures de la péninsule ibérique avaient besoin d'eunuques, ils en produisaient et en fournissaient également. Protégés par les fonctionnaires qui préféraient avoir les riches juifs comme amis plutôt que comme ennemis, ils se conduisirent bientôt de manière provocante et arrogante à l'égard des habitants.

---

[152] C. Beaulieu, Histoire du Commerce de Lyon, Lyon, 1838, p.11 [Histoire du commerce de l'industrie et des fabriques de Lyon depuis leur origine jusqu'à nos jours].

[153] Beaulieu, op.cit. p.16.

[154] J. Schudt, Jüdische Merkwürdigkeiten, Francfort, 1718, Vol. IV, p.74.

Mais les chrétiens se sont tout de même comportés de manière très coopérative par rapport à la descendance d'Abraham, ils ont observé le sabbat plus que le dimanche, ils leur ont rendu visite, ils ont mangé avec eux pendant la semaine sainte, ils ont écouté les sermons rabbiniques, etc.

Cette amabilité exagérée à l'égard des étrangers, qui eux-mêmes maintenaient leurs pratiques religieuses et leurs lois morales de façon stricte et rigoureuse sans se soucier le moins du monde de celles des locaux, créa une atmosphère hostile chez de nombreux catholiques, en particulier parmi les prélats. Lorsque Agobert était évêque de Lyon ([155]), il décida de mettre un terme à ces relations unilatérales, interdit aux chrétiens d'avoir des relations avec les juifs, de leur vendre des esclaves et de leur rendre des services. Il promulgua même une loi qui interdisait aux Juifs de vendre de la viande et des boissons, car les Juifs ne vendaient aux chrétiens que des marchandises qu'ils considéraient d'une certaine manière comme impures.

Cette dernière ordonnance met particulièrement les Juifs en émoi, ils se tournent vers Paris et de là, deux commissaires sont envoyés pour enquêter sur l'affaire. À Lyon, les Juifs les reçoivent avec une riche hospitalité et de l'or, afin que leurs "libertés" soient confirmées et qu'ils en reçoivent davantage. Les Juifs pouvaient vendre toutes leurs marchandises aux chrétiens, n'étaient soumis aux châtiments corporels que lorsque leur loi l'exigeait, étaient exemptés des épreuves divines par le feu et l'eau, avaient le droit de faire venir des esclaves de pays étrangers pour faire du commerce avec eux en France et, afin de pouvoir célébrer le sabbat selon leurs lois sans rien perdre de leur commerce, le jour du marché fut déplacé du samedi au dimanche.

---

[155] [Agobert (769-840), l'un des prélats les plus érudits de son époque, fut évêque de Lyon de 816 à 840].

Ces privilèges inédits suscitèrent naturellement chez les chrétiens la plus grande indignation, qui s'exprima par de furieuses manifestations, mais n'eut pour résultat que l'arrestation de leurs chefs, si bien que beaucoup durent rester cachés ou fuir la ville. Les Juifs se vantaient publiquement de bénéficier de la protection du roi, qui les honorait en raison de leurs patriarches et qui les recevait toujours comme des invités. Ils se réjouissent que les gens de qualité de la cour recherchent leur compagnie et reconnaissent que juifs et chrétiens n'ont qu'un seul législateur, Moïse.[156]

Agobert, qui ne pouvait croire que les édits susmentionnés du roi avaient été adoptés après un examen minutieux des circonstances, lui écrivit une lettre dans laquelle il se plaignait du commissaire du parti et précisait au roi qu'il ne pouvait y avoir d'amitié entre juifs et chrétiens puisque les premiers blasphémaient le nom du Christ, ne parlaient des chrétiens qu'avec mépris sous le nom de Nazaréens et qu'il était impossible, avec respect pour soi-même, d'avoir des relations avec les ennemis. Il informe en outre le roi de cas attestés d'enlèvements et de commerce d'esclaves avec des pays étrangers. Cette lettre ne fit aucune impression à la cour, et Agobert en envoya une deuxième au contenu similaire, mais qui n'eut pas le même succès. Dégoûté, il se rendit lui-même à Paris, mais là, on lui indiqua très froidement de rentrer chez lui.

Mais l'affaire n'était pas terminée pour autant. En effet, lorsque des esclaves appartenant à des juifs étrangers se présentèrent après quelque temps à l'évêque pour être baptisés, celui-ci, après toutes ces mauvaises expériences, n'osa pas le faire tout de suite. Il offrit aux Juifs la rançon fixée canoniquement, mais ceux-ci se moquèrent de lui ; il se tourna vers différents prélats proches de la cour pour leur demander de l'aide, mais sans succès. Au contraire, les Juifs avaient exercé leur influence par l'intermédiaire du commissaire aux affaires juives, qui n'était là

---

[156] Boissi, op.cit. vol. II, p.68.

que pour veiller aux privilèges des intouchables, et un nouveau décret royal parut avec l'interdiction expresse de baptiser les esclaves juifs sans l'autorisation de leurs propriétaires.

Agobert se tourna alors vers l'aumônier de la cour et lui demanda d'exercer son influence pour obtenir la révocation de ce décret qui exprimait le mépris de toutes les lois ecclésiastiques. Il se défendit du reproche de tirer leurs esclaves des Juifs et de les forcer à se convertir, mais, dit-il, il dut exiger que le baptême ne soit pas facilement contrecarré par les Juifs. Même cette démarche fut vaine et le résultat fut un refus de la part du gouvernement.

On peut imaginer l'état d'esprit de cet homme lorsqu'il a vu toutes les tentatives pour préserver les droits des habitants et de l'église nationale contre les étrangers se briser lamentablement et les propriétaires juifs du palais se montrer de plus en plus provocants.

Il n'est donc pas étonnant qu'il s'épanche dans une lettre à l'archevêque de Narbonne, qu'il lui raconte les intrigues de la cour et les conditions insupportables de son diocèse causées par le commerce et la puissance financière des Juifs et, à la fin, qu'il maudisse puissamment les Juifs :

> "Tous ceux qui vivent sous la loi de Moïse sont revêtus comme d'un manteau par la bassesse ; la bassesse pénètre dans leurs os et leurs vêtements comme l'eau et l'huile coulent dans le corps humain. Les Juifs sont maudits dans les villes et les campagnes, au début et à la fin de leur vie ; les troupeaux des Juifs sont maudits, ainsi que la viande qu'ils mangent, leur vigne, leurs entreprises et leurs magasins".

J'ajoute ces mots parce qu'un historien du 19ème siècle les utilise pour proclamer de manière moralisatrice :

"Telle est la modération d'un des évêques les plus savants de son siècle. Et l'on ose reprocher à certains rabbins d'avoir mal parlé des chrétiens".[157]

On ne sait quel lecteur Bédarride imagine, pour la haine du Christ et des chrétiens, ce "trait le plus nationaliste de l'antiquité",[158] avait à l'époque déjà 800 ans, il était inscrit sans équivoque dans les écritures saintes des rabbins, il était déjà prêché depuis des siècles en chaire et exprimé dans une formule de malédiction spécifique, il s'exprimait dans le discours sur les "nazaréens", dans les lois morales juives, etc.

Certes, Bédarride traite avec légèreté l'affaire de l'évêque Agobert, trouve tout à fait dans l'ordre les privilèges des "Juifs qui sont à tous égards supérieurs" aux chrétiens, et s'étonne que l'évêque de Lyon soit d'un autre avis. L'insolence désarmante, mais aussi naïve, des juifs apparaît ici encore au grand jour. Une lettre de l'évêque de Lyon, écrite après la mort d'Agobert, dans laquelle il reprend l'affaire, montre que l'on était déjà instruit dans une certaine mesure au IXe siècle sur les secrets juifs. Dans cette lettre, il demande à l'archevêque de Reims de saisir le tribunal afin de placer les Juifs comme tous les autres citoyens sous la même loi de l'État, d'autant plus qu'ils sont étrangers et qu'ils ont traité les chrétiens avec mépris, traité les apôtres d'apostats, tourné l'Évangile en dérision en le déformant, appelé le culte chrétien l'adoration de Baal et même le Christ lui-même un fils de prostituée, né de l'adultère de Marie avec un païen.

Le fait que toutes ces plaintes soient justifiées n'a plus besoin d'être étayé aujourd'hui. Même le jeu de mots sur le mot Evangelion a une signification quelque peu différente de ce que pensait l'évêque, mais il est tout de même juste. En effet, de l'Evangelion (message de salut), l'humour juif a fait un avon-

---

[157] Bédarride, les Juifs en France, Paris, 1861, p.462.

[158] Laible, op.cit. p.14.

gillajon (écriture pécheresse), tout comme de beth-galja (lieu de lumière) on a fait beth-karja (porcherie).[159]

Louis est mort et Charles le Chauve le remplace, un souverain également bien disposé à l'égard des Juifs. Cependant, de nouveaux griefs semblent avoir entraîné une limitation des "libertés" juives, du moins sur le papier. Les détails ne sont pas connus, mais il semble que les Juifs aient dû payer 1/10 et les Chrétiens 1/11 de leurs revenus.

J'ai traité l'ensemble de l'affaire des évêques de Lyon de manière plus détaillée que l'espace disponible ne le permettait, car il m'a semblé important d'examiner de près un cas individuel. Ce n'est qu'ainsi que l'on peut avoir un véritable aperçu des relations et des intrigues juridiques, ce n'est qu'ainsi que l'on peut aussi jeter un coup d'œil dans les coulisses des affaires moins claires, car les forces qui apparaissent parfois clairement sont, à d'autres moments, actives seulement d'une manière cachée.

À titre d'exemple détaillé, nous voyons maintenant deux forces motrices du Moyen Âge à l'œuvre : les relations financières et le fanatisme religieux. Du côté des Juifs, nous voyons une richesse monstrueuse acquise par le commerce et l'usure, qui engage des assistants partout où c'est nécessaire et les organise pour leurs objectifs, associée à des principes religieux rigides et à un mépris immodéré de tout ce qui n'est pas juif.

Du côté des chrétiens, nous constatons une forte résistance à l'assujettissement aux privilèges juifs qui va de pair avec une ferveur religieuse tout aussi fanatique, du moins après avoir fait plus ample connaissance avec les juifs. Dans la plupart des cas, l'or triomphe et les Juifs deviennent plus provocateurs après chaque succès.

---

[159] Laible, op.cit.

Ainsi, la haine de la population monte toujours plus haut jusqu'à ce qu'il suffise d'une goutte, sous forme d'un événement réel ou d'une rumeur naissante, pour que la jarre déborde et produise les persécutions juives les plus amères. À la fin de l'affaire lyonnaise de l'évêque Agobert, l'historien allemand J. Schudt (1718) ajoute la calme observation suivante, valable pour toutes les époques et surtout pour la nôtre :

> "On voit que, comme le dit l'adage, sur la scène de ce monde se joue toujours le même drame, et que seuls de nouveaux personnages entrent l'un après l'autre ; il y a plus de 800 ans déjà, la richesse juive avait une si grande puissance ; elle l'a encore aujourd'hui ; c'est pourquoi il se cache partout tant de patrons juifs, parmi les grands et les petits ; on les respecte, on leur parle, on les préfère souvent aux chrétiens et on s'aperçoit qu'on est écouté plus volontiers et plus facilement".[160]

Après plusieurs autres troubles liés à la question juive, la domination étrangère à Lyon connut une fin terrible au début du siècle 14ème. En 1310, les Juifs furent violemment dépouillés de tous leurs biens immobiles par le peuple soulevé et chassés de la ville. En 1310, les Juifs sont violemment dépouillés de tous leurs biens immobiles par le peuple excité et chassés de la ville. Ils s'enfuirent dans les faubourgs, trouvèrent asile à Trévour, Chatillon et Dombes, mais même là, ils continuèrent leurs anciennes pratiques, de sorte que, déjà après quelques décennies, la situation évolua de la même façon qu'à Lyon et se termina également de la même façon : en 1429, ils furent chassés de ces lieux d'asile.[161]

---

[160] Op.cit. vol. IV, p.78.

[161] Guillaume Paradin, *Mémoire d'histoire de Lyon*, 1573, Vol. II, p.245. [Guillaume Paradin était doyen de Beaujeu. Ses Mémoires de l'histoire de Lyon ont été publiés pour la première fois en 1550 sous le titre de Mémoire pour servir à l'histoire de Lyon].

Lorsque, au XIe siècle, une vague d'hystérie commença à déferler sur l'Europe et que les croisades naquirent d'un mélange de soif de pillage et d'aventure, d'enthousiasme religieux et de haine des païens, on comprend que ce mouvement ne pouvait rester sans influence sur le sort des Juifs. Car, à côté des prédicateurs errants qui représentaient la conquête de la Terre Sainte comme un devoir de la chrétienté et portaient le fanatisme religieux à son comble, se trouvaient de nombreuses personnes qui n'avaient rien à perdre dans leur patrie.

Et maintenant, alors que les liens qui maintenaient l'État uni en temps de paix ont été rompus, nous voyons les passions réprimées des prêtres et des débiteurs se manifester sans retenue. Avant le départ, des persécutions juives officielles ont été prêchées et suivies, les Juifs ont été chassés de ville en ville et de maison en maison, pillés et tués. Si l'on lit les chapitres des chasses aux juifs de cette époque, aucun penseur humain ne pourra le faire sans frémir et devra avoir honte de trouver de telles pages dans l'histoire de l'Europe. Mais en les relisant, non pour excuser cette horreur mais pour la comprendre, il verra aussi avec un frisson que, dans tous les centres de France, d'Allemagne et d'autres pays, ont vécu pendant des siècles des parasites qui pratiquaient l'usure avec la force de travail et l'argent des gens qui les hébergeaient. Si un nuage d'orage se décharge brusquement, on est saisi d'horreur devant les sacrifices de la catastrophe, mais il ne faut pas négliger le fait que cela représentait une conséquence nécessaire d'une force populaire opprimée mais pas encore laminée.

Mais, même pendant les Croisades, les Juifs sont restés, malgré toutes les persécutions, des gens riches. A Paris, les citoyens et les paysans étaient fortement endettés auprès d'eux et devaient, en raison des intérêts, travailler dans les plus dures corvées directement ou indirectement au service des Juifs. Les chevaliers, afin d'avoir de l'argent pour les croisades, avaient mis plusieurs fois leurs biens en gage auprès des Juifs ; un historien (Paul Émile) affirme d'ailleurs que c'est le besoin d'argent à cette fin qui a poussé la noblesse à rappeler les Juifs qui avaient été chassés.

En 1146, l'abbé de Cluny décrit la situation de la manière suivante dans une lettre à Louis VII, dans laquelle il proteste contre les persécutions juives et demande les mandats suivants :

> Ils cachent ce qu'ils ont dérobé aux chrétiens et acquièrent à des prix dérisoires les plus beaux objets, qu'ils achètent à des voleurs".
>
> Lorsqu'un voleur dérobe un objet sacré, il se rend chez un juif et vend l'objet volé. Une loi ancienne mais méprisable les encourage dans ce commerce scandaleux. Selon elle, un juif chez qui l'on trouve des objets volés n'est pas obligé de les rendre, ni même de dénoncer le voleur.
>
> Leur crime reste donc impuni ; et ce qui rend punissable le moindre camarade voleur d'un chrétien rend le Juif riche. Mais qu'on lui prenne les richesses qu'il a acquises par malhonnêteté ; l'armée chrétienne, qui sacrifie ses terres et son argent pour vaincre les Sarrasins, ne doit pas épargner les trésors des Juifs".[162]

Sous Philippe-Auguste,[163] les Juifs jouissaient d'une aisance et de biens similaires, et le roi, comme tous les souverains, n'était pas mal disposé à leur égard. Germain en Laye, il apprit qu'à Bray, un chrétien, pour avoir volé un juif, avait été livré à ces derniers pour qu'ils le condamnent et qu'ils lui avaient lié les mains derrière le dos, couronné la tête d'épines, traîné dans les rues et finalement pendu. Le roi a ainsi pu brûler plus de 80 juifs.

---

[162] Voir André Réville, Les paysans au Moyen-Âge, p.3 [Les Paysans au Moyen-Âge (XIIIéme et XIVéme siécles) de l'historien social André Reville a été publié en 1896] ; et Deppind, Histoire des Juifs dans le Moyen-Âge.

[163] [Philippe Auguste (1165-1223) est le dernier des rois des Francs et, à partir de 1190, le premier roi de France, Philippe II].

L'humeur du peuple à l'égard des Juifs était cependant tellement aigrie que Philippe-Auguste se vit obligé d'enquêter sur les oppressions, de confisquer de nombreux biens des Juifs et de les expulser du pays, ce qui ne fut toutefois pas suivi à la lettre. "Cette année-là", écrit l'historien Rigord,

> "mérite de devenir une année de célébration, car grâce à ces mesures, les chrétiens ont obtenu pour toujours leur liberté qui avait été supprimée par les juifs".[164]

À partir de 1181, cependant, les Juifs sont définitivement chassés de certaines villes : Rouen, Étampes, etc. même s'ils restent dans beaucoup d'autres.

Les siècles 13ème et suivants ont été pour les Juifs, malgré leurs expulsions répétées, une période de richesse et de puissance qu'ils n'ont retrouvée qu'au 20ème siècle.

Les relations avec les Juifs se sont développées de manière très différente selon les régions de France ; les gens étaient plus tolérants dans le sud, où les Albigeois, par leur opposition aux principes de l'Église catholique, traitaient les Juifs comme leurs confédérés apparents — raison pour laquelle ils pouvaient tranquillement amasser des richesses sans fin jusqu'à ce que, même pour eux, vienne la fin amère, un peu plus tardive que dans le reste de la France.

Observons d'abord la situation dans le centre de la France. Appauvris par le tumulte de la guerre et des croisades et en manque d'argent comme les habitants, les Juifs se trouvaient dans la position heureuse de pouvoir fixer le taux d'intérêt à un niveau de plus en plus élevé. Le résultat est que le soulagement temporaire par le prêt financier s'est transformé en son contraire.

---

[164] Depping, op.cit. p.137.

Le peuple se retrouve privé de tout argent liquide, qui se concentre de plus en plus entre les mains des Juifs. Les ducs, les comtes, les barons et les évêques étaient endettés, mais surtout les gens du peuple, et la situation devenait de jour en jour plus désespérée, les Juifs, dans leur insatiabilité, ne pensant pas à se distancer de l'usure démesurée. Ils avaient même presque complètement abandonné le commerce, ne se rendaient pas aux foires pour vendre leurs propres marchandises comme les immigrés italiens, flamands et autres, et ne faisaient même pas de commerce intermédiaire, mais prêtaient de l'argent aux marchands moyennant un intérêt. Ils n'essaient même pas d'obtenir des privilèges commerciaux pour eux-mêmes, mais seulement la permission d'exiger des intérêts de plus en plus élevés. Cependant, là où les juifs exerçaient des activités commerciales individuelles, les autorités se voyaient constamment contraintes d'insister sur le commerce de produits frais, car les descendants d'Abraham n'agissaient que de manière frauduleuse.[165]

Les Juifs ont eu pendant très longtemps la possibilité totale de se consacrer à un métier réglementé, à un travail manuel ou à l'agriculture, mais ils ne s'y sont pas intéressés. Louis IX voulut même les inciter par un édit à gagner leur pain par le travail manuel, mais en vain. Le taux d'intérêt était fixé à 40%, il n'était naturellement pas respecté, les Juifs savaient contourner toutes les règles en la matière. Bien entendu, ils n'exigeaient pas plus de 40%, mais se permettaient d'émettre le billet à ordre pour un montant bien plus élevé que celui qu'ils prêtaient en réalité. Ce qui était également interdit de la manière la plus stricte. En vain !

Puis, afin de protéger les plus pauvres, il fut interdit aux Juifs de prêter de l'argent aux ouvriers avec intérêt, alors que ce sont précisément ceux qui en ont le plus besoin. Dans les archives de Paris, il y a, entre autres, un manuscrit de 12 pieds de long avec

---

[165] Pour plus de détails, voir Depping, op.cit.

les inscriptions des personnes qui ont porté plainte contre les illégalités des argentiers juifs. Un document certainement très important ! Les lois de protection des populations spoliées sous Louis VIII et IX restent sans effet ; les habitants des campagnes, incapables de payer leurs dettes, vendent leurs biens et sont souvent jetés en prison par les Juifs. Finalement, les Juifs sont expulsés du pays par Philippe le Bel (1306).

Mais la question juive n'est pas réglée pour autant. Les biens immobiliers des Juifs sont certes confisqués, mais un délai de 20 ans est accordé aux débiteurs pour s'acquitter de leurs dettes. Comme les Juifs, bien que ne vivant plus en France, étaient cependant constamment informés de la suite des événements, ils offrirent leur aide lorsqu'ils apprirent qu'il s'agissait de préparer une détermination de l'ensemble de la dette qui leur était due. Cette proposition fut acceptée ; ils profitèrent de leur séjour pour corrompre immédiatement les fonctionnaires français et pour se lancer dans de nouvelles affaires usuraires. Les anciennes listes de débiteurs qu'ils présentent comportent tant de noms de veuves, d'orphelins et d'autres pauvres qu'elles sont déclarées fausses et malhonnêtes et que les Juifs sont à nouveau expulsés.

Cela ne les a toutefois pas empêchés de mettre en œuvre tous les leviers nécessaires pour pouvoir revenir en arrière, ce qui leur a également été accordé. Toutes les dettes ont été déclarées justes, l'impossibilité de pénaliser toutes les transactions antérieures a été garantie, tous les privilèges ont été établis et ils ont été acceptés en tant que citoyens.

Mais la même chose que précédemment se répète. Les Juifs pratiquaient l'usure et furent expulsés, mais Jean II leur permit de continuer à vivre en France (1360). Les graves querelles qui avaient eu lieu sous Jean le Bon, les guerres civiles sanglantes, le malheureux traité de Brétigny,[166] tout cela avait encore miné les pouvoirs financiers ; il semblait maintenant que c'était une bonne occasion de remplir quelque peu le trésor de l'État, si l'on permettait aux Juifs d'entrer, mais en leur prenant une bonne somme d'argent pour cela. Mais ces mesures s'avèrent coûteuses pour le royaume. Car le représentant juif à Paris, Manasse de Vesou, diplomate rusé, sait exiger des privilèges inouïs : les intérêts des prêts sont portés à 80%, la seule déclaration d'un juif suffit à prouver une créance sur un chrétien. Les Juifs sont soustraits à la juridiction de toutes les autorités judiciaires du pays et soumis uniquement à un commissaire spécial du gouvernement.

Et cela s'est reproduit comme il se doit. Les gens qui avaient recours à l'argent juif virent bientôt leurs dettes augmenter démesurément et nombre d'entre eux, dépourvus de tout bien, durent se mettre au service des Juifs en tant qu'esclaves. Dans leur aveuglement et leur insatiabilité, les Juifs ne se contentèrent plus des 80% autorisés, mais dépassèrent même cette limite. Les plaintes à ce sujet furent rejetées par l'argent juif, le roi lui-même se retrouva dépendant, ce qui lui valut de nouvelles faveurs en ce qui concerne le commerce au marché annuel.

Or, lorsqu'une révolte éclate à Paris en 1380 et que de nombreux Juifs sont chassés et tués, les autres en profitent pour se lamenter sur leur pauvreté et annoncer qu'ils ont perdu tous leurs pions. Ils ont également fait en sorte que leur retour soit annulé. Mais malgré cette pauvreté naturellement feinte, ils soutiennent le roi

---

[166] [Le traité de Brétigny a été signé en 1360 entre le roi Édouard III d'Angleterre et le roi Jean II (le Bon) de France, quatre ans après que Jean II a été fait prisonnier à la bataille de Poitiers en 1356. Par ce traité, la France perd de nombreux territoires au profit de l'Angleterre, mais les deux pays bénéficient d'un répit de neuf ans pendant la guerre de Cent Ans (1337-1453).

avec de l'argent, dans sa guerre comme dans d'autres tâches, ce qui lui permet de leur être encore plus redevable.

Finalement, ils obtinrent de l'inepte Charles VII (1388) le nec plus ultra : l'autorisation de percevoir non seulement 80% mais aussi des intérêts composés ! Et comme le peuple murmurait bruyamment, le roi promulgua un édit selon lequel les Juifs étaient protégés de toute plainte pendant dix ans.

Jamais l'usure n'avait atteint en France un niveau aussi monstrueux et aussi légalement approuvé, et il était naturellement évident — ce que les usuriers cupides n'ont cependant jamais pu percevoir dans leur aveuglement au bon moment dans le cours de toute leur histoire — que cette condition ne pourrait pas être maintenue longtemps. Une courte période de triomphe fut accordée aux Juifs en France, en Bourgogne, en Provence et ailleurs, puis la question juive se termina de la même manière que partout. Un incident en soi sans importance donna le dernier mot à une persécution juive et, le 17 septembre 1394, les Juifs furent définitivement (c'est-à-dire jusqu'au jour de la "liberté des droits de l'homme") privés de leurs privilèges, leurs biens furent confisqués et ils furent expulsés de France. Depuis lors, ils n'y mènent plus une vie légalement autorisée.

Le sud de la France avait, comme nous l'avons mentionné, été au début très indulgent envers les Juifs, mais même là, les plaintes se multiplièrent de plus en plus. En 1484, une grande persécution juive a lieu à Arles ; la Provence s'adresse directement au roi de France pour lui demander de l'aide contre l'absence de scrupules des Juifs ; Marseille envoie des délégués à Paris en 1487 pour demander expressément l'expulsion des Juifs qui ont ruiné le pays par l'usure. C'est ainsi que, de 1498 à 1501, les Juifs sont expulsés, même du sud, si hospitalier.

En ce qui concerne le Nord, ils avaient raccourci le processus de manière énergique, parfois brutale, surtout en Bretagne. En 1239, les domaines des ducs se réunissent, déclarent les débiteurs libérés de leur obligation, ordonnent la restitution de l'argent mis en gage et décident d'expulser les Juifs du pays.

Le duc, les barons et les évêques jurèrent de ne plus jamais laisser entrer les juifs en Bretagne ; depuis lors, il n'y a plus de juif ici, car il semble que cette décision, contrairement à tant d'autres provinces et pays, ait été exécutée réellement et sans pitié.

Un contre-exemple intéressant, voire piquant, est offert par le destin de la petite communauté juive de Pamiers, au pied des Pyrénées. Les rabbins y avaient imposé des règles strictes qui régissaient toute la vie des Juifs. Les Juifs étaient contraints à la modération dans toutes leurs relations, les femmes n'avaient pas le droit de porter de riches bijoux, les enfants ne pouvaient pas recevoir de beaux vêtements, les fils ne recevaient en héritage qu'une petite somme d'argent, les jeux d'argent étaient strictement interdits, etc.

Ces règles ont été énergiquement renforcées par les autorités chrétiennes afin qu'elles ne restent pas lettre morte. Et ici, malgré les différences religieuses, il n'y a pas eu de question juive pendant toutes ces années. Lorsque les descendants d'Abraham furent expulsés de France, le comte de Foix, sous la protection duquel se trouvait la communauté de Pamiers, demanda au roi de faire une exception pour ses Juifs.

Ce souhait n'a cependant pas été exaucé et ceux qui ont été contraints à un comportement innocent ici ont dû partager le sort de leurs frères de sang malhonnêtes des autres provinces.

Ce serait, en quelques mots, toute l'histoire des Juifs jusqu'aux prémices de la Révolution française. J'ai laissé de côté, dans les dernières remarques, les différences religieuses pour mieux mettre en évidence le thème central des conflits sociaux qui les traversent. En effet, outre l'usure, d'autres facteurs ont été à l'origine du destin des Juifs, comme tout grand mouvement est en effet constitué de nombreuses forces.

Les prêtres fulminaient ardemment dans leurs conseils contre les infidèles, tentaient souvent par des sermons et même par des moyens moins doux de les faire entrer dans le cœur de l'Église ; ils avaient le Talmud, là où ils pouvaient s'en procurer, brûlaient, pardonnaient aux Juifs leur insulte à l'Église, le sacrifice d'un enfant chrétien le Vendredi saint, etc.

De leur côté, les juifs affinent leurs lois de séparation et maudissent le Christ et les chrétiens toute la semaine dans leurs synagogues. Malheureusement, l'Inquisition fit des victimes même en France, car elle provoqua une folie religieuse, mais, d'un autre côté, le sentiment public s'éleva contre elle plus fortement ici qu'en Espagne et au Portugal (il faut cependant remarquer que les tribunaux d'hérésie en Espagne n'étaient pas rarement des tribunaux criminels et qu'ils dissimulaient des cas de conflits sociaux-nationaux).

Plus le sentiment national en France devenait fort et conscient, plus il s'opposait consciemment à l'arrogance raciale des Juifs et faisait émerger plus clairement au premier plan une aversion qui n'avait été que vaguement ressentie auparavant.

On peut donc dire que ces deux forces ont contribué à aiguiser les relations entre juifs et chrétiens. Mais la situation est devenue catastrophique pour les deux parties en raison du pillage des habitants qui s'est déroulé avec une énergie démoniaque dans l'ensemble de la structure sociale.

Si les érudits philo-juifs et, naturellement, tous les Juifs rejettent toute la responsabilité de ces bouleversements de la vie nationale sur les rois et soutiennent qu'ils n'ont fait qu'utiliser le pauvre Juif, qu'ils lui ont pris son argent et qu'ils l'ont ainsi forcé à vivre d'usure, mon intention n'est évidemment pas de présenter les rois comme des anges innocents. Ils avaient besoin d'argent pour les guerres et l'entretien de la cour et n'étaient pas particulièrement sélectifs dans les méthodes qu'ils employaient pour s'en procurer. Le fait que le Juif, qui disposait toujours d'argent, leur ait semblé très bienvenu à plusieurs reprises peut être considéré comme une bonne chose, même si cela n'est pas expressément prouvé.

Dans la vie des jeunes nations de cette époque, les choses fermentaient et brassaient partout, de grands mouvements de brassage sauvage balayaient le monde ; des guerres éclataient, mais formaient en même temps les personnalités nationales. Chaque prince se défendait au péril de sa vie contre un autre jusqu'à ce qu'un plus grand les réunisse tous sous son sceptre.

A cette époque, où il s'agissait surtout d'une question d'existence nationale, on ne peut pas faire grand-chose avec des jugements moralisateurs, et vouloir accorder l'impunité absolue dans tous les troubles à la seule petite minorité des Juifs serait également trop demander. Néanmoins, même si l'on peut considérer calmement le prince ayant constamment besoin d'argent comme un tentateur du Juif, il n'en reste pas moins que ce sont précisément les Juifs qui ont toujours joué le rôle d'usurier décrit plus haut.

À l'opinion unilatérale selon laquelle les Juifs n'auraient pu faire autre chose que de pratiquer l'usure, on peut opposer la simple question de savoir pourquoi ils ne se sont pas tournés, comme Louis le Hutin[167] et Louis IX avaient voulu les y contraindre, vers l'industrie et l'agriculture.[168] Il n'y aurait alors pas eu non plus de question juive.

Si nous laissons de côté ici toute évaluation morale, nous devons en effet comprendre tous les événements qui se répètent sans cesse, avec les mêmes résultats, comme des nécessités de la nature qui ont formé les conséquences du contact des peuples d'Europe et d'Asie avec le peuple juif partout où elles n'ont pas été consciemment retenues, comme elles les forment aujourd'hui

---

[167] [Louis X (1289-1316) était connu sous le nom de "le hutin", le querelleur].

[168] L'interdiction de posséder des terres ne date que du 13ème siècle.

et les formeront demain. Depuis la dernière expulsion, les Juifs ont vécu en France non pas en communautés fermées, mais dispersés sur tout le territoire.

Avec la conquête de l'Alsace, cependant, elles se multiplient et la question juive redevient bientôt à l'ordre du jour. Grâce aux intrigues du pourvoyeur de la cour royale, Cerfbeer,[169] pendant de nombreuses années, grâce à un procès intenté par lui contre la ville de Strasbourg, au cours duquel le juif a pu se cacher derrière la personne du roi, les voies étaient déjà préparées pour poser la question de l'émancipation des juifs.

Après la prise de la Bastille, naturellement, d'autres leviers furent actionnés. À l'Assemblée constituante, ils osent, certes pas directement — car ils attendent des députés alsaciens les vérités les plus désagréables sur les pillages des Juifs — mais ils s'assurent d'abord des arrières par une décision de l'administration de la ville de Paris de se prononcer en faveur de l'abolition des lois juives.

Mirabeau,[170] qui était entièrement redevable aux Juifs, leur était déjà redevable depuis longtemps. Cerfbeer, déjà cité, avait demandé à Moses Mendelssohn d'utiliser sa grande réputation, même parmi les chrétiens, pour défendre l'émancipation des Juifs par le biais d'un ouvrage écrit.

---

[169] [Herz Cerfbeer (1730-1793) était un entrepreneur juif français de l'armée française et un philanthrope. Louis XVI lui accorda une autorisation spéciale pour s'installer à Strasbourg en dépit des lois interdisant aux Juifs de s'installer dans cette ville. Cerfbeer établit à Strasbourg des usines dans lesquelles il employait des Juifs et, par l'intermédiaire de Mendelssohn, obtint le soutien de Christian Wilhelm von Dohm dans sa lutte pour l'amélioration de la condition des Juifs en France].

[170] [Gabriel Riqueti, comte de Mirabeau (1749-1791), était un révolutionnaire modéré et franc-maçon].

Mais ce dernier n'a pas jugé cela pratique et a fait ce que beaucoup de membres de la tribu de Juda ont fait avant et après lui : il a poussé un non-Juif à devenir son porte-parole, le jeune Dohm,[171] qui, inspiré par Mendelssohn, a écrit un ouvrage "qui a fait date" sur la réforme de la politique juive. Comme aujourd'hui, les salons juifs de Berlin étaient déjà le théâtre d'importants événements politiques. L'un d'entre eux, particulièrement remarquable, était celui d'Henriette Herz.[172] C'est là que se rencontrent les diplomates de tous les pays, c'est là que Mirabeau fait la connaissance de Dohm, l'homme de main de l'Allemagne. Mirabeau a des "raisons impérieuses" de s'enthousiasmer pour les Juifs, écrit même un ouvrage sur les réformes juives et se présente à l'Assemblée nationale comme leur représentant.

À quoi a servi l'Alsacien Rewbell[173] en faisant remarquer qu'on ne pouvait pas résoudre la question juive par des clauses, il a été mis à l'écart.

En effet, lorsqu'il voulut s'élever, lors d'une nouvelle séance, contre la fausse considération de la question juive (elle avait été à nouveau discutée dans le seul domaine de la religion), il se fit rabrouer par Régnault,[174] l'un des pétitionnaires :

---

[171] [Christian Wilhelm von Dohm (1751-1820), historien allemand, était un fervent défenseur de l'émancipation des Juifs].

[172] [Henriette Herz (1764-1847) était une mondaine juive dont le salon à Berlin était fréquenté par les meilleures figures littéraires et philosophiques allemandes de l'époque. Sous l'influence de Friedrich Schleiermacher, elle se convertit au protestantisme].

[173] [Jean-François Rewbell (1747-1807) est un avocat français qui s'est distingué à l'Assemblée nationale constituante par ses talents d'orateur et son soutien aux réformes, bien qu'il se soit opposé à l'octroi des droits de citoyenneté aux Juifs alsaciens].

[174] [Michel-Louis Étienne, comte Regnault de Saint-Jean d'Angély (1761-1819), député à l'Assemblée nationale constituante de 1789 à 1791, est un

"Je demande que soient rappelés à l'ordre tous ceux qui veulent s'exprimer contre cette proposition (d'émancipation des Juifs), car c'est la Constitution elle-même qui est attaquée".[175]

Rewbell n'abandonne pas pour autant l'affaire et, lors d'une des séances suivantes, il raconte l'usure monstrueuse des Juifs en Alsace.

Il parle de l'avoir des habitants qui ne s'élève pas à plus de 3 millions, qui pourtant sont accablés de 15 millions de dettes, dont 12 millions purement usuraires, de la spoliation de nombreuses familles, etc. En vain, la clause l'emporte.[176]

En 1806 et 1807, Napoléon s'est occupé très énergiquement des Juifs et a posé douze questions aux délégués : la polygamie était-elle autorisée, l'usure était-elle autorisée, les Juifs considéraient-ils les Français comme leurs frères, etc. Après des centaines d'années, le Grand Sanhédrin a été réuni, avec 71 délégués de toute la communauté juive, pour donner une réponse à cette question. La réponse fut naturellement que les lois juives étaient pleines d'humanité, que l'usure était interdite, que les Français étaient les frères des Juifs, etc. Tout cela cependant dans un langage tourné et retourné selon la tradition talmudique. Tout cela dans un langage tourné et retourné selon la tradition talmudique. Toute cette fabrication était naturellement fausse du début à la fin.

Même l'historien juif Abraham Geiger l'a dit :

---

libéral qui cherche à concilier les idées nouvelles de l'époque avec les idées monarchiques].

[175] Hallez, Les Juifs en France, Paris, 1845, p.174. [Théophile Hallez, Des Juifs en France : De leur état moral et politique depuis les premiers temps de la monarchie jusqu'à nos jours. Hallez était un avocat qui critiquait la ségrégation des Juifs, mais qui rejetait la responsabilité de cet état sur les Juifs eux-mêmes].

[176] Hallez, op.cit. p.176.

"En France, il y avait encore un après-guerre, c'est-à-dire à cause des Juifs alsaciens, qui étaient dégoûtants à cause de l'usure. Cette situation et la séparation d'avec les citoyens français ont attiré l'attention de Napoléon, qui a voulu, là aussi, apporter son aide par une prise en main audacieuse. Une assemblée de notables et un sanhédrin devaient documenter leur attitude avec leurs propres explications et influencer leurs coreligionnaires.

Sauf que l'autorité fait défaut dans le judaïsme et qu'un développement intérieur est nécessaire. Les vieux acteurs Beer et Furtado agissaient avec agressivité, des rabbins comme Sinzheim et Vita di Cologna étaient capables de diriger intelligemment, mais tout cela n'était qu'un grand mensonge ou du moins un spectacle. La reconnaissance des Français comme frères était une clause fausse à la séparation légale, la question de savoir si une juive pouvait épouser un chrétien recevait une réponse mensongère, à savoir que seuls les mariages avec des peuples étrangers idolâtres sont interdits et que les peuples européens ne sont pas idolâtres… Les questions étaient immatures, les réponses de simples enroulements serpentins intelligents, le tout sans aucune conséquence…".[177]

Ces paroles d'un Juif érudit me dispensent de toute argumentation plus poussée (un petit échantillon des sophismes employés a déjà été présenté plus haut) ; les 71 hommes choisis qui invoquaient sentencieusement le Seigneur Dieu en tout lieu avaient donc tout simplement menti. Si l'on a compris l'esprit du Talmud, on comprend que, pour ses adeptes, ce n'était pas un crime de tromper les Gentils. Mais c'était une "érudition" vénérée des sages de Pumbedita[178] qui, déjà dans les temps les plus anciens, "était capable de rendre le noir blanc et le blanc noir". L'essentiel était que les dernières frontières tombent ; cet objectif était alors pleinement réalisé : les Juifs entraient armés de la même absence de scrupules légalement reconnue qu'auparavant dans la société

---

[177] Nachgelassene Schriften, Vol. II, p.239.

[178] [Pumbedita était une ville de l'ancienne Babylone (près de l'actuelle Falloujah) où le Talmud babylonien a été élaboré].

des États européens, qui étaient eux-mêmes en train d'être désarmés. Après cent ans, nous les avons vus comme les maîtres financiers du monde.

Les juifs et la politique

L'un des nombreux mensonges de notre époque, que les Juifs et leurs défenseurs répandent avec empressement, consiste à dire que ce n'est qu'à l'heure actuelle que la nation juive peut agir politiquement, que ce n'est qu'à l'heure actuelle qu'elle est prise en considération. Ce mensonge qui, comme beaucoup d'autres dans le passé, vise à cultiver la compassion pour le peuple juif "innocemment persécuté" et "opprimé", doit enfin cesser de faire des siennes.

En effet, si les juifs se sont également répandus dans le monde entier (il est à noter que c'est sous leur propre impulsion), ils ont maintenu une communauté très étroite non seulement là où ils vivaient ensemble à l'étranger, mais aussi en relation constante avec leurs frères de tribu dans les pays les plus lointains : les navires marchands et les caravanes apportaient des nouvelles de toutes sortes de tous les endroits du monde et en ramenaient d'autres.

Les Juifs étaient ainsi informés non seulement des événements survenant dans leur propre communauté et nation, mais aussi des conditions commerciales et politiques de tous les pays, ce qui leur assurait un avantage sur les autres peuples dans toutes les relations.

Nous disposons de correspondances qui constituent une preuve convaincante de la constance des liens internationaux des Juifs. Ainsi, au 13e siècle, vivait à Barcelone l'un des talmudistes les plus connus de son temps, Salomon ben Adereth.[179] Son nom est répandu dans les pays lointains par les voyageurs juifs et les rabbins de leurs communautés adressent des questions de toutes sortes au sage espagnol. Ses "réponses", au nombre de 6000, montrent qu'il entretenait une correspondance écrite immédiate avec les Juifs du Portugal, de France, de Bohême, d'Allemagne, et qu'il était même en relation avec Constantinople et les villes d'Asie et d'Afrique du Nord. En parcourant ces réponses, on ne peut que s'étonner", dit un historien juif, "des remarquables moyens de communication dont disposaient les Juifs en dépit de tous les obstacles… ; pour un érudit d'Austerlitz ou de Mühlhausen en Allemagne, il ne semble pas avoir été moins facile de faire envoyer ses lettres en Espagne que pour un érudit de Vienne, de Rome ou d'Avignon".[180] Une autre preuve de la bonne organisation du réseau d'information des Juifs est donnée par l'incident suivant :

Sur la côte africaine, il y avait toujours des poches d'innombrables pirates turcs. C'est là que les Juifs se nichaient de préférence. Les Turcs les traitaient bien puisqu'ils leur payaient un droit de douane, achetaient immédiatement les marchandises volées et les expédiaient, mais surtout pour leur service d'espionnage.

> "Ils entretenaient", dit un auteur de l'époque (17ème siècle) "une correspondance répandue dans toute la chrétienté, de sorte que les Turcs bénéficiaient par leur intermédiaire d'un gain important dans le commerce des esclaves.
>
> En même temps, ils pouvaient être avertis à temps de ce qui se préparait dans la chrétienté. C'est ainsi qu'en 1662, la ville de Hambourg a équipé deux navires de guerre pour protéger ses bateaux des pirates. Les navires n'étaient pas encore tout à fait

---

[179] [Solomon ou Shlomo ben Aderet (1235-1310) était un banquier et rabbin sépharade bien connu].

[180] J.S. Bloch, Die Juden in Spanien, Leipzig, 1875, p.86.

en mer que des esclaves d'Algérie écrivirent que les pirates connaissaient toutes les circonstances : la force, le nombre de personnes sur la flotte, et le cap que prendrait le navire".[181]

Le fait que les Juifs soient les mieux orientés en matière de relations extérieures et qu'ils aient de bonnes relations dans tous les pays n'est pas non plus une réussite de notre époque, mais était déjà le cas depuis des siècles. Il est donc compréhensible que les princes européens aient souvent fait appel à des Juifs comme conseillers politiques : Charlemagne, par exemple, a donné à ses envoyés en Perse (qui, étrangement, sont tous deux morts pendant le voyage) un juif comme escorte, calculant que ces derniers pourraient apprendre le mieux et le plus rapidement possible des juifs du pays tout ce qu'il y avait à savoir ; les rois d'Espagne étaient constamment entourés de conseillers juifs, et non moins les princes de Fez et de Tripoli, le sultan et d'autres souverains.

Ainsi, ces peuples, dispersés dans le monde et pourtant indissolublement liés, ont joué un rôle perceptible dans la politique des nations dès les temps les plus reculés. S'il est incontestable qu'ils ont rendu des services à de nombreux princes, il n'en est pas moins certain qu'ils leur ont plus souvent attiré de grands malheurs. Une observation fondamentale s'impose ici. Les Juifs, quel que soit le royaume où ils sont entrés, sont venus comme un peuple renfermé sur lui-même, qui n'a jamais manifesté le moindre désir de se lier plus étroitement avec le peuple indigène qu'il n'était absolument nécessaire pour le commerce.

Dès le début, en raison d'une arrogance naturelle et très développée, ils ont considéré tous les peuples comme inférieurs et il était hors de question que le Juif se confonde avec l'hôte qui lui offrait l'hospitalité. Il est donc naturel (abstraction faite de l'évaluation morale) que le Juif, lorsqu'il était appelé à des

---

[181] J. Schudt, Jüdische Merkwürdigkeiten, 1714, Vol. I, p.88.

fonctions éminentes ou qu'il pouvait s'y glisser, agisse de la manière qui lui paraissait la mieux adaptée à ses besoins personnels et à ceux de son pays.

Si les intérêts du pays coïncidaient avec ceux des Juifs, on les soutenait, sinon on les abandonnait. Quiconque a une idée de la ténacité avec laquelle les Juifs se sont maintenus en religion et en politique, en dépit de toutes les persécutions qu'ils se sont infligées, et de la manière dont ils sont devenus de plus en plus rigides et durs en se déplaçant d'un pays à l'autre, n'aura pas de mal à comprendre que ces gens, à part quelques rares exceptions bien sûr, n'aient pas été capables de concevoir l'idée d'une citoyenneté d'État et, en général, de s'élever à la notion désintéressée de devoir.

Même si, à des époques antérieures, la politique juive était limitée à quelques nations et n'englobait pas encore le monde entier, et si elle n'était peut-être pas menée aussi délibérément qu'aujourd'hui, le facteur national a toujours été au premier plan, à côté du facteur purement personnel.

Au début, cette activité était surtout dirigée contre les peuples qui les accueillaient et, comme on l'a dit, ce n'est que lorsque les intérêts des Juifs étaient promus que des services étaient rendus au pays en question. Johann Chrysostomus [182] s'est déjà vu contraint d'élever la voix :

> "Ces traîtres, ces pires scélérats, trahissent notre patrie, notre force aux Turcs, et nous les tolérons, nous les nourrissons ! C'est

---

[182] [Joannes Chrysostomus (ca. 347-407) était l'archevêque de Constantinople et l'un des premiers pères de l'Église. Ses homélies exégétiques sur la Bible sont des classiques de la littérature chrétienne et sa Divine Liturgie est toujours utilisée par l'Église orthodoxe orientale. Ses huit homélies contre les Juifs et les chrétiens judaïsants ont été éditées collectivement sous le titre Adversus Judaeos (Contre les Juifs) par le moine bénédictin Bernard de Montfaucon (1655-1741)].

attiser le mal dans nos cœurs, c'est réchauffer le serpent dans nos poitrines !".[183]

Dès avant le début des croisades, les Sarrasins étaient informés par les Juifs européens des intentions de l'Europe et pouvaient prendre des mesures contre eux à temps. Lorsque les rois de Léon, de Castille et d'autres pays (vers 1221) étaient en guerre contre les Maures, ces derniers ont fait appel à des Juifs pour les aider.) étaient en guerre contre les Maures, ces derniers utilisaient des Juifs proches des cours espagnoles comme espions qui trahissaient les plans et les préparatifs de la chrétienté ; De même, lorsque le duc de Florence préparait une attaque sur l'île de Negroponte, l'entreprise fut rapidement trahie aux Turcs par des Juifs de Livourne,[184]. En effet, ceux-ci fournissaient aux Turcs des armes et des munitions, tout comme les Vénitiens, lors de la guerre de Kandish en Istrie[185] en 1646, capturèrent également un navire chargé par les Juifs de matériel de guerre qui était destiné à Constantinople. Lorsque le cardinal Jimenez entame en 1509 une campagne contre Oran,[186] la conquête de la ville lui aurait été difficile si des traîtres n'avaient pas été découverts, à la tête desquels se trouvait le juif Catorra,[187] qui réclamait ainsi de nombreuses libertés pour ses coreligionnaires. En 1513, les Portugais assiègent la ville d'Azamor.[188] Les Maures résistent courageusement à leurs attaques, mais leur chef tombe dans l'une d'elles, ce qui provoque des troubles dans leur camp. Les nombreux Juifs représentés à Azamor se réunirent et décidèrent

---

[183] Cité dans des Mousseaux, Le Juif, le judaïsme et la judaïsation des peuples chrétiens, p.106

[184] A. Favyn, Histoire de Navarre.

[185] [L'Istrie est une péninsule de la mer Adriatique aujourd'hui partagée entre l'Italie, la Slovénie et la Croatie].

[186] [Ville située sur la côte nord-ouest de l'Algérie].

[187] Boissi, Dissertations.

[Ville du Maroc située au sud-ouest de Casablanca] [188]

d'ouvrir les portes de la ville aux Portugais s'ils juraient de sauver les Juifs. Le commandant portugais, le duc de Bragance, heureux d'éviter un siège pénible, accepta et Azamor lui fut livrée par la traîtrise des Juifs. La ville fut pillée, selon la coutume de l'époque, et seules les maisons des Juifs, avec des affiches devant elles, furent protégées.[189]

Toujours avec l'aide des Juifs, les Portugais ont conquis la ville de Safi[190] en 1508 ; comme les conquérants n'étaient pas très nombreux, ils ont été contraints de se terrer dans le château. La ville était le théâtre d'un conflit entre deux parties qui s'affrontaient mutuellement et, comme une querelle entre les citoyens était très opportune pour le commandant de l'armée portugaise, Azambuja, il fit remettre, par l'intermédiaire d'un médecin juif, des lettres au contenu similaire aux chefs des parties rivales, que le Juif connaissait très bien, dans lesquelles il était écrit que l'un des adversaires cherchait à tuer l'autre, puis venait l'invitation à s'unir aux Portugais. Les deux chefs tombèrent dans le piège et Azambuja put enfin conquérir la ville.[191]

La ville de Cithibeb[192] avait déclaré son indépendance vis-à-vis des princes de Fès et mené pendant trois ans une guerre pour son indépendance. Elle devait surtout ses succès à ses commandants. Conscient de cela, le prince de Fès décida de tuer le chef, si possible secrètement. Pour ce faire, un médecin juif de Cithibeb offrit ses services, empoisonna le chef et, ainsi démoralisée, la ville se livra aux assiégeants.[193]

---

[189] Boissi, Dissertations.

[190] [Ville située sur la côte atlantique du Maroc].

[191] Keyserling, Geschichte der Juden in Portugal.

[192] [Au Maroc]

[193] Jean Leon, Description de l'Afrique, in Boissi.

Lorsque, à l'époque de Trajan,[194] les Juifs de Cyrénaïque étaient si nombreux qu'ils formaient la majorité de la population, ils firent comme plus tard à Chypre : ils massacrèrent tous les autres habitants, 220 000 en tout. Malgré cela, Isaac Orobio de Castro[195] a pu, bien plus tard, faire un rapport très fier :

> "De même que les rois turcs et perses et leurs gouverneurs n'entreprennent rien sans les Juifs, de même les envoyés ne peuvent mener à bien les affaires de leurs rois que par la médiation des Juifs".

Ces quelques cas peuvent être multipliés à l'envi, mais il faut souligner que l'on peut tout à fait ignorer ceux où cela s'est effectivement mal passé avec les Juifs, même si ce n'est jamais sans leur propre provocation, et où ils ont donc pu agir sur la base d'un sentiment de vengeance comme l'a fait, à l'époque des persécutions juives, Duarte de Paz, célèbre pour ses ruses, qui était l'envoyé portugais à Rome et qui, à ce titre, a actionné tous les leviers auprès du Pape contre le roi du Portugal avec l'autorisation expresse et le soutien généreux de ses compagnons de tribu à Lisbonne.

C'est ainsi que l'activité juive s'est exercée dans les pays du monde depuis les temps anciens jusqu'au Congrès de Vienne,[196], où les Rothschild menaient déjà leur politique désastreuse pour

---

[194] [Trajen (53-117) fut empereur romain de l'an 98 à 117].

[195] [De Castro (1617-1687) était un médecin et philosophe juif portugais qui a d'abord vécu en Espagne, où il a été persécuté par l'Inquisition, puis s'est installé à Toulouse et à Amsterdam, où il a continué à professer et à pratiquer la médecine ; cf. p.181 ci-dessous].

[Le Congrès de Vienne a eu lieu en 1814-1815 et a été présidé par le prince autrichien Metternich. Après les guerres révolutionnaires et napoléoniennes, il a cherché à redessiner les frontières nationales au sein de l'Europe de manière à instaurer un équilibre des forces] [196]

l'Allemagne, et jusqu'au traité de 1871[197] et, plus que jamais, à l'époque actuelle. À ce sujet, l'observation suivante.

Le Juif et l'Allemand

Il est bon de différencier, dans le cas de l'intellect froid de la personnalité juive, deux facteurs : entre les motivations rationnelles et celles de nature plus sentimentale. Aux premières appartiennent la poursuite claire des intérêts personnels et nationaux et l'évaluation de ceux-ci dans l'entrée dans la politique des États ; aux secondes la passion de la haine contre d'autres nations qui brûle souvent à travers ces calculs.

Le Juif n'a pas toujours été, dès qu'il a acquis de l'influence, un homme d'affaires et un politicien froid ; souvent, une certaine insatiabilité l'a poussé à la démesure et a eu pour lui les conséquences les plus amères. Une exploitation et une usure moins empressées, une arrogance religieuse et nationale moins accentuée lui auraient épargné bien des chagrins ; mais le principe juif de l'exploitation de tous les peuples, tel que Dostoïevski, Fichte, Goethe et d'autres grands l'ont reconnu, né de l'aversion profonde pour tout ce qui n'est pas juif, a fini par faire du Juif apparemment froid un haineux passionné. Cette haine est aussi ancienne que le judaïsme lui-même et se manifeste partout selon la direction qui lui est ouverte. L'époque actuelle est le théâtre de passions juives difficilement contrôlées qui se sont combinées avec une politique mondiale orientée vers un but précis et dirigée par des hommes immensément riches ; et cette haine juive est principalement dirigée contre deux peuples : contre le Russe et contre l'Allemand. Ces faits qui ont toujours été présents ne peuvent être écartés avec un sourire que par un enfant ou un patron juif. Ils suintent de toutes les feuilles de la forêt des

---

[197] [La guerre franco-prussienne s'est achevée par un traité de paix signé à Versailles en 1871 et ratifié la même année à Francfort. Il marque l'avènement d'un Empire allemand unifié].

journaux juifs et résonnent, à moitié cachés, dans la bouche des politiciens juifs.

Et pour mieux comprendre : aucun peuple au monde ne méprise autant que les Juifs le mysticisme, l'appréhension d'un secret qui ne peut être exprimé qu'avec difficulté, et ils ne considèrent pas l'absence d'une telle qualité comme un manque, mais au contraire comme le signe d'un don exceptionnel. Ils ne considèrent pas l'absence d'une telle qualité comme un manque, mais au contraire comme le signe d'un don exceptionnel, et se vantent de ne posséder ni mythologie ni allégorie (conséquence nécessaire de tout mysticisme). Il suffit de jeter un coup d'œil sur l'histoire des religions pour s'en convaincre. Je ne citerai qu'une phrase datant de 1905 : "Le judaïsme est la seule de toutes les religions qui n'ait créé aucune mythologie et qui, ce qu'il faut souligner davantage, contredise fondamentalement toute mythologie".[198] Plus loin : "La religion est à l'écart de tout mysticisme et de tout ésotérisme",[199] et bien d'autres passages. En Europe, il n'y a peut-être aucune nation qui ait exploré et expliqué le mystère intérieur de l'homme comme l'Allemagne. Il forme donc, dans son caractère le plus profond, l'antithèse spirituelle du Juif ; mais si quelqu'un pense que cela est resté sans influence sur la conduite, il se trompe lourdement. Car ce qui, au plus profond de l'homme, s'oppose à la loi et à la religion, à la formule et à l'imagination, au dogme et au symbole, se manifeste à la surface de la vie comme une opposition, le plus souvent de manière inconsciente, mais non moins clairement pour cette raison. Et celui qui a quelque peu exploré l'âme russe en entendra aussi des tonalités profondes qui ne parviennent presque jamais à une synthèse, mais qui ne s'opposent pas moins à la disposition du Juif.

À cela s'ajoutent, dans le cas de l'Allemand, son honnêteté et son incorruptibilité proverbiales (qui ont malheureusement beaucoup

---

[198] L. Bäck, Wesen des Judentums, Berlin, 1905. p.62.

[199] Ibid, p.22.

souffert des guerres et des révolutions), ainsi que sa simplicité, sa maladresse et sa fiabilité, autant de facteurs qui ont toujours été pour le Juif une épine dans l'œil, qu'il a toujours cherché à miner, à propos desquels il a fait des plaisanteries irréfléchies et s'est toujours considéré comme supérieur, comme l'exprime le dicton classique du Juif Auerbach[200] : "Nous, les Juifs, sommes en effet la race la plus intelligente. Prenez un Juif de Pologne vêtu de haillons et placez devant lui le paysan le plus intelligent de la Forêt-Noire. Certainement le Juif, car le paysan allemand est stupide, le Juif le plus pourri, en revanche, reste un Juif". C'est encore aujourd'hui l'aveu instinctif ou conscient de tous les Hébreux.

Le Juif a toujours détesté le peuple allemand. Certes, il n'aime pas non plus les Français et les Anglo-Saxons, mais il se sent beaucoup plus proche d'eux. Le Français vaniteux et de plus en plus superficiel, l'Anglo-Saxon sobre et en même temps enclin à des superstitions bigotes sont des personnages bien plus sympathiques pour le Juif que l'Allemand ne pourra jamais l'être malgré toutes les tentatives d'ingratitude. C'est ainsi que l'on a pu constater, depuis les temps les plus reculés, que les Juifs allemands sont les ennemis les plus acharnés de la pensée allemande ; et plus ils y aspirent et s'en nourrissent, plus la haine se manifeste clairement. C'est pourquoi un Heinrich Heine a pu s'élever, à propos de Goethe, jusqu'au reproche de lâcheté morale ;[201] c'est pourquoi un Ludwig Börne a calculé le début de la liberté allemande à partir de la mort de Goethe ;[202] c'est pourquoi tous les journalistes et professeurs juifs s'efforcent de diminuer nos grands hommes, de les "décrire objectivement", comme on appelle cette falsification ; C'est pourquoi ils dénigrent

---

[200] [Berthold Auerbach (1812-1882) était un romancier juif allemand].

[201] [Voir ci-dessous p.173]

[202] [Ludwig Börne ((né Loeb Baruch) (1786-1837) était un satiriste politique juif allemand qui s'installa à Paris après la révolution de juillet 1830 ; cf. p. 173 ci-dessous].

d'une seule voix l'esprit de Bismarck ; c'est pourquoi le professeur Graetz, loué avec enthousiasme par tous les Juifs, résume son jugement sur les Allemands en disant que les Allemands sont "les inventeurs de la basse mentalité d'esclave" et que les Allemands doivent "le goût raffiné, le sentiment vital et téméraire de la vérité et l'impulsion vers la liberté aux deux Juifs Heine et Börne". Et surtout à Heinrich Heine !

Lagarde[203] a eu raison de répondre ainsi à la question de savoir où il fallait chercher le Juif : "Toujours du côté de ceux qui comprennent le moins l'histoire de l'Allemagne" : "Toujours du côté de ceux qui comprennent le moins l'histoire allemande". C'est pourquoi nous pouvons, même à notre époque, constater à nouveau qu'un Isidore Witkowsky (Maximilian Harden),[204] le prétendu admirateur de Bismack, a tenu des "conférences éducatives" juste après le déclenchement de la révolution dans lesquelles il a osé suspecter le grand homme de notre époque, Hindenburg, et en même temps discerner dans l'effondrement de l'Allemagne le début d'une "grande époque".

Cette opposition insurmontable des âmes nationales est la cause principale de la haine juive, dont le fonctionnement n'apparaît que secondairement. Les Juifs de Russie n'auraient pas dû haïr le peuple russe, mais seulement le tsarisme, car le Russe lui-même

---

[203] [Paul de Lagarde (né Bötticher) (1827-1891) était un bibliste et un orientaliste dont l'ouvrage nationaliste allemand, Deutsche Schriften (1878-1881), a influencé Rosenberg dans son antisémitisme. Pour des lectures de cet ouvrage, voir A. Jacob, Europa : German Conservative Foreign Policy 1870–1940, Lanham, MD : University Press of America, 2002].

[204] [Maximilian Harden était le pseudonyme de Felix Ernst Witkowski (1861-1927), un journaliste juif allemand qui se faisait passer pour un monarchiste avant d'attaquer l'empereur Guillaume II pour sa prétendue homosexualité, tout comme il avait d'abord applaudi l'invasion allemande de la Belgique en 1914 avant de soutenir le traité de Versailles de 1919. Peu après l'assassinat de Walther Rathenau en 1922, il est attaqué par des membres des Freikorps et s'installe en 1923 en Suisse, où il meurt].

n'a pas moins souffert, et même plus que le Juif, sous l'ancien régime, et il lui a tendu une main fraternelle immédiatement après la Révolution. Mais le gouvernement juif de Moscou, qui s'était emparé du pouvoir sans aucun scrupule, a persécuté tout ce qui était russe et a tenté de l'éliminer de fond en comble. Leur haine a triomphé sans limite ; mais elle sera détruite dans son insatiabilité — c'est le cours de la nécessité historique basée sur le caractère national.

En Allemagne, les Juifs avaient depuis longtemps réussi à se faire une place, à acquérir pour eux et leurs camarades, avec l'aide de tous les moyens, les meilleures places, ce qui n'empêchait pas qu'il ne se passait guère de jour où, grâce à la liberté de la presse, l'Allemand ou le chrétien ne recevait pas des plaisanteries insolentes ou où (pendant la guerre) le travail de sape de l'esprit de résistance allemand n'était pas mené avec le plus grand enthousiasme par un éloge des nations de l'Entente prêtes à la paix et un dénigrement du "militarisme" allemand.

Dans aucun autre pays du monde, des hommes n'auraient pu tenir des propos aussi provocateurs et antinationaux à l'heure du destin de la nation que les Juifs Cohn [205] et Haase [206] l'ont fait au parlement, et ce de manière tout à fait éhontée et sans entrave ! Inquiet du succès d'un complot d'un camarade racial à Moscou, M. Hugo Haase s'est un jour (au cours de l'été 1918) écrié :

---

[205] [Oskar Cohn (1869-1934) était un homme politique juif qui a travaillé avec Karl Liebknecht, le fondateur de la Ligue spartaciste, et était un sioniste convaincu. Il s'est réfugié à Paris en 1933].

[206] [Hugo Haase (1863-1919) était un socialiste juif qui devint président du Sozialdemokratische Partei Deutschlands (SPD), avec l'Allemand August Bebel, en 1911. Il se disait pacifiste et organisa un grand rassemblement contre la guerre en juillet 1914].

"Si le gouvernement allemand entreprend quoi que ce soit contre le gouvernement soviétique, il est de notre devoir sacré d'appeler le prolétariat allemand à la révolution".

Ces propos d'un émeutier trahissant sans scrupules la nation allemande et ses intérêts ont pu résonner sans sanction !

Les Juifs de l'Entente

La guerre mondiale a opposé deux puissants groupes de pouvoir et, par conséquent, a également divisé le peuple juif en deux parties. En dehors de la Russie, les principales personnalités juives de France, d'Angleterre, d'Italie et d'Amérique du Nord se sont rangées derrière les gouvernements anti-allemands de ces États. Il s'agissait en effet des Juifs les plus riches et les plus influents du monde, contre lesquels la colonie des Juifs de Berlin ne pouvait jouer aucun rôle décisif.

Mais Londres était le centre ; c'est de là que partait l'activité de la Fédération juive mondiale, c'est là que se trouvait le centre de gravité de la question juive. On dit que les Juifs sont un État dans l'État. Mais ce n'est qu'une demi-vérité, car il est beaucoup plus important de souligner qu'ils représentent un État parmi les États. Par rapport au gouvernement central de l'État mondial juif à Londres, la branche allemande se trouvait dans une position inconfortable. Outre les étrangers aveuglés et remplis de haine que sont Cohn, Haase, Luxembourg, [207], etc., il y avait naturellement assez d'hommes d'affaires juifs cool qui, ne pouvant, dans l'intérêt de tous les Juifs, approuver à l'avance une victoire complète de l'Allemagne, ne voulaient cependant pas abandonner le petit mouton qu'ils avaient attrapé. Ils ont donc

---

[207] [Rosa Luxemburg (1871-1919) était une marxiste juive qui a fondé, avec Liebknecht, la Ligue spartaciste qui est devenue le Parti communiste allemand (KPD). Luxemburg et Liebknecht ont tous deux été assassinés par les Freikorps en 1919].

essayé d'équilibrer la politique allemande. Cela aurait renforcé leur pouvoir, mais en même temps, cela n'aurait peut-être pas trop dérangé les puissants de Londres.

L'intention des financiers juifs avant même la guerre est apparue clairement pendant celle-ci, à savoir que les objectifs nationaux de la juiverie, dirigés au niveau international, devaient être considérés comme coïncidant avec ceux de l'Empire britannique.

Cela signifie que les Juifs sont déterminés à concentrer leurs intérêts autant que possible et à garantir partout leur sécurité nationale par le biais d'un État mondial puissant ou d'un consortium qu'ils soutiennent. Percevant peu à peu l'utilité d'une telle orientation, les journalistes juifs allemands ont alors ralenti de plus en plus le wagon allemand et accéléré progressivement le wagon anglo-juif.

Les critiques les plus acerbes à l'encontre de l'Allemagne ont retenti dans les journaux dirigés par des Juifs et soutenus avec joie, naturellement, par les États de l'Entente, en raison de leur net sentiment anti-allemand. Le lecteur a retrouvé les mêmes idées sous une centaine de formes et ce que cela signifie à l'époque actuelle peut être imaginé par tout le monde sans difficulté. Ici, il y avait une coopération d'une douzaine de juifs anoblis de la Chambre haute.

On sait que les Juifs d'Angleterre sont devenus très influents, que les titres de baronnet et de pair avec tous les privilèges leur ont été vendus sans vergogne pour dix, cinquante ou cent mille livres sterling (pendant la guerre, on a fait de même avec les fournisseurs de l'armée). Deux Juifs se sont distingués à cet égard : Abraham Sassoon et Sir Ernest Sassel, qui avaient immigré d'Allemagne. À l'époque, les acteurs de la scène à la Chambre des Lords étaient Montague (Montag, un ancien horloger de Galicie), Rothschild, Burnham (Levy-Lawson), Herschel (Naphtali), Ludloy (Levi), etc.

Or, le centre de la fraternité juive était constitué par l'Alliance israélite universelle. Il y a des juifs et des patrons juifs qui, aujourd'hui encore, se préoccupent de la présenter comme une société philanthropique et politiquement inoffensive et, bien sûr, il y a encore plus de gens qui croient sans discernement à ce mensonge évident. Le soutien des juifs sans moyens n'est naturellement qu'une façade ; déjà le fondateur de l'Alliance, Crémieux,[208] s'était donné dès le départ une tâche politique, "Un nouvel empire doit naître... à la place de l'Empereur et du Pape", déclara-t-il lors de la première Assemblée générale et plus tard il rapporta : "Nous avançons à grands pas, l'Alliance devient une véritable puissance".

C'est suffisamment clair, et l'activité bienveillante de l'Alliance a consisté pendant des décennies à étouffer des affaires scandaleuses contre les Juifs, les "persécutés innocents", et d'autres choses de ce genre. Et aujourd'hui, l'incommensurable richesse opère dans tous les États pour la domination juive du monde. Plus que jamais, il est juste de dire que l'Alliance : "a accès aux trônes les plus puissants et que toutes les autorités politiques et municipales s'en remettent à elle".[209]

À cette société secrète, que l'on pourrait qualifier de toute-puissante, appartenaient en outre, outre les lords anglais susmentionnés, les hommes d'État suivants : Burnay, Herbert Samuel (ancien Lord Mayor de Londres), le comte de Reading (Rufus Isaacs, aujourd'hui décédé, qui avait été proposé comme juge pour Guillaume II, coupable d'avoir porté atteinte à l'éthique internationale), George Ernest (Salomon), B. Putmann

---

[208] [Adolphe Crémieux (né Isaac Moïse) (1796-1880) était un homme politique libéral juif français qui a fondé l'Alliance israélite universelle en 1860].

[209] Allgemeine Zeitung des Judentums, février 1891 ; Heise, Ententefreimaurerei [Karl Heise, Entente-Freimaurerei und Weltkrieg : Ein Beitrag zur Geschichte des Weltkrieges und zum Verständnis der wahren Freimauererei, Basel : Ernst Finckh, 1920].

(Simonsohn), tous en Angleterre ; les Rothschild s et les Lahmann, tous en Angleterre. Putmann (Simonsohn), tous en Angleterre ; les Rothschild et les Lavinos en France ; le grand maître Lemmi, le secrétaire au Trésor Luigi Luzzati, le ministre des Affaires étrangères Sonnino, le ministre de la Guerre Ottolenghi, Barzilai (Bürzel), tous en Italie ; Nathan Strauss, Bernhard Baruch (directeur de toutes les industries de guerre aux États-Unis et représentant de 26 nations de l'Entente lors de transactions dans toutes les parties du monde), tous en Amérique ; Fronseca, Castro et Pereira au Portugal et au Brésil, etc.[210]

Ces noms parlent fort sans qu'il soit nécessaire de citer les entreprises qui pèsent des milliards et tous ceux qui ont un jugement un tant soit peu impartial doivent se dire qu'ils témoignent d'une forte activité coopérative. Même si ces personnes ont pu avoir des conflits d'affaires, elles étaient unies dans une chose : détruire l'Allemagne.

Les Juifs et la franc-maçonnerie

Les spéculateurs juifs mondiaux sont encore une autre façon d'être étroitement liés aux dirigeants du destin des États de l'Entente : par la franc-maçonnerie.

Je ne souhaite pas entrer dans les détails des nombreux "mystères" ou des prétendus secrets des francs-maçons, mais seulement mettre en lumière l'effet politique de l'ordre et ses objectifs.

Le pays dans lequel la véritable franc-maçonnerie est née est l'Angleterre. C'est à partir de l'Angleterre que des loges ont été fondées en France et en Allemagne au début du 18ème siècle, en 1721 à Dunkerque et à Mons, en 1725 à Paris, en 1733 à Valenciennes, etc. Bien que le roi ait menacé les sociétés secrètes

---

[210] Heise, op.cit. p.49. Quelques erreurs compréhensibles sont d'ailleurs à noter chez Heise.

de tous les maux, elles gagnent une telle audience que même la perspective de la Bastille ne les effraie pas. En 1756, de nombreuses associations se réunissent en une "Grande Loge de France".

Indépendamment de cela, il y eut à Paris le "Grand Orient de France" sous la direction du Duc de Chartres, plus tard Philippe Égalité,[211] en tant que Grand Maître. En 1778, il y avait 129 loges à Paris et 247 en province ! La formation des sociétés secrètes a connu une évolution similaire dans d'autres pays.

Même s'il y avait de nombreux désaccords entre eux, ils étaient unis sur un point : la lutte contre la monarchie et l'Église.

En bref, l'ordre des francs-maçons était, et est toujours, une organisation secrète internationale dont le but est d'établir une république mondiale antireligieuse. Ce but a toujours été devant ses yeux, même s'il a souvent utilisé et soutenu la monarchie, en fonction de son pouvoir et des circonstances qui en dépendaient.

Le sermon selon lequel il faut servir l'homme et non les nations a trouvé en elle son organe le plus influent : l'"humanité" globale, la "liberté, l'égalité et la fraternité" de tous les hommes y ont été enseignées systématiquement, pour finalement faire le tour du monde en tant qu'évangile nouvellement annoncé.

---

[211] [Louis Philippe, duc d'Orléans (1747-1793) fut un partisan actif de la Révolution française et adopta le nom révolutionnaire de Philippe Citoyen Égalité. Il fut Grand Maître de l'Orient français de 1771 à 1793, date à laquelle il prit ses distances avec la franc-maçonnerie. Principalement en raison de l'association de son fils, Louis Philippe, duc de Chartres, avec le général Charles Dumouriez, qui a déserté dans le camp autrichien en mars 1793, le duc d'Orléans est arrêté et guillotiné en novembre 1793. Le duc de Chartres devient le roi Louis Philipe Ier en 1830].

"Détruire toutes les différences entre les hommes", dit l'officier du Grand Orient, Clavel, "c'est la grande œuvre entreprise par la franc-maçonnerie".[212]

Ces preuves peuvent être multipliées à l'infini. Les slogans qui ont secoué le monde à plusieurs reprises étaient la préparation de l'ordre mondial. Ils ont retenti pour la première fois l'année de la catastrophe, en 1789. La tendance antimonarchique a souvent été étouffée par calcul, mais elle n'a jamais été perdue et triomphe aujourd'hui plus que jamais.

> "Certes, dans les États monarchiques, les francs-maçons buvaient à la santé du roi lors de leur repas commun. Bien entendu, l'obéissance aux lois était exigée. Ces mesures de précaution, comme "l'habileté" exigée d'une association que tant de gouvernements soupçonneux surveillaient, n'ont pas suffi à détruire l'influence révolutionnaire que les francs-maçons devaient exercer de par leur nature même".[213]

> "Il faut qu'elle obtienne le plus haut pouvoir politique, qu'elle siège sur tous les trônes ou, bien plutôt, qu'elle règne sur tous les trônes par ses grands hommes et par les associations de ses frères". [214]

Il n'est pas nécessaire de citer d'autres efforts maçonniques, ils disent tous la même chose, et en ce qui concerne les actions, les révolutions de 1789 jusqu'à celles d'aujourd'hui ont été pour la plupart les fruits de l'influence maçonnique.

---

[212] Clavel, *Histoire pittoresque de la Franc-maçonnerie*, p.23

[213] Louis Blanc, *Histoire de la révolution française*. [Louis Blanc (1811-1882) était un homme politique et un historien socialiste français. Son histoire de la Révolution française a été publiée en 12 volumes de 1847 à 1862.

[214] Voir Deschamps, *Les sociétés secrètes*, Vol. II, p.239. [Nicolas Deschamps (1797-1872) était un jésuite dont l'étude de la franc-maçonnerie en tant qu'agence de subversion religieuse, morale, sociale et politique a été publiée à titre posthume en 1874-1876].

Mais avant de passer à ces questions, il faut souligner un élément extrêmement important : l'acceptation des Juifs dans les sociétés secrètes.

Le peuple juif, dispersé dans tous les pays et pourtant étroitement lié, est, par nature, le peuple conspirateur par excellence. Théoriquement, les théories internationales de la franc-maçonnerie ne posent plus aucun problème aux Juifs.

Dès 1722, l'Angleterre déclarait que

> "La maçonnerie est une association d'hommes pour la diffusion de principes tolérants et humains à l'effort desquels le juif et le turc peuvent participer autant que le chrétien".[215]

Néanmoins, l'aversion à l'égard des Juifs n'était pas facile à surmonter et ce n'est que par des manœuvres sournoises qu'il a pu s'infiltrer et, maître des intrigues, régner. En 1754, un juif portugais, Martinez Paschalis,[216] , fonda une secte cabalistique dans laquelle les juifs affluèrent en grand nombre.

Après sa mort, Saint-Martin[217] a repris la direction de la société. Celle-ci développe des ramifications dans tous les pays et même

---

[215] Lémann, *L'entrée des Israélites dans la société française*, p.353.

[216] [Martinez de Pasqually (vers 1727-1774), qui était peut-être un juif sépharade, créa vers 1760 un Ordre des Chevaliers Maçons Élus Coëns de l'univers et introduisit ainsi un ordre hébraïque de "prêtres" ("kohen") dans la franc-maçonnerie, bien qu'il s'agisse d'un ordre théurgique ésotérique. Son traité majeur "De la réintégration des êtres" fut mis par écrit par son élève et secrétaire, Louis-Claude de Saint-Martin (voir note ci-dessous)].

[217] [Louis-Claude de Saint-Martin (1743-1803) était un aristocrate français qui rencontra Martinez de Pasqually en 1768 et devint son secrétaire. Saint-Martin s'intéressait également aux travaux du mystique allemand Jacob Boehme (1575-1624), dont il traduisit les œuvres en français. Insatisfait du théurgisme de Pasqually, Saint-Martin prône la méditation comme technique pour développer une forme spirituelle de christianisme].

en Russie (les Martinistes). En Angleterre, Toland [218] avait travaillé à la naturalisation des Juifs anglais et écrit deux ouvrages (1713 et 1718) dans ce but ; en Allemagne, les salons juifs étaient devenus des centres d'influence politique ; Mendelssohn avait conquis Lessing[219] aux objectifs juifs et avait pu le façonner pour eux ; à sa demande, Dohm écrivit (1781) l'ouvrage précité sur la réforme de la politique juive dont les propositions, on l'a vu, servirent à Mirabeau de base à sa promotion des intérêts juifs.[220]

De cette manière, le moral et le pouvoir des loges juives furent suffisamment renforcés pour qu'elles soient officiellement acceptées au sein de l'association. C'est ce qui se produisit lors du mémorable congrès de Wilhelmsbad en 1781.

C'est là que le fondateur de l'ordre allemand des Illuminati, Weishaupt,[221] , avait convoqué un congrès de toutes les sociétés secrètes. Des délégués de tous les pays d'Europe, d'Amérique et

---

[218] [John Toland (1670-1722), né catholique d'origine obscure en Irlande, se convertit au protestantisme et devient philosophe rationaliste et républicain. En 1714, il publia un ouvrage intitulé *Reasons for naturalising the Jews in Great Britain and Ireland* (*Raisons de naturaliser les Juifs en Grande-Bretagne et en Irlande*), qui défendait la pleine citoyenneté et l'égalité des droits pour les Juifs].

[219] [Gotthold Ephraim Lessing (1729-1781) était un dramaturge et un critique qui était un ami proche du juif Moses Mendelssohn. Ses pièces étaient des pionniers du drame bourgeois et le personnage de Nathan dans sa pièce Nathan der Weise (1779) était basé sur Mendelssohn lui-même. Cette pièce, qui tente de démontrer que les conceptions humaines de Dieu sont relatives, fut interdite par l'Église et jouée pour la première fois à titre posthume en 1783].

[220] [Mirabeau a publié un ouvrage sur les Juifs intitulé *Sur Moses Mendelssohn, sur la réforme politiques des Juifs*, Londres, 1787].

[221] [Adam Weishaupt (1748-1830) est le fondateur bavarois des Illuminati. Il a d'abord fondé un Ordre des Perfectibilistes en 1776 afin d'abolir tous les gouvernements monarchiques et les religions d'État en Europe. Il a été initié à la loge maçonnique de Munich en 1777, mais a rapidement développé ses propres techniques gnostiques d'illumination humaine, qu'il a intégrées à son nouvel ordre des Illuminati].

même d'Asie y sont venus. Ici, toutes les conspirations ont été unifiées sous la formule de Weishaupt "pour unir les hommes de tous les pays, de toutes les classes et de toutes les religions pour un intérêt supérieur et dans une association durable".[222] Et le représentant des Martinistes français déclara à une enquête concernant les résultats du congrès :

> "Je ne vous livrerai pas les secrets que j'apporte, mais ce que je pense pouvoir vous dire, c'est qu'un complot a été fomenté et qu'il sera difficile pour les religions et les gouvernements de ne pas tomber".[223]

Ces paroles ont été prononcées huit ans avant leur réalisation. Jusqu'à cette date, le temps s'est écoulé dans une activité clandestine zélée. C'est ce que rapporte Louis Blanc :

> "Une association remarquable s'est formée. Ses membres vivaient dans les pays les plus divers, appartenaient à toutes les religions (même juives) et à toutes les conditions sociales. À la veille de la Révolution française, elle avait déjà acquis une importance incommensurable. Elle s'était répandue dans toute l'Europe et apparaissait partout comme une association dont les fondements étaient en contradiction avec les principes de la société civile..."

En 1785, un grand conseil se tient à Paris, où, entre autres, Cagliostro (le juif Giuseppe Balsamo, fondateur du "système égyptien")[224] joue un rôle prédominant. C'est là que fut décidée la Révolution française. En 1787, Cagliostro eut l'insolence

---

[222] Ibid.

[223] Ibid, p.339.

[224] [Cagliostro était le nom d'emprunt du faussaire et escroc Giuseppe Balsamo (1743-1795), né dans le quartier juif de Palerme en Sicile. Il aurait créé un rite égyptien de la franc-maçonnerie et établi plusieurs loges à travers l'Europe. Arrêté en 1789 en tant que franc-maçon, il fut d'abord condamné à mort, mais le pape commua plus tard la peine en emprisonnement à vie].

d'adresser un manifeste au peuple français et de lui prédire tous les événements qui se réalisèrent par la suite : la destruction de la Bastille, le renversement de la monarchie, l'introduction du culte de la raison.

L'activité publicitaire fut menée fiévreusement, les slogans connus furent distribués, les paysans et les soldats s'engagèrent comme soldats, le 14 du mois de juillet 1789 fut déterminé comme jour de l'insurrection. Puis les loges sont fermées et les frères se rendent dans les mairies et dans les comités révolutionnaires.

Quand enfin, en 1789, la populace instiguée à l'extérieur s'élança, les conspirateurs s'assirent avec le roi stupide, lui promirent fidélité, lui peignirent des images trompeuses de la puissance redoutable du peuple outragé, lui conseillèrent de préserver la paix civile, la renonciation à ses privilèges monarchiques, etc. Et lorsqu'ils l'eurent finalement affaibli, usurpé le pouvoir pour eux-mêmes, ils le cachèrent dans le temple. Un document extrêmement intéressant sur les pouvoirs de cette époque nous est fourni par l'ancien ministre prussien des affaires étrangères, le comte Haugwitz,[225], dans un mémoire de 1822 qu'il a rédigé après s'être retiré de la vie politique.[226] J'en cite un extrait :

> "Les aptitudes et l'éducation avaient éveillé en moi un désir de connaissance que l'ordinaire ne satisfaisait pas — par l'intermédiaire du comte Stolberg et du docteur Mumser, j'ai été moi-même accepté dans le chapitre... J'ai été appelé à prendre la direction supérieure d'une partie des conférences maçonniques prussiennes, polonaises et russes. La maçonnerie était divisée en deux parties. L'un cherchait la pierre philosophale et s'occupait

---

[225] [Christian Haugwitz (1752-1832) était le ministre des Affaires étrangères de la Prusse pendant les guerres napoléoniennes. En 1806, après la bataille d'Iéna, Haugwitz se retire de son poste].

[226] *Denkschriften und Briefe,* 1840, Vol. IV, pp. 212-220.

d'alchimie... Il en allait différemment de l'autre partie, dont le chef apparent était le prince Friedrich de Brunswick.²²⁷

En querelle ouverte entre eux, les deux s'accordaient sur une chose : avoir le trône en leur possession et les monarques comme dépositaires, tel était le but. Il ne me restait plus qu'à partir avec éclat ou à suivre ma propre voie... J'ai acquis la forte conviction que ce qui avait commencé en 1789, la Révolution française, le régicide, avait été introduit depuis longtemps par des connexions — mon premier réflexe a été d'informer le prince Friedrich Wilhelm de tout. Il a semblé au prince qu'il convenait de ne pas rompre complètement les liens avec la maçonnerie, car il voyait actuellement, avec des hommes légaux dans les loges, un moyen de réduire l'influence de la trahison... Le réseau secret existe depuis des siècles et menace plus que jamais l'humanité..."

Lors d'une réunion du Comité de propagande pour la Révolution, le 21 mai 1790, l'un des principaux conspirateurs (Duport) déclare :

"Notre exemple rend inévitable le renversement du trône et la Révolution française jettera les sceptres des rois aux pieds du peuple. Mais nous ne devons pas rester sur la défensive ; si nous ne voulons pas transférer la révolution aux autres royaumes, elle est perdue... Cela signifie qu'il faut chercher les possibilités de révolution dans chaque gouvernement et les exploiter. La vanité réchauffe les bourgeois, le besoin pressant ruine le peuple. Les premiers ont besoin d'or pour jouir, pour les seconds il suffit d'avoir des espoirs réalisés..."

Le Grand Orient de France a publié un manifeste dans lequel il est dit que

---

²²⁷ [Le prince Friedrich-Wilhelm, duc de Brunswick-Lüneburg (1771-1815) participe à la bataille d'Iéna en tant que général de division. En 1809, il crée la Schwarze Schar (Horde noire) avec l'aide de l'Empire autrichien pour libérer la Prusse de la domination napoléonienne].

"Toutes les loges se sont réunies pour unir leurs forces afin de soutenir la révolution, lui trouver partout des amis et des protecteurs, attiser le feu, et avec lui enflammer les esprits, susciter l'enthousiasme dans tous les pays et avec tous les moyens en leur pouvoir..."[228]

Après tout, il n'est pas si surprenant aujourd'hui que parmi les hommes de tête de 1789, environ 250 étaient francs-maçons. Que nombre d'entre eux aient finalement échappé à tout contrôle et aient été livrés à la guillotine par leurs frères ne change rien aux faits mentionnés ci-dessus. En règle générale, le diable est bien, en fin de compte, le fou.

Les armées françaises ont marché triomphalement à travers les pays, tandis que la célèbre armée prussienne est tombée d'un seul coup. Pourquoi ? Même ici, en plus de la queue de cochon, il y avait aussi le pouvoir secret.

Au franc-maçon Dumouriez [229] s'opposent le duc de Saxe-Teschen, [230] franc-maçon, comme commandant des troupes autrichiennes, et le duc Illuminatus de Brunswick, comme commandant suprême. Ce dernier publie bien sûr des manifestes menaçants, exige la sécurité du roi de France, mais ses actes sont en totale contradiction avec ces manifestes. Certes, les hordes indisciplinées de Dumouriez se dispersent, les forteresses ouvrent leurs portes au premier coup de canon, mais la première ville qui résiste, Thionville, semble déjà invincible. A Paris, on croit que

---

[228] Deschamps, op.cit. Vol. II, pp.138, 150-154.

[229] [Charles François Dumouriez (1739-1823) était un général français pendant les guerres révolutionnaires, mais il a déserté l'armée, en même temps que le duc de Chartres, en 1793. La bataille dont il est question ici est la bataille de Jemmapes de novembre 1792].

[230] [Le prince Albert de Saxe, duc de Teschen (1738-1822) est un prince allemand qui a épousé la famille Hasburg. Il dirigea l'armée impériale contre les Français à la bataille de Jemmapes].

tout est perdu, mais il se passe autre chose. En effet, malgré la supériorité visible des troupes allemandes à Valmy, le duc de Brunswick contrevient aux ordres du roi de Prusse, qui auraient causé une défaite décisive à l'armée révolutionnaire, et laisse les troupes prussiennes s'éloigner alors que les Français chancellent.

Plus tard, à Sainte-Hélène, Napoléon laissa clairement entendre qu'il s'agissait d'une trahison maçonnique. Et même si nous ne voulons pas supposer de trahison, nous devons supposer une réticence intérieure à lutter contre des armées qui semblaient être porteuses d'idées auxquelles une grande partie du corps des officiers prussiens eux-mêmes rendait hommage.

L'armée allemande en retraite est suivie par les Français victorieux, les fortifications allemandes, défendues en grande partie par des officiers maçonniques, se rendent sans résistance. Les Illuminés de Mayence, Böhmer,[231] invitèrent le général français Custine[232] à mettre le siège alors que ce dernier ne disposait pas de presque tout ce qui était nécessaire.

Trois jours après la demande de ce dernier de rendre la fortification, les Français y marchèrent.[233] De la même manière, Francfort, Speier et Worms tombèrent entre les mains de Custine, et le Brabant et la Flandre furent également livrés à Dumouriez. Mais c'est précisément de cette manière que Pichegru[234] a

---

[231] [Georg Wilhelm Böhmer (1761-1839), théologien, était un fervent partisan de la Révolution française et a contribué à établir, avec les troupes révolutionnaires françaises, l'éphémère République de Mayence de 1793].

[232] [Adam Philippe, comte de Custine (1740-1793), général de l'armée révolutionnaire, prend Speier, Worms, Francfort et Mayence en septembre-octobre 1792].

[233] Custine, *Mémoires*.

[234] [Jean-Charles Pichegru (1761-1804) était un général français qui a dirigé l'armée révolutionnaire aux Pays-Bas, en Autriche et en Allemagne, mais en 1795, il a démissionné du Directoire et a rejoint les royalistes français].

"conquis" la Hollande, où des points importants lui ont été remis grâce aux conspirations de nombreux chefs commerciaux à la tête desquels se trouvait le Juif Sportas, qui était "zélé" pour la révolution. Bien sûr, la conspiration fut découverte, mais il était trop tard, les traîtres ne souffrirent pas le moins du monde ; bientôt Amsterdam, Nijmwegen et Utrecht tombèrent.

C'est de cette manière puissante que les sociétés secrètes ont opéré, même plus tard, Napoléon a d'abord été soutenu dans tous les pays. Mais lorsqu'il n'a plus voulu adhérer à l'ordre mais l'utiliser à ses propres fins, il a échoué. Cela s'est produit dès 1809. Alors qu'auparavant, il était merveilleusement bien informé de tout ce qui se passait dans le camp ennemi, tandis que les chefs des troupes allemandes étaient trompés par de fausses informations, Napoléon se trouvait maintenant dans une situation où il n'était pas bien informé. On dit qu'il n'a jamais été aussi grand que dans sa défaite, mais cela ne l'a pas aidé.

Et l'une des principales raisons de sa catastrophe est sans aucun doute son éloignement des francs-maçons qui ne mettaient plus leurs informations à son service mais travaillaient à son renversement.

Passons maintenant à la situation en Allemagne. Il faut tout d'abord souligner l'envahissement des Juifs.

En 1807, une loge juive, "L'aurore naissante", est fondée à Francfort-sur-le-Main avec le soutien de la France.[235] En 1814, elle est réorganisée par le patriarche Hirschberg.[236]

Un livre d'un franc-maçon paru en 1816, *Les juifs dans la franc-maçonnerie : un avertissement à toutes les loges allemandes*,[237] décrit sa fondation de Francfort de la manière suivante :

> "Ce nouveau système templier juif de la loge de Francfort est assez clairement lié aux intentions exprimées dans l'*Organon biblique*. Les chevaliers de la triple croix doivent venger Dieu pour les croyants — pour les Juifs, tous les non-Juifs sont des infidèles — et rétablir la loi du Seigneur ; la récompense de leur travail est : pour chaque chevalier, un morceau de la terre des infidèles. C'est encore une fois le judaïsme qui est dissimulé, car seul le judaïsme a un dieu que ses confesseurs doivent exalter et au juif les biens des infidèles sont promis plus que leurs propres biens légitimes".

La fondation de loges juives à Francfort fut suivie de loges similaires à Hambourg et dans d'autres villes d'Allemagne. Ces sociétés secrètes étaient à l'origine d'une activité subversive incessante qui empêchait toute évolution pacifique de la vie

---

[235] [La loge "L'aurore naissante" a été créée à Francfort en 1807 par le Grand Orient de France lorsque Francfort était occupée par l'armée napoléonienne. Elle acceptait les Juifs parmi ses membres à une époque où l'accès aux loges maçonniques allemandes leur était refusé. Lorsque l'armée napoléonienne s'est retirée de Francfort, la loge a changé son nom en "Loge zur aufgehenden Mogenröte". En 1817, elle fut reconnue en Angleterre comme loge maçonnique par August Frederick, duc de Sussex, Grand Maître de la Grande Loge Unie d'Angleterre. Ludwig Börne (voir ci-dessous p.111) était membre de cette loge].

[236] [Ephraïm Joseph Hirschfeld (vers 1758-1820) était un kabbaliste juif allemand et un franc-maçon. Le Biblisches Organon publié en 1796 est une exégèse kabbalistique de la Genèse qu'il a écrite avec son frère Pascal].

[237] [Das Judentum in der Maurerei : eine Warnung an alle deutsche Logen, n.p., 1816].

politique. Et, en 1848, les Juifs sont apparus à la surface de la vie allemande. Heine et Börne sont les personnalités les plus connues.

> "Les Juifs ont fourni aux révolutions européennes des écrivains compétents… 1848 a montré une richesse littéraire juive que l'on pouvait difficilement imaginer et tous les journaux de la presse ministérielle, de la presse dite constitutionnelle et de la presse rouge ont été immédiatement publiés et édités presque exclusivement par des Juifs". [238]

Et Disraeli, le premier ministre juif d'Angleterre,[239], un homme qui savait mieux que quiconque ce qu'il en était, a déclaré fièrement :

> "La puissante révolution qui se prépare aujourd'hui en Allemagne se développe entièrement sous le patronage du Juif à qui est revenu le monopole presque total de la classe professorale".[240]

C'est pourquoi la religion a été unanimement attaquée et des pommes de discorde ont été lancées entre protestants et catholiques afin d'attiser la haine en Allemagne.

Tout cela, comme aujourd'hui, sous le couvert de la tolérance, de la liberté de pensée et de l'humanisme. C'est en cela que la loge

---

[238] Eckert, *Der Freimaurerorden*, p.242. [Eduard Emil Eckert (mort en 1866) était un écrivain allemand antimaçonnique. Son livre Der Freimaurerorden in seiner wahren Bedeutung a été publié en 1852].

[239] [Benjamin Disraeli (1804-1881) a été le premier ministre juif du Royaume-Uni pendant deux mandats, en 1868 et 1874].

[240] *Coningsby*, 1844, dans des Mousseaux, *Le Juif*. [Coningsby est l'un des nombreux romans politiques de Disraeli et se déroule à l'époque du Reform Bill de 1832] [Henri Roger Gougenot des Mousseaux (1805-1876) était un écrivain français antimaçonnique dont *Le Juif, le judaïsme et la judaïsation des peuples chrétiens* a été publié en 1869].

hambourgeoise "Aux trois orties" [241] s'est particulièrement distinguée.

M. Blumröder a déclaré lors d'une conférence de la loge (Asträa)[242] :

> "Si le développement de l'humanité doit progresser, les anciennes formes de l'État et de l'Église doivent tomber sous de lourds coups de marteau.
>
> Les anciennes structures seront alors détruites par la force et si cette destruction est punissable selon les lois humaines, la loi éternelle qui régit l'histoire de l'humanité en est cependant satisfaite".

Gotthold Salomon,[243] docteur en philosophie, frère de la loge "Rising Dawn", membre honoraire de la loge "Silver Unicorn",[244] rend publique la déclaration suivante qui ne peut être surpassée en clarté :

> "Pourquoi n'y a-t-il pas non plus, dans l'ensemble du rituel maçonnique, de trace du christianisme ecclésiastique ? Pourquoi les francs-maçons ne parlent-ils pas de la naissance du Christ mais, comme les juifs, de la création du monde ? Pourquoi n'y a-t-il aucun symbole chrétien dans la franc-maçonnerie ? Pourquoi le cercle, le carré et la balance ? Pourquoi pas la croix et d'autres instruments de torture ? Pourquoi pas, au lieu de la Sagesse, de

---

[241] [La loge hambourgeoise "Absalom zu den drei Nesseln", fondée en 1737, fut la première loge maçonnique établie en Allemagne. Elle s'appelait à l'origine "Loge du St. Jean" et fut transformée en "Absalom" (père biblique de la paix) en 1743, puis, en 1765, sous sa forme actuelle].

[242] [La loge maçonnique Zu den drei Schwestern und Asträa zur grünenden Raute a été fondée à Dresde en 1738 et a été la troisième loge à être établie en Allemagne].

[243] [Gotthold Salomon (1784-1862) était un rabbin et un homme politique allemand qui s'est battu pour l'émancipation des Juifs].

[244] [La loge Zum silbernen Einhorn se trouvait à Nienburg.]

la Force et de la Beauté, le trio chrétien : Foi, Charité, Espérance ? Foi, Charité, Espérance ?

Le maçon Ludwig Bechstein, [245] Conseiller à la Cour, bibliothécaire en chef de Meiningen, chevalier de l'Ordre de l'Aigle Rouge,[246] révèle son objectif dans les mots naïfs suivants :

> "Tout le monde veut être heureux ; la jouissance de la vie est le droit de tout homme, mais ce droit est très affaibli par la pression du présent".

M. Goldschmidt, un frère juif, écrit dans ses "Signes" à l'occasion de la dissolution d'un ordre :

> "La dissolution de l'ordre dans une partie de l'Amérique ne peut mériter d'être approuvée ; quelle que soit la forme de l'État, elle ne peut être dissoute que le jour où il n'y aura qu'un seul dieu et qu'une seule invocation".

Le député et camarade de race de Goldschmidt, Ludwig Börne[247] (Baruch), souligne clairement qu'il ne s'agit pas ici du dieu chrétien et de la vision chrétienne du monde. Il dit :

> "Le pouvoir est né et avec lui l'esclavage. Les méchants tinrent conseil pour consolider leur domination et imaginèrent le christianisme pour provoquer des conflits sanglants entre les hommes. Les bons et les meilleurs de toutes les époques ont vu cela, comment l'humanité s'agitait dans ses propres entrailles, ils l'ont vu et se sont lamentés, mais ils n'ont pas désespéré. C'est alors que l'herbe médicinale a germé dans leurs cœurs. Le cercle secret s'est formé autour de l'autel de la justice. Quelle est l'association qui relie les nobles entre eux ? La maçonnerie".

---

[245] [Ludwig Bechstein (1801-1860), collectionneur de contes de fées et bibliothécaire du duc Bernard II de Saxe-Meiningen].

[246] [La loge "Zum rothen Adler" a été fondée à Hambourg en 1774].

[247] [Voir ci-dessus p.108n.]

Les éléments suivants devraient témoigner de la situation dans laquelle se trouvaient les dirigeants de la franc-maçonnerie : Mazzini[248] explique que son principe est d'attaquer les ordres de telle sorte que les révolutions soient provoquées par l'autorité gouvernementale elle-même. Il écrit en outre :

> "Que le peuple ne dorme jamais. Entourez-le d'inquiétudes, d'agitations, de surprises, de mensonges et de célébrations. On ne révolutionne pas un pays par la paix, la morale et la sagesse. Le peuple doit être frénétique".

En Amérique, cet homme a lancé un appel à la fondation d'une alliance républicaine universelle qui se termine par ces mots :

> "Je pense que c'est un droit et un devoir sacré pour chaque nation et chaque homme de soutenir par tous les moyens possibles les efforts des autres nations et des autres hommes pour fonder une alliance universelle et républicaine. Et je m'engage, en tant que membre de cette union, à aider de tout mon pouvoir et par tous les moyens à la propagation et à la réalisation de notre effort".[249]

Lorsque, en 1834, les conjurés se réunirent en Suisse, Mazzini, chassé de France, se plaça à leur tête. Accablé d'un triple meurtre décidé par un tribunal secret qu'il présidait, il avait montré que, pour lui, tous les moyens étaient bons. C'est à travers lui qu'est née la "Jeune Italie". "Mais ce n'était pas suffisant pour le grand maître", dit D'Arlincourt,

---

[248] [Giuseppe Mazzini (1805-1872) était un républicain italien dont les activités révolutionnaires ont contribué à la formation d'une Italie unifiée. En 1831, Mazzini fonde à Marseille la société "Giovine Italia", la Jeune Italie, qui œuvre pour l'unification de l'Italie].

[249] Cité dans Deschamps, op.cit. Vol. II, p.523.

> "Pour révolutionner un pays, il faut déranger tout le monde. La Jeune Allemagne a été fondée, la Jeune Pologne, la Jeune Suisse, la Jeune Europe"[250]

Weishaupt, l'idéaliste tant vanté,[251] a écrit à un frère de haut rang de l'ordre :

> "Pour rester maître de ses débats, il faut parler tantôt d'une façon, tantôt d'une autre. Disons toujours que la fin montrera ce qu'il faut prendre pour la vérité ; on parle tantôt de cette façon, tantôt d'une autre pour ne pas être démasqué, pour rendre notre pensée réelle impénétrable aux non-initiés. Je veux faire des adeptes des espions, pour eux-mêmes, pour les autres, pour tous".

Un frère de haut rang a écrit à un autre (Nubius) : [252]

> "Tout se soumet au niveau auquel nous voulons abaisser l'humanité. Nous espérons miner pour régner... Mais je crains que nous ne soyons allés trop loin ; lorsque j'observe la personnalité de nos agents, je commence à craindre de ne pas pouvoir maîtriser la tempête qui a été provoquée... Nous avons dépouillé le peuple de ses croyances religieuses et monarchiques, de son honnêteté et de sa famille, et maintenant, lorsque nous entendons un coup de tonnerre au loin, nous tremblons car le monstre peut nous dévorer. Nous avons dépouillé le peuple, petit à petit, de tout sentiment honnête ; il sera impitoyable... Le

---

[250] L'Italie rouge, Paris, 1815, pp. 5-6 [Voir note ci-dessous] [La Jeune Europe était une société formée en 1834 à Berne par Mazzini et des réfugiés d'Italie, de Pologne et d'Allemagne].

[251] [Charles Victor-Prévot, vicomte d'Arlincourt (1788-1856), romancier et dramaturge, a écrit une histoire des révolutions italiennes de 1846 à 1850 intitulée L'Italie rouge, ou Histoire des révolutions de Rome, Naples, Palerme... (1850)].

[252] [Cette lettre aurait été écrite par un membre des Carbonari italiens, proches des francs-maçons, le 3 avril 1844. Elle décrit un plan de subversion de l'Église catholique (voir E. Barbier, Les infiltrations maçonniques dans l'Église, Paris/Bruxelles : Desclée de Brouwer, 1901, p.5)].

monde a été amené à dépendre de la démocratie et, depuis un certain temps, la démocratie signifie pour moi toujours la démagogie".[253]

C'est à cette même personnalité qu'est adressée une lettre significative du juif Piccolo-Tigre, en son temps l'un des principaux agents de toute l'Europe.[254] Après avoir exprimé sa satisfaction à l'égard d'un voyage orienté vers l'agitation, il dit :

> "La terre que j'ai labourée déborde et, si je me fie aux rapports, nous ne sommes plus loin de l'époque tant désirée.
>
> "Le renversement du trône est pour moi, qui ai étudié les travaux de nos sociétés en France, en Suisse, en Allemagne, hors de doute... Il ne s'agit pas d'une révolution dans un pays ou dans un autre, cela peut toujours se faire avec de la bonne volonté. Pour détruire définitivement le vieux monde, nous croyons qu'il faut étouffer la graine du catholicisme et du christianisme... il ne nous manque malheureusement que la tête pour commander. Le bon Mancini[255] a encore son rêve d'humanité dans la tête et sur les lèvres. En dehors de la manière dont il s'y prend, il y a quelque chose de bon en lui.
>
> "Par sa discrétion, il éveille l'attention des masses qui ne comprennent rien aux discours des illuminés cosmopolites. Notre presse en Suisse fonctionne bien et publie des livres comme nous

---

[253] [Crétineau-Joly, *L'Église romaine en face de la révolution française* (2 vol. , 1859)]. [Jacques Crétineau-Joly (1803-1875) est un historien français qui a publié pour la première fois la lettre mentionnée ci-dessus dans son ouvrage sur l'Église romaine et la Révolution française].

[254] [Le juif Piccolo Tigre était apparemment membre de la société secrète italienne, l'Alta Vendita (Haute Vente Romaine). Pour sa lettre à Nubius, voir Crétineau-Joly, Vol. II, p.387].

[255] [Pasquale Stanislao Mancini (1817-1888) devient ministre des Affaires étrangères en 1881 et adhère à contrecœur à la Triple Alliance entre l'Italie, l'Allemagne et l'Autriche-Hongrie, qui durera de 1882 à 1914 et constituera un contrepoids à la Triple Entente entre la Grande-Bretagne, la France et la Russie].

le souhaitons... Je dois bientôt me rendre à Bologne où ma présence dorée sera nécessaire."²⁵⁶

Dans une instruction du même "petit tigre" au plus haut agent des loges piémontaises, il est dit : "La chose la plus importante est d'isoler l'homme de sa famille et de le rendre immoral... Lorsque vous aurez instillé l'aversion pour la famille et la religion dans un certain nombre d'esprits, alors laissez tomber quelques mots excitant le désir d'entrer dans les loges".

> "La vanité de la bourgeoisie à s'identifier à la franc-maçonnerie a quelque chose de tellement banal et universel que je me réjouis toujours de la bêtise humaine. Je m'étonne que le monde entier ne frappe pas à la porte des plus éminents pour leur demander d'être un ouvrier de plus dans la reconstruction du temple de Salomon".²⁵⁷

Un document extrêmement intéressant remis par un militaire italien de haut rang, Simonini, à l'auteur de l'histoire des Jacobins, A. Barruel,²⁵⁸ (1806) nous introduit particulièrement bien dans les ateliers de conspiration maçonnique juive. Après avoir remercié A. Barruel pour son explication de l'histoire de la révolution, Simonini poursuit :

> "La puissance qui, grâce à sa grande richesse et à la protection dont elle jouit dans tous les tribunaux, est l'ennemie non seulement de la religion chrétienne, mais aussi de toute société, de tout ordre, est la secte juive. Elle semble être l'ennemie de tous et séparée de tous, mais elle ne l'est pas. En effet, il suffit

---

[256] Deschamps, op.cit, Vol. II, pp.277-279.

[257] des Mousseaux, *Le Juif, le judaïsme et la judaïsation des peuples chrétiens*, Paris, 1869, p.345. (voir aussi Crétineau-Joly, op.cit, Vol. II, P.120).

[258] [L'abbé Augustin Barruel (1741-1820) était un prêtre jésuite dont les *Mémoires pour servir à l'histoire du jacobinisme* (4 vol. , 1797-1798) décrivent en détail une conspiration de penseurs des Lumières, de francs-maçons et d'Illuminati qui a conduit à la Révolution française].

que quelqu'un se montre anti-chrétien pour qu'il soit immédiatement protégé et promu par la secte.

"Et n'avons-nous pas vu qu'elle a distribué son or sans compter aux sophistes modernes, aux francs-maçons, aux Jacobins et aux Illuminati. Les Juifs d'une secte unie pour, si possible, détruire entièrement le christianisme. Je ne dis que ce que j'ai entendu de la bouche des Juifs eux-mêmes. Alors que ma ville natale, le Piémont, se trouvait au cœur de la révolution, j'ai eu l'occasion de communiquer souvent avec des Juifs. J'étais alors sans scrupules particuliers, je leur fis croire que je recherchais leur amitié et leur dis, en leur demandant le plus grand secret, que j'étais né à Livourne d'une famille juive : que je ne vivais qu'extérieurement en catholique, mais qu'intérieurement je me sentais juif et que j'avais toujours gardé pour ma nation un tendre amour. Ils me mirent entièrement dans leur confidence.

"Ils m'ont promis de faire de moi un général de la franc-maçonnerie, ils m'ont montré l'or et l'argent qu'ils dépensaient pour leur peuple et voulaient m'offrir des armes ornées, signe de la franc-maçonnerie, que j'ai également acceptées pour ne pas les décourager. Les juifs les plus influents et les plus riches m'ont confié à plusieurs reprises ce qui suit : "Que la franc-maçonnerie et les ordres Illuminati ont été fondés par deux juifs (j'ai malheureusement oublié les noms qu'ils m'ont cités) ; que toutes les sectes antichrétiennes en sont issues et qu'elles se comptent par millions dans tous les pays ; que, rien qu'en Italie, elles comptent parmi leurs adeptes 800 prêtres, professeurs, évêques et cardinaux catholiques ; que, pour mieux trahir les chrétiens, elles se font passer pour des chrétiens et voyagent dans tous les pays avec de fausses preuves de leur baptême ; qu'avec l'aide de l'argent, ils exigeraient bientôt l'égalité des droits dans tous les pays ; qu'à cette fin, dans le cas de la possession de maisons et de terres, ils dépouilleraient rapidement les chrétiens de leurs biens par l'usure et qu'enfin, après moins d'un siècle, ils seraient les maîtres du monde et détruiraient toutes les autres sectes pour laisser régner la leur".[259]

---

[259] Deschamps, op.cit. vol. III, annexe.

A ces aveux, Barruel ajouta qu'un franc-maçon l'avait également informé qu'il y avait un certain nombre de juifs, en particulier dans les rangs les plus élevés de la maçonnerie. Tout le 19ème siècle l'a prouvé et plus encore notre présent. Le maintien secret des sentiments et de la pensée juifs sous un manteau chrétien est également un fait que l'on ne peut ignorer. Le juif David Macotta[260] raconte que des générations de juifs secrets vivent en Espagne, en particulier dans l'Église. L'historien juif Keyserling rapporte qu'un noble espagnol l'a informé en 1895 qu'il était d'origine juive et que dans son île natale, Majorque, vivaient des milliers de juifs qui, tous juifs secrets, ne se mariaient qu'entre eux.[261]

Du sein de la franc-maçonnerie est née, au milieu du siècle dernier, l'Internationale. Ces deux organisations sont les deux ailes d'un seul et même mouvement. Toutes deux sont internationales, toutes deux s'efforcent de régner dans la lutte contre toutes les religions, toutes deux sont les ennemies avouées de toutes les monarchies, toutes deux luttent contre la propriété et la famille. Dans l'histoire de la franc-maçonnerie, ce n'est pas la première fois que deux tendances se manifestent au sein de son activité. Ainsi, il se pourrait que la franc-maçonnerie tout entière ait effectivement livré le roi de France à la guillotine, et qu'ensuite une partie ait cessé de faire allégeance aux initiateurs de la révolution et les ait également menés à la guillotine.

Cela s'est répété une fois de plus à notre époque, où les "démocrates" sont mis au pied du mur par les "prolétaires". On ne peut pas encore dire avec certitude s'il s'agit d'une situation temporaire ou permanente. Mais en tout état de cause, les prolétaires sont choisis comme bélier pour renverser, par des

---

[260] [Frederick David Macotta (1828-1905) était un financier et un magnat anglo-juif qui a écrit une histoire des Juifs d'Espagne et du Portugal et de l'Inquisition (Londres, 1877).

[261] *Geschichte der Juden in Navarra*, p.188.

révolutions, des obstacles qui ne pouvaient être levés que par la violence. Ce n'est pas un hasard si ce sont les Juifs qui dirigent les troupes de l'anarchie en Russie comme en Hongrie et en Allemagne. Ils sont les meilleurs précurseurs de la domination mondiale de la franc-maçonnerie judaïsée alliée à l'Alliance Universelle Israélite.

Il y a eu quelque chose de similaire, même si c'était dans une moindre mesure, en 1871. Dans les loges, on se réjouit de la Commune de Paris, même si l'on doit être fusillé ensemble. Le frère Thirifoque l'appelle la plus grande révolution que le monde puisse jamais admirer, le devoir de la franc-maçonnerie est de la soutenir. Beaucoup l'ont pensé, mais le sujet s'est développé de manière trop colorée et il a été interrompu. La lande avait fait son devoir. [262] Bientôt commença la dictature du Juif et frère Gambetta ;[263] tout le gouvernement, le sénat, les chefs de presse, etc. étaient presque sans exception des frères de la loge ; parmi les détenteurs du pouvoir de 1879, il y avait 225 hommes, dont Crémieux, le fondateur de l'Alliance Universelle Israélite. C'est aussi à partir de cette époque que commence la propagande anti-allemande qui s'étend au monde entier. Les diplomates de la franc-maçonnerie travaillaient sans relâche, les Juifs d'Allemagne eux-mêmes aidaient avec enthousiasme, les francs-maçons allemands n'offraient aucun obstacle à toute cette activité (ils étaient à la recherche de la pierre philosophale) mais flirtaient avec le "frère" occidental. Les conspirateurs se sont aujourd'hui considérablement rapprochés de leur objectif : "par une révolution mondiale à une république mondiale".

---

[262] [Der Mohr hat seine Schuldigkeit getan. Der Mohr kann gehen" (Le Maure a fait son devoir. Le Maure peut partir), un vers de la pièce de Friedrich Schiller Die Verschwörung des Fiesco zu Genua (1783)].

[263] [Léon Gambetta (1838-1882) est un homme d'État juif français, actif pendant la guerre franco-prussienne. Il devint président de la Chambre des députés en 1879 sous la présidence de Jules Grévy].

Que l'enthousiasme excessif de nombreuses têtes brûlées doive souvent être freiné est compréhensible, mais le langage vicieux avec lequel les dirigeants des "capitalistes" et des "prolétaires" se considèrent mutuellement n'est destiné qu'aux gens stupides.

"Si grand que soit l'antagonisme entre les soldats des deux armées, les chefs ne le partagent pas, l'Internationale est jusqu'à présent entre les mains d'hommes qui se tiennent plus ou moins sous l'influence de sectes secrètes", dit à juste titre C. Janet dans l'introduction à l'ouvrage de Deschamps cité plus haut. En effet, les Vanderveldes [264] et les camarades qui ont prononcé des discours enthousiastes sont en même temps de fidèles serviteurs de la franc-maçonnerie, c'est-à-dire aussi de la juiverie, des esprits semblables se sont retrouvés. L'information selon laquelle Lénine et Trotsky étaient également membres d'une loge parisienne n'est pas du tout improbable, même si, à ma connaissance, aucune preuve décisive n'a été apportée jusqu'à présent.

Un conspirateur de la plus pure espèce était Simon Deutsch, frère maçonnique et, en même temps, avec Marx, l'un des dirigeants de l'Internationale rouge. [265] Arnim [266] rapporte sur cette personnalité à Bismarck (1872) qu'il est l'un des liens les plus importants entre la presse démocratique allemande et française et un dangereux informateur politique. Pendant la guerre franco-

---

[264] [Émile Vandervelde (1866-1938) est un homme d'État socialiste belge qui a été président du Bureau socialiste international (1900-1918) et a occupé les fonctions de ministre de la Justice, de ministre des Affaires étrangères et de ministre de la Santé entre 1918 et 1937. Il fut membre de la Commission belge qui protesta auprès du président Wilson contre la prétendue brutalité des Allemands pendant la guerre].

[265] [Simon Deutsch (1822-1877) était un socialiste révolutionnaire juif de la région de Moravie, dans l'empire des Habsbourg. Il a rencontré Karl Marx en 1874 à Karlovy Vary et a également connu Gambetta].

[266] Harry Eduard, comte Arnim-Sockow (1824-1881) est un diplomate prussien qui a été ambassadeur d'Allemagne à Paris en 1872].

allemande, Deutsch vit à Vienne et y mène une propagande zélée, naturellement, en faveur des Français. En 1871, cependant, il réapparaît à Paris, cette fois comme l'un des membres les plus actifs de la Commune et l'un de ses plus importants donateurs. Après la défaite de la Commune, il se retrouve en prison, mais pas pour longtemps : grâce à l'intervention du consul autrichien, il est à nouveau libéré. Même l'expulsion de France qui s'ensuivit fut de courte durée : un ami du juif Gambetta lui obtint la permission de rester à Paris. Deutsch y finance la *République française* et dirige la "Neue Freie Presse" viennoise. Mais l'aventurier ne reste pas longtemps dans la ville du Roi-Soleil. Il sent le danger et part à l'autre bout de l'Europe pour contribuer à y enflammer les choses.

Il se rend au Bosphore, est envoyé par les francs-maçons au comité exécutif des Jeunes Turcs, aide à préparer le renversement d'Abdül Aziz[267] et fait de son mieux pour déclencher la guerre entre la Turquie et la Russie. En 1877, il est proposé par des journaux soumis comme gouverneur de Bosnie ; il meurt peu après. On voit que les multiples aspects de la vie de cet honorable pèlerin ne laissent rien à désirer. Il serait intéressant de savoir quelle est la relation éventuelle de l'ancien ministre juif autrichien Deutsch avec lui.

Quant au juif Karl Marx, il suscite lui-même à ce jour une grande révolte, même s'il faut voir en lui aussi un intrigant, bien que très maîtrisé. Les socialistes de tous bords se réfèrent aujourd'hui à lui pour justifier leurs actions. Il me semble que les bolchevistes le font à juste titre. Aujourd'hui, alors que toutes les frontières sont tombées, Karl Marx aurait déployé le drapeau de la guerre civile main dans la main avec Karl Liebknecht et Léon Trotsky ; il a d'ailleurs applaudi la Commune de Paris depuis Londres !

---

[267] [Abdül Aziz (1830-1876) est le 32e sultan de l'Empire ottoman, qu'il dirige de 1861 à 1876, date à laquelle il est déposé par ses ministres].

Un épisode peu connu jette une lumière significative sur ses propres motivations. Lorsque l'Internationale, encore jeune, se réunit à Genève ([268]), une question fut soulevée qui, si elle avait été tranchée, aurait pu en faire un véritable parti ouvrier et non un foyer d'intrigants ambitieux. Les délégués français firent une pétition pour accepter dans l'Internationale, qui devrait être une représentation corporative des travailleurs, uniquement des ouvriers, des travailleurs manuels au sens étroit du terme. Ils pourraient ainsi suivre clairement leurs objectifs économiques en opposition aux nombreux discours et intrigues. C'est contre cette proposition que Marx, soutenu notamment par son gendre Lafargue,[269] mit toute son autorité et son éloquence et réussit finalement à ce que toutes les portes restent ouvertes aux "intellectuels".

Les conséquences de cet événement ne peuvent en aucun cas être surestimées. Si la résolution précédente avait été acceptée, le programme économique aurait été clair ; les exceptions pour les travailleurs non manuels qui servaient les intérêts des travailleurs n'auraient pas modifié les fondements.

Mais c'est ainsi que se sont rapidement logés dans le mouvement ouvrier des intrigants de toutes sortes qui, avec une excellente démagogie, ont su utiliser les masses ouvrières comme tremplin pour des projets ambitieux personnels. Il n'est pas nécessaire de souligner à nouveau que, même dans ce domaine, les Juifs occupaient et occupent toujours la première place, car jamais l'ouvrier n'a été aussi ouvertement maltraité que par des

---

[268] [La Première Internationale était l'organisation socialiste fusionnée connue sous le nom d'Association internationale des travailleurs, qui a duré de 1864 à 1876. Son premier congrès s'est tenu à Genève en 1866].

[269] [Paul Lafargue (1842-1911) était un socialiste révolutionnaire français qui a épousé la deuxième fille de Marx, Laura, en 1868].

intellectuels juifs tels que Trotsky, Béla Kun,[270] Leviné[271] et leurs innombrables camarades de race.

Les travailleurs peuvent remercier leur saint juif, Karl Marx, qui — consciemment ou instinctivement, cela reste une question ouverte — les a mis dans cette soupe à laquelle ils doivent faire face aujourd'hui et demain. À côté de ces personnalités individuelles, impossibles à dénombrer (je ne cite que les maîtres de loge, P. Herz, M. Löwenhaar, W. Lewin, C. Cohn, M. Oppenheimer, B. Seligmann, M. Wertheimer, entre autres, en Allemagne ; Crémieux, Morin en France ; M. Montefiore, E. Nathan, etc, en Italie), une famille s'est désormais distinguée, les Rothschild. Depuis Amschel Rothschild,[272] qui sut travailler si fructueusement avec les millions du duc de Hesse, depuis Nathan Rothschild,[273] le véritable vainqueur de la bataille de Waterloo, depuis le Congrès de Vienne, depuis le traité de 1871 et, plus que jamais, à notre époque, les Rothschild ont tissé leur filet d'or sur tous les pays. Ils sont encore aujourd'hui la maison la plus riche du monde, ils occupent les plus hautes fonctions dans tous les États où ils daignent vivre et ils appartiennent depuis 1809 à la franc-maçonnerie. Cela signifie qu'ils sont inattaquables, qu'ils

---

[270] [Béla Kun (né Kohn) (1886-1938) était un révolutionnaire juif hongrois qui a dirigé la République soviétique hongroise de 1919, qui n'a duré que quatre mois. Il s'est ensuite installé en Russie, mais Staline l'a soupçonné d'être un trotskiste et l'a exécuté].

[271] [Eugen Leviné (1883-1919) était un socialiste juif qui prit le pouvoir dans l'éphémère République soviétique de Bavière (1918-1919) après l'assassinat du ministre-président juif Kurt Eisner en février 1919. Mais la République communiste que Leviné cherchait à diriger fut elle-même démantelée par l'armée allemande et les Freikorps en mai 1919 et Leviné fut arrêté et exécuté].

[272] [Mayer Amschel Rothschild (1744-1812), fondateur de la dynastie bancaire Rothschild, est né dans le ghetto juif de Francfort et, comme son père, a bénéficié du patronage du prince héritier Wilhelm de Hesse].

[273] [Nathan Mayer Rothschild (1777-1836) est le fils de Mayer Amschel. Il s'installe à Londres en 1798 et finance avec constance les campagnes de Wellington contre Napoléon].

ont tous les moyens d'argent, de diplomatie à portée de main pour supprimer tout ce qui leur est désagréable. Il ne faut donc pas s'étonner que les dirigeants de la social-démocratie, juifs ou judaïsants, aient pu bien sûr critiquer la tyrannie royale, Krupp,[274] et Stinners,[275] mais n'aient pas entrepris de dire un seul mot contre les bons seigneurs Rothschild. C'est pourquoi, lors de la Commune, de nombreuses maisons ont bien été pillées, seuls les palais (130) des Rothschild sont restés indemnes. Que cette famille, malgré son appartenance à la franc-maçonnerie, ait une pensée strictement nationaliste est une évidence. Leurs filles ont épousé des ducs et des barons, mais aucun de leurs descendants n'est non-juif.

Que le baron Karl von Rothschild[276] ait été élevé au rang de commandeur de l'Ordre de l'Immaculée Conception de la Vierge Marie ne devrait pas non plus nous surprendre au vu de la singerie qui s'est jouée devant le monde. Un moyen en vaut un autre.

Les loges purement juives travaillent plus secrètement que la maçonnerie proprement dite. C'est à New York qu'a été fondé (1843) l'Ordre des B'nai B'rith, qui est aujourd'hui devenu si tristement célèbre. Il y a quelques années, il comptait à lui seul 206 loges ! Combien en compte-t-il aujourd'hui ? À ses côtés, le Kesher Shel Barzel comptait, en 1874, environ 3300 membres de l'organisation…

L'objectif du B'nai B'rith est naturellement exclusivement juif ; ce n'est pas seulement récemment qu'il a travaillé à la chute des

---

[274] [Gustav Krupp von Bohlen und Halbach (1870-1950) a dirigé le conglomérat d'industries lourdes Friedrich Krupp AG de 1909 à 1941. Cette société était également le principal fabricant d'armement en Allemagne].

[275] [Hugo Stinees (1870-1924) était un puissant magnat de l'industrie qui a largement profité de la première guerre mondiale].

[276] [Karl Mayer von Rothschild (1788-1855), autre fils de Mayer Amschel, a créé la banque Rothschild à Naples].

peuples européens. Dans un message du Frère Peixolto (1866), on peut lire :

> "Le Grand Maître visite les loges membres aussi souvent que possible. Cette année, il a rendu visite à celles de onze villes. Il a tenu de nombreuses conférences afin de les instruire de leurs devoirs, de renforcer les efforts de l'Ordre, de réaliser le progrès moral et intellectuel et l'unification complète de la famille d'Israël".[277]

Si quelqu'un croit maintenant que les juifs orthodoxes se détourneraient avec horreur des efforts athées de la franc-maçonnerie, il se trompe lourdement. Car, comme le Dr Ruppin nous l'a avoué de bon cœur, l'orthodoxie juive n'est pas du tout une religion mais "une organisation de combat pour la franc-maçonnerie" : L'orthodoxie juive n'est pas du tout une religion mais "une organisation de combat pour le maintien du peuple juif". C'est uniquement de ce point de vue qu'il faut juger leurs actions, tout le reste n'est que rhétorique vide pour les masses innocentes. Bien entendu, les Juifs se sont toujours maintenus avec la même ténacité en tant que peuple, mais le temps a brisé ici et là une pierre de l'édifice talmudique. Ces membres détachés ont maintenant fondé d'autres organisations de combat ou utilisé d'autres associations à cette fin : l'Alliance Universelle Israélite, la Franc-maçonnerie, l'Internationale, l'Anglo-Jewish Association, et bien d'autres encore.

Ces différentes troupes d'assaut se battent souvent l'une contre l'autre, l'une insistant sur son organisation préservée de longue date, l'autre considérant l'ancien costume comme approprié et portant, à la place du caftan, une queue de pie, et portant devant son nez le Manifeste communiste à la place du Talmud. Ils marchent séparément mais frappent tous ensemble contre la

---

[277] *Archives israélites*, 1866, XX, pp. 885-86.

société européenne. Tout ce qui la mine est constamment promu par l'ensemble de la juiverie.

Ce n'est qu'ainsi que l'on peut commencer à comprendre pleinement la révolution très significative du Conseil juif du 29 juin 1869 à Leipzig :

> "Le Synode reconnaît que le développement et la réalisation des principes modernes sont les garanties les plus sûres pour le présent et l'avenir du judaïsme et de ses partisans. Ils sont les premières conditions vitales pour le développement expansif du judaïsme".

La franc-maçonnerie et l'orthodoxie vont de pair et nous assistons à l'étrange spectacle que l'institution la plus conservatrice de l'histoire du monde, la synagogue, se fait la championne de la révolution dans d'autres institutions. Le grand rabbin de Francfort, Isidor, écrivait en 1868 :

> "Le Messie, homme ou idée, que le Juif attend, ce glorieux ennemi du Sauveur chrétien, n'est pas encore venu, mais son jour approche ! Déjà les peuples, conduits par les sociétés de régénération du progrès et des lumières (c'est-à-dire les francs-maçons), commencent à s'incliner devant Israël.
>
> "Que l'humanité entière, obéissant à la philosophie de l'Alliance Universelle Israélite, suive le Juif qui dirige l'intelligentsia des nations progressistes. L'humanité tourne son regard vers la capitale du monde rénové, qui n'est ni Londres, ni Paris, ni Rome, mais Jérusalem, qui s'est relevée de ses ruines, qui est à la fois la ville du passé et de l'avenir".[278]

Le fait de la franc-maçonnerie et de la domination juive a été, comme le montrent les remarques ci-dessus, examiné et étudié par beaucoup d'hommes ; même les journaux des temps anciens

---

[278] *Archives israélites*, XI, p.495.

ont osé de temps en temps soupirer à ce sujet. Ainsi, par exemple, le *Münchener historische Blätter*, en 1862 :

> "Le pouvoir que les Juifs ont pu obtenir avec l'aide de la franc-maçonnerie a atteint son apogée. Il existe une société secrète aux formes maçonniques soumise à des dirigeants inconnus. Les membres de cette association sont principalement des Juifs".[279]

Mais ces tentatives timides de révolte et d'autres n'ont servi à rien. En effet, la presse judéo-maçonnique avait le monopole et pouvait se permettre d'étouffer par le silence toutes les tentatives d'explication. C'est ainsi que les honnêtes gens sont restés jusqu'à aujourd'hui dans l'incertitude la plus totale quant à l'activité de leurs plus hauts généraux. Ce sont eux qui cherchent "la pierre philosophale".

On peut en effet comprendre que plus d'un maçon chercheur, indigné, repousse les attaques contre son ordre ; par exemple, Findel dans sa célèbre histoire de la franc-maçonnerie :[280] dans les travaux d'Eckert,[281] Barruel,[282] entre autres, il voit des hostilités malveillantes et suspicieuses mais sans examiner de plus près toutes les critiques. Il n'est pas du tout nécessaire d'être totalement d'accord avec les chercheurs mentionnés mais il faut admettre qu'ils avaient prévu à juste titre les tristes conséquences nécessaires de la société secrète malgré de nombreux efforts bien intentionnés d'individus.

---

[279] Cité dans des Mousseaux, op.cit. p.342.

[280] [Gottfried Josef Findel (1828-1905) était un franc-maçon qui a écrit plusieurs ouvrages sur la franc-maçonnerie, dont le plus important est sa Geschichte der Freimaurerei von der Zeit ihres Entstehens bis auf die Gegenwart (Histoire de la franc-maçonnerie de l'époque de ses débuts jusqu'à l'époque contemporaine), Leipzig, 1861-1862].

[281] (Voir ci-dessus p. 109.)

[282] (Voir ci-dessus p.123.)

Findel parle encore (en 1861) de la soi-disant "question juive" d'un point de vue supérieur. Mais bien plus tard, en honnête homme, il éleva la voix contre les Juifs, contraint par d'amères expériences. Il estime alors que le Juif "considère tous les peuples étrangers comme de simples objets d'exploitation", il demande l'exclusion des Juifs de la franc-maçonnerie car il reconnaît qu'ils sont "nos oppresseurs".

Aujourd'hui, le frère Findel se verrait bien dépouillé de toutes ses illusions. Il ne me vient donc pas à l'esprit de nier qu'il y a aussi parmi les francs-maçons des hommes aux efforts sérieux ; je regrette seulement qu'ils se laissent berner par des hommes qu'il faut compter parmi les criminels de la plus haute envergure.

Nous avons appris à connaître brièvement certains hommes, courants et méthodes de la franc-maçonnerie. Ce sont des praticiens du mensonge, de la tromperie et du crime légalisés par des motifs prétendument honorables.

Cette influence a conduit Louis XVI à l'échafaud ; c'est par la franc-maçonnerie qu'a été commis l'assassinat du duc de Berry, ainsi que celui de Ferdinand, roi de Naples, de François-Joseph d'Autriche et de Guillaume Ier de Prusse. L'empereur Léopold II a été victime d'un poison, Gustave III de Suède d'un coup de pistolet d'Ankastrom, etc.

La révolution au Portugal a été en son temps provoquée par la loge (avec la coopération la plus active du cardinal juif Neto, originaire d'Alsace) ; sur ordre de la loge est tombé l'archiduc Ferdinand à Sarajevo par l'intermédiaire des francs-maçons serbes, ainsi que le frère Jaurès (également membre de l'Internationale rouge), lorsqu'il a soudainement ressenti des troubles de conscience et n'a plus voulu être contraint de dire la vérité. Il écrit le 30 juillet 1914 :

> "Ici, en France, on travaille avec tous les moyens de la violence à une guerre qu'il faut mener pour satisfaire un désir dégoûtant et parce que les bourses de Paris et de Londres ont spéculé…"

C'était son dernier écrit. Le meurtrier a été acquitté.

Ainsi, la conspiration des hommes ambitieux traverse les décennies comme une piste macabre. "Le peuple doit être frénétique". De nouveaux mots, de nouvelles promesses, de nouveaux mensonges sont lancés aux masses, les journaux soumis les commentent dans le sens souhaité, l'"opinion publique" se forme. "On ne révolutionne pas un pays par la paix". C'est pourquoi la guerre, sous la direction des puissances financières, est une étape vers une règle supérieure.

En 1859, Ensentin écrit dans une lettre :

> "G, qui croit toujours à la guerre, a fait une visite dont il est revenu plein d'espoir. Toujours croire à la guerre. Je pense que Rothschild et Pereira payent ce qu'ils peuvent et que c'est cela qui a fait renaître l'espoir en lui".[283]

Déjà en 1852, Eckert[284] disait dans la conclusion de l'un de ses ouvrages :

> "L'Ordre maçonnique est une conspiration contre l'autel, le trône et la propriété dans le but d'établir un empire socialiste et théocratique de l'Ordre sur le monde entier, avec le siège du gouvernement à la Nouvelle Jérusalem". [285] Cela s'est littéralement réalisé et la Nouvelle Jérusalem est même en cours de construction ! Guerre mondiale, révolution mondiale, république mondiale, cela valait la peine de réaliser ce plan, le

---

[283] Œuvres de S. Simon et d'Enfantin, [Paris, 1865-1878] [Claude Henri de Rouvroy, comte de Saint-Simon (1760-1825) était un aristocrate français qui proposa un système de socialisme technocratique] [Barthélmy Prosper Enfantin (1796-1894) fut l'un des leaders du mouvement socialiste initié par le comte Saint-Simon]. [Barthélmy Prosper Enfantin (1796-1894) fut l'un des chefs de file du mouvement socialiste initié par le comte de Saint-Simon].

[284] [Voir ci-dessus p.109]

[285] L'ordre de la liberté dans son importance historique, p.361

but tant désiré se trouve à la porte. Il n'y a qu'un problème de prestige de certaines personnalités et des questions de discipline au sein du complot mondial. Les conditions préalables sont réunies, les résultats suivront. Le cardinal Manning a prophétisé avec une remarquable acuité dans un discours prononcé à Londres le 1er octobre 1877 : "Il y a quelque chose au-dessus et derrière les empereurs et les princes ; cela, plus puissant qu'eux tous, se fera sentir quand le moment sera venu. Le jour où toutes les armées de l'Europe seront engagées dans un conflit gigantesque, alors, ce jour-là, la révolution qui travaille aujourd'hui secrètement et souterrainement jugera le moment favorable pour se dévoiler. Ce que l'on a vu tout à l'heure à Paris, on l'aura à nouveau sous les yeux dans toute l'Europe".

L'œuvre longtemps chérie réussit enfin à voir l'Allemagne encerclée et vaincue aux mains de la franc-maçonnerie. L'Italie fut entraînée dans la guerre non seulement par les forces nationales mais aussi par l'activité de l'ancien précepteur du roi et plus tard ministre de la guerre, Ottolenghi (Ottenheimer)[286] et du Grand Maître Ernesto Nathan[287] et de Sonnino.[288] Lorsque ce dernier devient ministre des Affaires étrangères, l'attitude de l'Italie est claire. Le roi de Grèce est soumis à l'influence du frère Venizelos et à la menace du frère Jonnart (le délégué français). Athènes sera mise en pièces. La même chose est arrivée à la Roumanie ; l'Amérique du Nord a mis en place des finances incommensurables seulement lorsque les puissances obscures

---

[286] [Giuseppe Ottolenghi (1838-1904) était un général juif italien, ministre de la Guerre de 1902 à 1903].

[287] [Ernesto Nathan (1848-1921) était un homme politique juif anglo-italien qui fut maire de Rome de 1907 à 1913. Il fut nommé Grand Maître de la Grande Oriente d'Italie en 1899, ainsi qu'en 1917].

[288] [Le baron Sidney Sonnino (1847-1922) était un homme politique juif italien qui a été Premier ministre en 1906, puis en 1909. En 1914, en tant que ministre des affaires étrangères, il rejoint les forces alliées, après quoi la guerre est déclarée à l'Autriche-Hongrie en 1915].

derrière Baruch[289] et ses camarades ont préparé tout ce qui était nécessaire pour attaquer à une occasion opportune.

Or, tous les Juifs financièrement puissants d'Amérique qu'Oscar Strauss, lui-même hébreu,[290] dirige fièrement, se tenaient à la disposition de la conduite de cette guerre ; c'étaient les banquiers G. Blumenthal, E. Meyer, Isaak Seligmann, W. Salomon, Philipp Lehmann (sans parler de Loeb, Schiff, Kahn, etc.) ; les grands industriels A. Lewisohn, D. Guggenheim ; les rabbins Wise, Lyons, Philipson ; les professeurs R. Gottheil, Holländer, Wiener ; les journalistes Franklin, Stransky, Beer, Frankfurter, etc. Strauss déclare à la fin de sa lettre (à l'ambassadeur de France) qu'il est "enthousiaste" pour l'Entente et que l'état d'esprit des Juifs pour l'Alliance (l'Entente) peut être décrit comme presque unanime. Si, au début, les Juifs n'étaient pas encore totalement unis, la fraternisation devint néanmoins totale lorsque les Juifs "allemands" d'Amérique se joignirent à l'Entente.

Au début de l'année 1918, la nouvelle est tombée, accompagnée par les voix triomphantes de la presse anglaise et française, que tous les Allemands d'Amérique s'étaient rangés du côté de l'Entente afin de lutter pour l'humanité contre le militarisme

---

[289] [Bernard Baruch (1870-1965) était un financier et spéculateur juif américain qui a conseillé les présidents Wilson et Roosevelt].

[290] [Oscar Strauss (1850-1926) a été secrétaire américain au commerce et au travail de 1906 à 1909 et ambassadeur auprès de l'Empire ottoman de 1909 à 1910].

prussien. On ne pouvait pas le croire avant de voir les signatures sur la résolution : Schiff,[291] Kohn, Kahn.[292]

L'"enthousiasme" dont parlait Oscar Strauss peut être doublement compris si l'on imagine le discours du Juif américain Isaac Markussohn qu'il prononça en réponse à une allocution de Lord Northcliffe.[293] L'honorable Isaac a dit textuellement "La guerre est une gigantesque entreprise commerciale dans laquelle le plus beau n'est pas l'héroïsme des soldats mais l'organisation des affaires, et l'Amérique est fière de la situation commerciale favorable dont elle jouit".[294] C'est avec cet "enthousiasme" que l'Amérique est entrée en guerre pour l'idéal de l'humanité, couvert par les mensonges de vains démagogues. Puis d'autres États ont suivi l'enthousiasme de l'Amérique. Je n'ai pas la compétence pour porter un jugement sur les racines et les motivations certainement multiples de la guerre mondiale, mais une racine me semble indéniable : la conspiration mondiale menée systématiquement par une finance juive incommensurable, dissimulée par des associations secrètes, exploitant les aspirations nationalistes des peuples avec une ruse satanique, en vue de la consolidation d'un empire mondial.

---

[291] [Jacob Schiff (1847-1920) était un banquier juif allemand qui a émigré aux États-Unis en 1865. Il rejoint la société d'Abraham Kuhn, Kuhn, Loeb and Co, en 1875.

[292] Je n'ai pas pu vérifier s'il s'agissait du même F. Kohn qui a déclaré publiquement le 19 février 1918 à New York que "tous les Allemands" souhaitaient la victoire de l'Entente. [Otto Kahn (1867-1934) était un banquier d'affaires juif allemand qui quitta l'Allemagne pour l'Angleterre, puis pour les États-Unis, où il rejoignit la société Kuhn, Loeb and Co. à New York].

[293] [Alfred Harmsworth, vicomte Northcliffe (1865-1922), magnat britannique de la presse et de l'édition, a mené une campagne de propagande virulente contre les Allemands pendant la Première Guerre mondiale].

[294] Bureau d'information, Rotterdam, 13 mars 1917. Heise, op.cit. p.162.

La colonie juive allemande ne pouvait ignorer tout cela, mais il est certain qu'une grande partie des Juifs allemands, en particulier les riches, pensaient qu'un affaiblissement de l'Allemagne suffirait à assurer leur pouvoir pour toujours ; l'autre partie, qui n'avait pas à tenir compte des pertes financières personnelles, laissait libre cours à sa haine des Allemands parmi les meilleurs de l'Entente et leurs complices, et, après un succès suffisant des activités subversives, poignardait l'armée allemande dans le dos et, non contente de cela, se mettait, avec l'aide de la finance juive moscovite (Joffe, Radek-Sobelsohn), à la tête de l'anarchie dans tous les pays allemands et empêchait que l'on prenne des mesures à leur encontre. C'est le cas de Luxemburg, Levien, Mühsam, Leviné, Haase, Cohn, etc.

Ce qui sépare les Juifs "démocratiques" des Juifs "révolutionnaires", ce sont des questions de tactique et d'égoïsme personnel ; leur but est le même, c'est-à-dire la domination juive en Allemagne. Pour l'Allemand, il pouvait être indifférent que l'étroitesse soit progressivement aspirée de ses os ou qu'il soit livré immédiatement à l'anarchie.

Cette dernière fut le cas dans de nombreux endroits et ouvrit les yeux de beaucoup d'Allemands sur la nature de l'activité juive, à propos de laquelle les "démocrates" — dont parlait M. Frank Cohn à New York — ceux-là mêmes qui influencèrent le destin de l'Allemagne de la manière la plus décisive, jusqu'en 1933, furent, dans une certaine mesure, choqués. En effet, si les yeux de Michael s'ouvraient complètement, la *"furor teutonicus"* pourrait peut-être être dirigée, non plus contre les "pangermanistes", les "militaristes", etc., mais contre l'esprit étranger qui prétendait diriger le destin allemand. (Cette prise de conscience s'est faite en Allemagne sous l'impulsion d'Adolf Hitler).

Après l'annonce des "conditions de paix", on a soudain entendu des tonalités patriotiques dans la bouche des hommes d'État juifs-allemands, et les feuilles de la forêt des journaux juifs ont murmuré un chant de la patrie. Cette "indignation" ne me semble pas appropriée ; en effet, nos Juifs ne pouvaient guère exiger que les régions situées au-delà de la Manche et du grand étang mettent un frein à leur haine et aient de la considération pour eux, alors que l'armée allemande, par ses victoires légendaires, aurait presque eu raison des calculs les plus astucieux, fruit d'un long travail.

Warburg, "bien connu à Paris", et M. Melchior semblent avoir su, selon le célèbre modèle d'autrefois, protéger avec succès les leurs à Versailles et laisser généreusement le royaume des cieux à l'Allemand pour qu'il le cultive.[295]

Le Sionisme

Dans l'ensemble de la question juive internationale, il y a un facteur qui a pris de plus en plus d'importance, surtout au cours de la guerre, c'est le sionisme. Dès les dernières décennies du siècle 19ème, des cercles juifs ont envisagé de transférer l'argent de leurs expatriés pour s'installer en Palestine.

C'est ainsi qu'un certain nombre de Juifs sont retournés dans leur ancienne "patrie". Mais cet effort est resté sans succès malgré les millions de fonds de Sion collectés. Car les Juifs ne travaillaient pas en Palestine, mais paressaient ou marchandaient comme d'habitude.[296]

Les parcelles reçues ayant augmenté de prix, les spéculateurs fonciers se mirent à l'œuvre, les colons vendirent avantageusement leurs terres et retournèrent en Europe. Les

---

[295] Toute la construction ultérieure de la République de Novembre a confirmé ce point de vue. [La République de Weimar, qui a remplacé le gouvernement impérial, a été établie à Weimar en novembre 1919 et a duré jusqu'à l'accession d'Hitler au pouvoir en 1933].

[296] Cf. W. Rubens, Das Talmudjudentum, Berlin, 1893, p.69.

choses en sont là lorsque Théodore Herzl apparaît comme le prédicateur du sionisme politique.

Son énergie réussit à intéresser d'autres cercles à l'État juif qui devait être construit, après quoi il résuma son programme en 1897 lors du premier congrès à Bâle en disant qu'une "patrie garantie par le droit public pour le peuple juif en Palestine" devait être créée. Peu après, sous l'impulsion du professeur Schapira de Heidelberg,[297], un Fonds national juif est créé. Le propriétaire d'une terre acquise par son intermédiaire n'est désormais plus un colon, mais seulement un locataire ; la spéculation foncière est ainsi supprimée et les agriculteurs, malgré un soutien financier important, sont néanmoins contraints de travailler, qu'ils le veuillent ou non.

Le plus important, c'est que les Juifs ont été expressément désignés comme une nation dans le programme sioniste. Certes, ils l'ont toujours été, et de manière particulièrement caractéristique, mais comme ils étaient en même temps citoyens de tous les États, ils ont jugé bon de ne pas mettre en avant leur conscience nationale. En effet, lorsque de nouvelles machinations désagréables étaient découvertes, ils s'abritaient toujours derrière le "citoyen de l'État" ou la "communauté religieuse" et rejetaient l'appartenance gênante à la race juive.

C'était le principe séculaire ; si un Juif avait acquis ne serait-ce qu'un petit revenu, ses camarades juifs l'exagéraient démesurément en le qualifiant de vertu juive, mais si l'on remontait jusqu'à la tricherie de masse juive (comme aujourd'hui), on disait que les Juifs ne pouvaient pas être rendus responsables, qu'ils devaient être perçus comme des citoyens de

---

[297] [Zvi Hermann Schapira (1840-1898) était un sioniste qui a travaillé comme professeur assistant de mathématiques à l'université de Heildelberg à partir de 1887. En 1884, il a suggéré l'idée de créer un Fonds national juif pour acquérir des terres en Palestine].

l'État, comme des membres religieux, mais pas comme une nation homogène.

Tous les peuples honnêtes sont tombés dans ce piège, en soi sans fondement : en tant que citoyen de l'État, un Juif pouvait faire tout ce qu'il n'aurait pas pu faire en tant que Juif.

Il est donc compréhensible que cette mise en avant publique du point de vue national soit parfois douloureuse pour de nombreux Juifs, qu'ils soient assimilés ou orthodoxes, et qu'ils envisagent l'émergence de lois pour les étrangers.

Le rabbin Blumenfeld déclare en effet : "Les tentatives de dénationalisation du XIXe siècle n'ont abouti qu'à un masquage par lequel les non-Juifs ne se sont pas laissés tromper",[298] mais ce n'est pas exact, car de nombreuses personnes innocentes ont cru à l'amalgame des Juifs dans l'État allemand et la conscience nationale.

D'autre part, le Juif F. Theilhaber a peut-être raison lorsque, à la fin d'un ouvrage, il exprime l'opinion, en caractères gras, que : "Même les leaders et les champions de la compréhension purement religieuse du judaïsme sentent instinctivement que même les facteurs qui sont indifférents au côté religieux du judaïsme et tous les intérêts politiques, économiques et éthiques de leur environnement sont étroitement liés à la société juive par le biais du facteur physique".[299]

A. Brünn a déclaré lors de la réunion de l'"Association centrale des citoyens allemands de confession juive", derrière laquelle les Juifs se cachent à chaque occasion en tant que "religion", que les

---

[298] *Der Zionismus*, Berlin, 1913, p.9.

[299] Der Untergang der deutschen Juden, Munich, 1911, p.102. [Felix Theilhaber (1884-1956) était un dermatologue et écrivain juif qui s'est réfugié en 1935 en Palestine].

Juifs allemands ne peuvent pas "avoir un sentiment national allemand" et plus loin :

> "Par conscience nationale juive, j'entends la conscience vivante d'une origine commune, le sentiment d'appartenance des Juifs de tous les pays et la ferme volonté d'un avenir commun".[300]

Il serait trop long d'illustrer tout cela plus en détail ; laissons la déclaration de l'un des sionistes les plus influents, le Dr Weizmann, suffire :

> "L'existence de la nation juive est un fait et non une question à débattre".

Cette constatation n'est nullement une plainte, comme beaucoup le croient, mais la constatation que les juifs doivent être considérés comme une nation, qu'ils sont solidement liés par des associations mondiales ("Alliance israélite", "Anglo-Jewish Association", "Jewish Congregation Union", "Agudas Israel"), qu'ils ont par conséquent des intérêts communs et que, grâce aux immenses moyens dont ils disposent, ils peuvent également les réaliser. Aucun homme, même partiellement honnête, ne peut plus contourner ce fait ; mais il en découle inexorablement que le Juif ne peut être un citoyen d'État, dans aucun État.

Lorsque la guerre éclate, les sionistes se retrouvent eux aussi dans deux camps hostiles. Il est possible qu'une partie des Juifs allemands ait d'abord considéré que la guerre était menée contre le gouvernement russe antijuif, que les sionistes aient réellement cru pouvoir aligner leurs intérêts sur ceux de la politique orientale allemande, mais l'impossibilité de ce point de vue est apparue de plus en plus clairement.

---

[300] Rapport du journal Im deutschen Reich, juillet/août 1913.

Un Allemand, Lazar Pinkus, [301] a osé exprimer cette reconnaissance dans les termes suivants :

> "Une communauté juive en Palestine ne peut devenir le point central des intérêts *allemands* à l'Est. Le fort sentiment national du peuple juif garantit l'exclusion totale des intérêts particuliers étrangers".

La Turquie étant désormais l'alliée de l'Allemagne, les sionistes ne pouvaient pas exprimer haut et fort leur souhait d'un partage de la Palestine, mais devaient se contenter d'obtenir des droits de colonisation raisonnables ou d'écarter d'abord la question des objectifs de guerre pour la remettre sur le tapis avec plus de vigueur par la suite.

Tous les hommes d'État juifs susmentionnés ont soutenu l'empire mondial anglais en tant que saint patron de la juiverie. Ces derniers souhaitent s'appuyer sur un État fort qui représente une puissance à l'Est suffisamment forte pour y assurer, pour les Juifs, un maximum de sécurité nationale.

L'Angleterre possédait alors l'Égypte, l'Inde, des bases dans le golfe Persique, et il ne lui manquait qu'une liaison terrestre entre ces pays, et là, la Palestine était parfaitement positionnée en tant que maillon d'une chaîne. La Turquie était en outre l'ennemi, et promettre sa terre au peuple juif en tant que territoire d'État signifiait s'attirer sa sympathie.

Les Juifs et les Anglais l'ont de plus en plus compris et la déclaration de Théodore Herzl, homme au sang chaud et en même temps politicien à la tête froide, s'est concrétisée :

---

[301] Vor der Gründung des Judenstaates, Zurich, 1918, p.33. [Lazar Pinkus (1881-1947) était un banquier et écrivain juif].

"L'Angleterre, l'Angleterre puissante et libre, qui embrasse le monde de son regard, nous comprendra et comprendra nos aspirations. Avec l'Angleterre comme point de départ, nous pouvons être certains que l'idée sioniste sera puissante et s'élèvera plus haut que jamais".

En Angleterre, le Dr Weizmann, Nahum Sokolow, [302] H. Samuel,[303] S. et W. Rothschild [304] ont été les promoteurs les plus enthousiastes de l'idée : les sionistes ont voyagé de pays en pays et partout un soutien leur a été promis. Bien sûr, de nombreuses associations juives s'opposent, pour les raisons susmentionnées, à l'aspect national-politique du programme, mais la lettre ouverte de Rothschild, dans laquelle il déclare ne pas comprendre comment cela pourrait nuire puisqu'il est évident que leurs droits doivent rester garantis aux Juifs dans tous les pays, ainsi que la lettre de Lord Balfour à Rothschild, amènent de nouveaux adeptes au sionisme.

Cette lettre mémorable est la suivante :

"Le gouvernement de Sa Majesté considère favorablement l'établissement en Palestine d'un foyer national pour le peuple juif et fera tout son possible pour faciliter la réalisation de cet objectif, étant clairement entendu que rien ne sera fait qui puisse porter atteinte aux droits civils et religieux des communautés non

---

[302] [Nahum Sokolow (1859-1936) était un dirigeant sioniste polonais qui a vécu en Angleterre pendant la Première Guerre mondiale. Il était partisan de la déclaration Balfour de 1917 et a été président du Congrès sioniste mondial de 1931 à 1935, date à laquelle Chaïm Weizmann lui a succédé].

[303] [Herbert Louis, Vicomte Samuel (1870-1936) était un homme politique juif britannique qui fut nommé Haut-Commissaire de Palestine de 1920 à 1925].

[304] [Lionel Walter, baron Rothschild (1868-1937), banquier et zoologiste, était un ami de Chaïm Weizmann et a contribué à la rédaction de la déclaration de création d'un foyer juif en Palestine. La lettre adressée par le secrétaire d'État britannique Arthur Balfour à Walter Rothschild en novembre 1917 pour lui faire part de l'appui du gouvernement britannique à ce projet est connue sous le nom de "déclaration Balfour"].

juives existant en Palestine, ou aux droits et au statut politique dont jouissent les juifs dans tout autre pays".[305]

En Russie, la révolution éclate en mars 1917 et le comité central des sionistes s'adresse à l'ambassadeur anglais Buchanan en lui présentant l'allocution suivante, dans laquelle figure le paragraphe significatif suivant :

> "Nous considérons comme un coup du sort particulièrement heureux qu'en ce moment historique mondial, les intérêts de la nation juive soient identiques à ceux de la nation britannique".

Il n'était donc pas question des intérêts de l'État russe. Le gouvernement russe a dû avaler tout cela, il était sous la tutelle de l'Entente. Le cœur des sionistes allemands, qui, selon Lazar Pinkus,[306] ont soutenu toute la guerre avec enthousiasme en versant de l'argent par l'intermédiaire de l'association générale, a battu la chamade lorsque la déclaration Balfour a été rendue publique. La *Jüdische Rundschau* écrivait le 10 septembre 1917 : "Cette déclaration du gouvernement anglais est un événement d'une portée extraordinaire", et le 26 novembre 1917 :

> "Le fait que l'Angleterre ait pris une décision aussi claire en faveur de la reconnaissance des revendications juives en Palestine doit susciter une réelle satisfaction dans tous les cercles juifs sérieux à l'intérieur et à l'extérieur de l'Allemagne".

Le 16 novembre 1917, le *Lemberger tageblatt* parle de la "victoire diplomatique du sionisme", de sa sympathie pour l'Angleterre, etc.[307]

---

[305] 2 novembre 1917. J'ai examiné plus en détail les différents problèmes dans mon ouvrage *Der staatsfeindliche Zionismus* [1922]

[306] *Pour la reconnaissance du Judenstaates.*

[307] Pinkus, op.cit. p.29

Commence alors une activité centrée sur Canaan, mais les offres de la Turquie ne sont pas à la hauteur du prix fixé par l'Angleterre ; cependant, les sionistes allemands, qui ne peuvent pas tout exiger ouvertement, manœuvrent de part et d'autre, mais l'Empire allemand n'est pas si impuissant qu'on puisse remettre une lettre de remerciement à Lord Balfour comme on aurait pu se permettre de le faire impunément à l'égard de Buchanan en Russie.

Quoi qu'il en soit, nous assistons à un drame tragicomique : le gouvernement d'une nation de 70 millions d'habitants s'empresse de prendre en considération les souhaits d'une minuscule nation qui vit en son sein, et non l'inverse ; et ils ont ensuite osé parler de "citoyens de la foi mosaïque" !

En effet, lorsque les Anglais ont conquis Jérusalem, la liesse n'a pas cessé. Le *Jewish World*, organe des quatre associations juives mondiales précitées, écrit :

> "La chute de Jérusalem et la déclaration gouvernementale (de Lord Balfour) ont fait de l'Angleterre la plus grande puissance sur terre".[308] Le congrès géant d'Amérique exprime la même joie et Nathan Strauss explique que l'Angleterre a réalisé tous les souhaits du peuple juif".[309]

On aurait pu penser que, puisque l'ensemble du monde juif s'était déclaré pour l'Angleterre, le comité juif allemand devait être dissous ou devait (en tant que citoyens allemands) rompre ouvertement et définitivement avec le groupe anglais, mais rien de tel ne s'est produit.

Mais pour les gens d'au-delà des frontières, le silence temporaire ou les manœuvres n'ont pas suffi, les sionistes allemands ont été

---

[308] Pinkus, op.cit.

[309] Heise, op.cit. p.68.

accusés de poursuivre des "intérêts patriotiques allemands", de permettre une "assimilation juive traîtresse" en Allemagne, etc.[310] et l'un des nombreux Juifs allemands, le déjà cité Pinkus, qui ne se sentait pas à l'aise dans sa peau allemande, s'est levé pour proclamer : "Nous, les sionistes, ne pouvons pas avoir peur du fait que l'offensive germano-turque pourrait chasser à nouveau l'armée anglaise des montagnes de Judée : "Nous, sionistes, ne pouvons pas être effrayés par le fait que l'offensive germano-turque puisse à nouveau chasser l'armée anglaise des montagnes de Judée. C'est possible ! Un seul cri d'indignation traversera alors les millions du peuple juif et ne s'arrêtera pas devant les frontières des Puissances Centrales et de la Turquie".[311]

En effet, l'homme devait savoir ! Un autre citoyen de l'État "allemand", le prophète du "futur" Isidor Witkowsky,[312] l'a secondé avec empressement :

> "Pour des millions de pauvres, pour des centaines de milliers de juifs bénéficiant de droits de propriété avancés, la déclaration de Balfour avait les accents lumineux d'un message messianique longtemps attendu : le jour où la Grande-Bretagne a pris la décision de déployer l'ensemble de sa puissance impériale pour la cause juive reste un jour qui ne peut être effacé de l'histoire du monde".

Les pogroms ayant commencé dans de nombreux États, le Congrès sioniste de Londres décida de rendre tous les États où ils avaient lieu légalement responsables de tous les préjudices et de faire verser des aides financières aux victimes survivantes de ces persécutions. Le gouvernement impérial "allemand" qui, dans le cadre de la préparation du Congrès de la Paix, s'est particulièrement préoccupé de la question juive, a naturellement

---

[310] Brochure de l'Association Théodore Herzl, Zurich.

[311] Pinkus, op.cit. p.56.

[312] (Voir ci-dessus p.96.)

décidé de renoncer à son propre point de vue et a accepté pleinement les statuts du Congrès juif de Londres. Comment aurait-on pu agir autrement puisque les dirigeants, Landsberg et Preuss, étaient eux-mêmes de la tribu de Juda !

Mais le comble de la tragicomédie allemande, c'est que dans la délégation censée représenter les intérêts allemands à Versailles, il y avait un leader de la juiverie, M. Melchior. Les Allemands savaient-ils ce que cela signifiait ? En vérité, la lettre d'hommage des Juifs russes était relativement inoffensive par rapport à ce fait.

L'Empire allemand et l'honneur allemand en sont arrivés là et le pire, c'est que de nombreuses personnes apparemment honnêtes n'ont pas ressenti tout cela comme effrayant. Mais lentement, dans d'autres têtes, la prise de conscience exprimée avec force par Martin Luther commence à poindre : "Sachez et ne doutez pas qu'à côté du Diable, vous n'avez pas d'ennemi plus amer et plus venimeux que le Juif". (En 1930, les Arabes se sont soulevés contre les Juifs qui affluaient en Palestine sous la protection de l'Angleterre. Pour les protéger, il fallut mobiliser dix mille soldats britanniques).

La révolution judéo-russe !

> "La pensée évidente ne vous vient-elle pas à l'esprit que si vous donnez aux Juifs, qui sont, indépendamment de vous, citoyens d'un État plus fort et plus puissant que tous les vôtres, la citoyenneté de vos États, vos autres citoyens seront entièrement sous leurs pieds ?"

Par ces paroles d'avertissement, fondées sur une profonde connaissance historique, Fichte s'adresse à la nation allemande il y a cent ans.[313] Ces paroles ont été prononcées au vent, sans avoir

---

[313] *Les Reden an die deutsche Nation* (1808) de Ficht s'appuient sur des conférences qu'il a données à partir de 1807 à Berlin et qui encourageaient le développement du sentiment national allemand et espéraient un État national

la moindre idée du pouvoir que représente une race fermée sur elle-même ; déguisé en phrases sur l'égalité des hommes, le dogme de la tolérance sans limites a triomphé dans tous les parlements.

La tolérance à l'égard de l'étranger, de l'ennemi, était considérée comme un accomplissement de l'humanité supérieure et n'était pourtant, comme nous l'enseigne l'histoire du XIXe siècle et du présent, qu'un abandon de plus en plus grand de nous-mêmes.

L'Européen crédule a écouté ces tentations, qui ont émergé sous les mots séduisants de liberté, d'égalité, de fraternité, et les fruits de la subversion sont aujourd'hui exposés au grand jour. Les fruits de la subversion sont aujourd'hui à nu, si bien que même l'homme le plus arriéré, qui n'a aucune idée des liens historiques nécessaires, doit se rendre compte qu'il a accordé sa confiance à des dirigeants rusés et éloquents qui n'avaient pas en vue son bien-être, mais la destruction de toute la civilisation qu'il avait durement acquise. La preuve de ce qui est devenu une réalité sanglante nous est donnée par la révolution russe, sur le déroulement de laquelle les journaux libéraux ou juifs gardent un silence qui contraste remarquablement avec leurs autres agitations ; les journaux de droite, cependant, pendant la guerre, ont supprimé des données qui parlaient un langage aussi clair afin de préserver le front intérieur. L'avertissement est arrivé trop tard pour eux : même en Allemagne, les Juifs étaient les chefs de file des idées anti-allemandes.

Venons-en aux faits de la révolte russe. Il ne fait aucun doute que l'ensemble du peuple russe aspirait à la fin du régime tsariste. Celui qui est issu de cette forme de gouvernement doit reconnaître que le mouvement d'affirmation de soi dans les domaines économique, communautaire et intellectuel a été contrecarré à de

---

allemand qui s'inscrirait dans la tradition du Saint Empire romain germanique et libèrerait les Allemands de l'occupation française.

nombreuses reprises et que le pouvoir d'une bureaucratie corrompue était oppressif.

Ainsi, toute la Russie s'est sentie comme libérée d'un cauchemar lorsque la nouvelle du renversement du tsar a couru de la mer Baltique à l'océan Pacifique. La conscience étouffée du citoyen d'État a émergé partout avec une force que l'on n'aurait jamais cru possible et les dirigeants ont cru qu'ils avaient toutes les raisons d'envisager l'avenir avec optimisme et d'espérer pouvoir résoudre de manière pacifique les questions étroitement enchevêtrées. Mais très vite, des forces centrifuges sont entrées en jeu sous la forme de conseils de soldats.

Ces conseils de soldats, qui se sont développés dans toutes les villes, étaient, même s'ils étaient préparés longtemps à l'avance, d'une nature véritablement spontanée dans leur combinaison. Dans la confusion des circonstances, des intrigants rusés ont pu s'introduire très rapidement et, grâce à leur talent démagogique, gagner les ouvriers à leurs desseins, comme fidèles gardes du corps et plus tard comme béliers du renversement. Le chef du conseil décisif des ouvriers et des soldats de Pétersbourg était au début un ancien membre de la Douma, Chkheidze, de Grusina. [314]

Il appartenait à l'aile modérée de la social-démocratie, s'abstenait toujours d'exigences démesurées et irréalisables, mais, par l'intermédiaire de son gouvernement parallèle, il jetait l'un après l'autre des bâtons dans les roues du gouvernement qui, au sens national russe, exigeait toujours la nécessaire défense du pays et la guerre. Rapidement, cependant, des forces centrifuges

---

[314] [Nikolai Chkheidze (1864-1926) était un aristocrate géorgien qui a représenté les sociaux-démocrates géorgiens à la Douma russe de 1907 à 1916 et a soutenu les mencheviks contre les bolcheviks].

commencèrent à agir. Un bolchevik nommé Stelov, [315], personnalité tout à fait inconnue, apparaît soudain comme président du Conseil de Pétersbourg. Comme il n'était pas rare à l'époque que des personnes que l'on ne connaissait que par leur nom de code se présentent au gouvernement, Steklov reçut l'ordre de montrer son laissez-passer. Ce laissez-passer s'appelait Nakhamkes ! Son porteur était, ce dont personne n'avait jamais douté, un Juif.

Nakhamkes, personnalité incontestable, mène une politique démagogique d'un genre particulier et appelle à la paix et à la liberté, promet de l'aide à ses frères allemands, du pain et un retour heureux à la maison après toutes les épreuves de la guerre.

Les soldats avaient tous juré en mars 1917 de mener la guerre jusqu'à la fin victorieuse et l'humeur générale n'était pas, même plus tard, à la découragement. Prenant acte de cet état d'esprit et afin de s'impliquer dans tous les partis, différents Juifs russes qui affluaient de toutes les parties du monde se posèrent en modérés apparents et devinrent les chefs des partis les moins frénétiques — ainsi Kogan-Bernstein,[316] Lieber,[317] Dan[318] devinrent les chefs des mencheviks (comme les socialistes majoritaires allemands)[319]. Mais d'un autre côté, ils empêchent à chaque fois le gouvernement d'intervenir contre les machinations de plus en plus fortes des bolcheviks. Le cœur de ce courant est

---

[315] [Yuri Steklov (né Ovshey Nakhamkes) (1873-1941) était un bolchevik juif qui a été arrêté pendant la grande purge de Staline en 1937/8 et est mort en prison].

[316] [M. I. Kogan-Bernstein]

[317] [Mark Lieber]

[318] [Fedor Dan]

[319] [Le Mehrheitssozialdemokratische Partei Deutschlands (MSPD) était le nom officieux du Sozialdemokratische Partei Deutschlands (SPD) entre 1917 et 1922 sous la direction de F. Ebert et P. Scheidemann].

incontestablement le juif Leo Bronstein (Trotsky). Ayant déjà participé activement à la révolution de 1905, il s'enfuit à l'étranger, vit en Espagne en tant que correspondant du journal socialiste *Djenj*, se rend à New York, où il apparaît dans les banlieues comme un prédicateur communiste. Immédiatement après le déclenchement de la révolution russe, il se rend en Russie et devient rapidement une force motrice du bolchevisme destructeur.

C'est là que le Kalmuck Tartare Lénine (Uljanow) s'est battu en tant que leader. Tout ce qui peut apparaître dans le bolchevisme comme une idée vient de sa tête. La confiance de tant de travailleurs russes, et non des pires, lui a été accordée. Ses premières connaissances le décrivent comme un homme qui vivait entièrement dans le cercle étroit de ses dogmes et qui était immuable jusqu'au primitivisme. Le troisième de la direction tricéphale était le Juif Zinoviev,[320], futur président de l'Internationale de Moscou en 1919. Grâce à la démagogie et à l'absence de scrupules de Trotsky et de Zinoviev, le bolchevisme devint une entreprise essentiellement juive.

Il ne fait aucun doute que le bolchevisme russe était, et est toujours, un bolchevisme. De 1917 à janvier 1918, j'ai voyagé de Pétersbourg à la Crimée et je dois affirmer (je peux exclure toute coïncidence) que là où les bolcheviks sont apparus, dans les universités, les réunions de rue, les conseils ouvriers, 90 sur 100 étaient juifs. En outre, je les ai rencontrés en Crimée (la Crimée était occupée par eux), dans des hôpitaux militaires, avec le journal *Pravda* (l'organe bolcheviste) sous le bras, et de nombreuses informations n'ont révélé pratiquement rien d'autre

---

[320] [Gregori Zinoviev (né Ovsei-Gershon Apfelbaum) (1883-1936) était un bolchevik juif qui, avec Kamenev, a d'abord soutenu Staline contre Trotski, bien qu'après 1926, ils aient soutenu Trotski contre Staline. Zinoviev et Kamenev furent finalement arrêtés en décembre 1934 pour complicité dans le meurtre du dirigeant du parti communiste de Leningrad, Sergei Kirov, et exécutés].

que des forces juives de subversion. Malgré tout, je n'aurais pas le droit de considérer ces expériences personnelles comme caractéristiques du mouvement bolcheviste si les faits qui en découlent n'exprimaient pas la même chose.

En Allemagne, on commet l'erreur de considérer le bolchevisme comme une nécessité russe. Il est compréhensible que, lorsqu'on enlève une entrave, les mouvements réprimés se manifestent avec une force redoublée. C'est peut-être vrai dans de nombreux cas. Mais en général, on doit dire qu'il n'y avait pas de nécessité préalable au massacre qui a suivi — à moins que la pensée tolstoïenne authentiquement russe, selon laquelle il ne faut pas s'opposer aux méchants, n'ait entraîné ses conséquences.

Outre le gouvernement parallèle des conseils ouvriers de Pétersbourg, une république distincte de marins s'était formée à Cronstadt. Elle ne reconnaissait aucune loi au-dessus d'elle, le gouvernement faible traitait les mutins comme une puissance ayant des droits égaux, et c'est ainsi qu'en juin 1917, plusieurs milliers de marins, incités et dirigés par un étudiant juif de l'école polytechnique de Riga, le tristement célèbre Roschal, ont remonté la Neva pour renverser le gouvernement. Le coup d'État échoue et les principaux dirigeants, Bronstein (Trotski), Rosenfeld (Kamenev),[321] Nachamkes (tous juifs) sont emprisonnés. Mais ce n'est pas pour longtemps. Grâce à l'énergie de Lieber, ils sont bientôt libérés, la revendication aboutissant au nom de la liberté, les bolcheviks ne s'étant en effet battus que pour leurs idéaux et cette foi devant être respectée. D'où il ressort qu'il est bon de laisser ses frères agir dans plusieurs partis.

---

[321] [Lev Kamenev (né Rosenfeld) (1883-1936) était un révolutionnaire bolchevique qui a été vice-président du Conseil des commissaires du peuple sous la direction de Lénine en 1918 et qui était marié à Olga, la sœur de Trotski (voir également la note ci-dessus)].

Kerensky, le nouveau premier ministre, ne peut sauver la situation. On a beaucoup écrit sur sa personnalité, beaucoup en Allemagne ont vu en lui un juif,[322] d'autres un impérialiste russe, le troisième groupe un nouvel idéaliste pur. L'image que le professeur Freytagh Loringhoven [323] donne de Kerensky est certainement la plus proche de la vérité. Kerensky était un homme comme des milliers de Russes. Son père était directeur d'un lycée, sa mère (soi-disant) la fille d'un général. Il était donc issu du cercle de l'intelligentsia et était un représentant typique d'une grande catégorie au sein de celle-ci. Celui qui connaît l'*Idiot* de Dostoïevski trouve dans le prince Mychkine une image étonnante de lui (bien qu'après avoir supprimé son trait mystico-génial), tantôt timide, tantôt enflammé d'idéalisme, puis oratoirement vaniteux, puis mégalomane, titubant entre deux principes. De même que Mychkine ne sait pas laquelle des deux femmes il aime, de même Kerensky ne sait pas s'il doit suivre sa doctrine marxiste ou un sentiment national. Après des manœuvres plus qu'ambiguës, il s'est finalement jeté dans une position où une gloire bon marché en tant qu'orateur l'attendait. Tous ses discours hystériques n'arrêtent cependant pas la démoralisation ; en octobre 1917, un congrès de soldats se tient qui, passant par-dessus la tête du gouvernement, ordonne à l'armée de déposer les armes.

L'histoire de ce congrès est extrêmement instructive. Toutes les questions d'ordre social et politique devaient y être discutées,

---

[322] Dans son livre Zertrümmert die Götzen, le Dr Eberle nous informe que, selon la Jüdische Rundschau de Varsovie, Kerensky est issu d'une famille juive de Vilna ; son père a émigré en Amérique ; selon le Volkstem, sa mère est née Adler. J'ai lu de nombreuses biographies de Kerensky et je n'y ai rien trouvé de tel. [Joseph Eberle (1884-1947) était un écrivain catholique conservateur allemand qui s'est installé en Autriche en 1916, où il a publié un journal intitulé "Schönere zukunft". Malgré son antisémitisme, il fut arrêté et emprisonné par le nouveau gouvernement national-socialiste pour avoir contrevenu aux objectifs éducatifs du Führer].

[323] C'est ce que m'a dit un membre de la délégation allemande.

mais la majorité de l'armée russe, face à la situation militaire menaçante, refusait toute querelle politique à un tel moment. Mais cela ne découragea en rien les bolchevistes les plus zélés, ils firent venir tous leurs représentants, l'élève-officier Abrahamov (Krylenko) s'installa dans le fauteuil du président et, sans dotation et sans autorisation, lança des appels et des décrets au nom de l'armée russe. Les tentatives de Kerensky pour réprimer cette audace ont lamentablement échoué ; la garnison de Pétersbourg, démoralisée par l'inactivité et approvisionnée en argent par des sources secrètes (on était convaincu qu'il s'agissait d'argent allemand car le juif Fürstenberg-Ganeski de Stockholm avait manifestement transféré des sommes importantes au conseil des soldats de Pétersbourg), s'est jetée du côté de ses donateurs et, au début du mois de novembre 1917, a renversé le dernier gouvernement russe. Il est également caractéristique que, lors des dernières sessions du pré-parlement constitué, pas un seul Russe n'ait pris la parole du côté de l'opposition, mais, sans exception, des Juifs.

La victoire des bolcheviks est alors décidée et les Juifs n'ont plus aucune retenue : ils laissent tomber leur visière et mettent en place un gouvernement russe presque purement juif.

Lénine était presque le seul non-Juif parmi les commissaires du peuple, en quelque sorte la publicité russe pour l'entreprise juive ; dans son caractère, cependant, il était sans doute le plus fort. Qui étaient les autres ? Je donne ici les noms qui démontrent clairement que la domination juive est désormais indéniable. Le commissaire à la guerre et aux affaires extérieures était le déjà mentionné Bronstein (Trotsky), l'âme de la Terreur rouge ; le commissaire à la culture Lounatcharsky, le commissaire au commerce Bronsky, le commissaire à la justice Steinberg, le commissaire au contrôle de la contre-révolution le monstre Moïse Uritsky. Dans sa chambre d'enquête, dans la tristement célèbre Gorochovaja n°2, des milliers de personnes ont été amenées et tuées sans procès (il a été fusillé plus tard). (Il sera plus tard fusillé). Le commandant en chef de toutes les armées, après la très grande disgrâce de Krykenlo, était le Juif Posern. Le chef du

Conseil des ouvriers et des soldats de Pétersbourg, Zinoviev, du Conseil des ouvriers et des soldats de Moscou, Smidovich, du Conseil des ouvriers et des soldats de Kharkov, Rosenfeld (Kamenev) ; la délégation de paix de Brest-Litovsk [324] était composée de Bronstein (Trotsky), Joffe, Karakhan (Arménien), et était juive jusqu'à la dactylographie.

Le premier courrier politique à Londres (il apporta en effet de bonnes nouvelles à ses frères de sang) fut le juif M. Holtzmann, et en tant que représentants du gouvernement soviétique dans tous les pays, les juifs poussèrent comme des champignons après la pluie. A Berne, l'ambassadeur "russe" s'appelait Shklovsky (il fut renvoyé avec tout son personnel), à Christiania [325] Beitler, à Stockholm Vorovsky, et à Berlin fut délégué le suffisamment connu Joffe. Les négociations ultérieures sur les accords complémentaires de Brest-Litovsk furent menées, du côté "russe", par le susmentionné Vorovsky, qui avait sous ses ordres une douzaine de Juifs et de Juives et deux ou trois Lettons. A tout cela s'ajoutent les principaux animateurs des journaux bolchevistes, les commissaires provinciaux et d'autres hauts notables.

Je citerai les dirigeants juifs les plus importants : Martow (pseudonyme de Zederbaum), Gussev (Drapkin), Sukhanov (Gimmer), Sagersky (Krachmann), Bogdanov (Silberstein), Gorev (Goldmann), Volodarsky (Cohen), Sverdlov (chef du Conseil pénal), Kamkov (Katz), Mieskovsky (Goldberg), Riazanov (Goldenbach), Martinov (Simbar), Chernomorsky (Chernomordkin), Piatnitsky (Sewin), Abramovich (Rein), Solntsev (Bleichmann), Sviesdich (Vonstein), Litvinov

---

[324] Dans sa Geschichte der russischen Revolution, [1919]. [Axel von Freytagh Loringhoven (1878-1942) est juriste et député sous la République de Weimar, à laquelle il s'oppose. Il accueille favorablement l'arrivée au pouvoir d'Hitler et est nommé conseiller d'État de Prusse en 1933].

[325] [Oslo]

(Finkelstein, le négociateur de paix avec l'Entente), Maklakovsky (Rosenblum), Lapinsky (Löwensohn), Bobrov (Nathanson), Axelrod (orthodoxe, était "actif" également à Munich), Garin (Carfeld), Glasunev (Schultze), Mme. Lebedev (Simon), Kamensky (Hoffmann), Naut (Ginzburg), Sagorsky (Krajmalnik), Iagoev (Goldmann), Vladimirov (Feldmann), Bunakov (Fundamenski), Larin (Lurrje), etc. Plus tard, dans les banques, il n'y avait que des Juifs, et souvent des jeunes Juifs de vingt ans dirigeaient des départements entiers dans les ministères. Quiconque était contraint par l'urgence de s'y rendre était accueilli par des hommes aux noms russes et aux visages juifs ? Il y a eu de nombreux changements personnels, mais le principe de sélection est toujours resté le même : assurer au Juif une influence inconditionnelle et ne faire appel aux Russes et aux Lettons (le soutien militaire le plus important du Soviet) que dans une faible mesure.[326] Un ancien dirigeant des révolutionnaires, Burtsev, a écrit une lettre enflammée aux bolcheviks, dans laquelle il proclame au monde la malchance russe d'avoir engendré des personnalités capables de "calomnier, voler et assassiner".[327]

Il expose à l'ouvrier russe et au paysan du monde, qui voient encore en eux des "idéalistes", la trahison de bandits sans scrupules et fustige avec clarté et concision leur démagogie et leur mendicité.

"Pendant des mois, ils ont semblé être des partisans de l'Assemblée nationale, mais après la première réunion, ils l'ont

---

[326] Récemment, un correspondant du Times, Wilton, donc un témoin peu suspect, a voyagé en Russie ; il a constaté que parmi les 384 commissaires qui gouvernent la Russie, 13 sont nés russes, les autres sont géorgiens, chinois et 300 juifs. (Voir dans ce contexte mon discours prononcé le jour du Reichsparty en 1936 : "Der entscheidende Weltkampf".

[327] V.L. Burtsev, Seid verflucht ihr Bolschewiki, [Stockholm, 1918]. [Vladimir Burtsev (1862-1942) était un activiste russe qui s'opposait à la fois au bolchevisme et au national-socialisme].

rejetée. Ils ont toujours fait campagne contre la peine de mort, et maintenant ce sont eux qui l'élèvent au rang de système. Ils sont les partisans déclarés de la justice lynchiste ; tous leurs décrets se terminent par la menace d'une fusillade. Ils étaient partisans de la liberté de la presse, mais ils se sont révélés être des censeurs et des persécuteurs de la presse d'une sévérité que la Russie n'a pas encore connue. Ils étaient opposés aux prisons, ils en sont les plus ardents pourvoyeurs. Sans enquête ni jugement, ils ont incarcéré des milliers d'hommes. Ils ont parlé de paix, mais n'ont apporté que la guerre, qui s'est étendue à tout le pays. Ils étaient furieux de la diplomatie secrète, mais ils ont mené une diplomatie secrète que nous ne connaissions même pas sous le régime tsariste". Au nom de la fraternité et de la paix, les bolcheviks ont attiré à eux des hordes irréfléchies qui se sont immédiatement mises au travail avec une haine furieuse contre tout ce qui était "bourgeois" et bientôt avec un massacre systématique et une guerre civile, si l'on peut appeler ainsi ce massacre unilatéral. Toute l'intelligentsia russe, qui s'était battue pendant des décennies pour le peuple russe et avait été condamnée à la potence ou à l'exil pour son bien-être, a tout simplement été tuée partout où elle a pu être trouvée. Kokoskin et Shingarev ont été secrètement assassinés alors qu'ils étaient gravement malades à l'hôpital. Les meurtriers n'ont naturellement pas été punis. Je ne peux pas m'étendre ici sur tout, mais tous les Russes honnêtes connus ont été exécutés.[328] Les ouvriers et les soldats ont été poussés à un tel point qu'il n'y avait plus de retour possible pour eux, ils sont devenus les créatures sans volonté de la règle juive tenace qui avait brûlé tous les ponts derrière elle. Le véritable noyau de l'Armée rouge était

---

[328] Même l'ambassadeur allemand Mirbach est assassiné. Le meurtrier est l'étudiant juif Blumkin. Il s'enfuit en Ukraine, fut livré et condamné à quelques mois de prison (il obtint plus tard un poste élevé à Moscou). [Wilhelm Count Mirbach-Harff (1871-1918), nommé ambassadeur d'Allemagne en Russie en avril 1918, a été assassiné par un juif nommé Yakov Blumkin à la demande des révolutionnaires socialistes de gauche (alliés des bolcheviks) qui espéraient déclencher une nouvelle guerre entre Russes et Allemands après le retrait de la Russie de la guerre mondiale lors du traité de Brest-Litovsk de mars 1918].

définitivement fiable, les autres recrues étaient soumises à une discipline effroyable.

Le recrutement se déroulait de la manière suivante : un commissaire se rendait dans le village concerné et annonçait la conscription de tous les hommes âgés de 20 à 40 ans environ. Si cette conscription n'était pas suivie sans condition, ce que l'on appelle l'expédition pénale apparaissait et fusillait tout le village, y compris les femmes et les enfants. Comme cette mesure était souvent appliquée sans pitié, tous les conscrits se présentaient, jusqu'au dernier. C'est ainsi, et surtout ainsi, que le gouvernement juif se maintient, car il sait très bien que la haine de la population, encore impuissante, peut devenir effrayante si elle n'est pas réprimée quotidiennement. Selon les éditions de la *Pravda* (Vérité), le journal officiel, plus de 13 000 "contre-révolutionnaires" ont été fusillés en trois mois. Mais on peut constater, et toutes les informations récentes concordent sur ce point, que la haine contre les Juifs en Russie, malgré toute la Terreur, se répand de plus en plus. Les Russes les plus doux et les plus tolérants en sont aujourd'hui aussi imprégnés qu'un ancien fonctionnaire tsariste. Si le gouvernement actuel tombe, aucun Juif ne restera en vie en Russie, on peut le dire avec certitude ; ceux qui ne seront pas tués seront chassés.

III. L'ESPRIT JUIF

Le Talmud

Si nous voulons nous faire une idée du caractère de l'esprit juif, nous devons nécessairement revenir à l'œuvre qui en est l'expression monumentale et qui, aujourd'hui encore, comme nous l'avons dit, est respectée par les deux tiers de l'ensemble de la communauté juive comme une œuvre absolue et intouchable : le Talmud.

On en a déjà dit quelque chose, c'est-à-dire que ses lois morales ont été brièvement évoquées. Je voudrais maintenant éclairer d'autres pages. Et même s'il faut mettre par écrit des choses répugnantes, c'est inévitable si l'on veut voir tout ce que l'on peut trouver dans un "livre religieux".

C'est en effet l'étrangeté du jugement de nos contemporains que de considérer le Talmud comme un livre religieux contre lequel il serait rétrograde et intolérant de lutter. Mais si l'on lit les innombrables traités, on est étonné de n'y trouver pratiquement rien de religieux, ou du moins de religieux tel que nous l'entendons. Il n'y a pas de pensée métaphysique, pas de recherche d'une solution à l'énigme de la vie, pas d'image qui puisse illustrer nos secrets, pas d'intuition, pas de mystère. Tout est évident et clair. Le monde a été créé à partir de rien par le dieu des Juifs, le peuple qui devrait gouverner le monde et à qui toute chose créée appartient de droit. Tel est le fondement "religieux". À côté des absurdités et des grossièretés moralisatrices, on voit apparaître des raclures de cheveux d'une folie quasi pathologique que l'on hésiterait à prendre au sérieux si elles ne sortaient pas de la bouche des rabbins vénérés par les juifs. En voici quelques exemples : Lorsque Salomon était dans le ventre de sa mère, il s'est mis à chanter un cantique, comme il est dit dans le *Ps* 103,1 : "Que mon âme loue l'éternel et tout mon être intérieur ton saint nom". Lorsqu'il tétait le sein de sa mère et qu'il l'observait, il commençait à chanter un cantique, v. 2[329] : "Que mon âme loue l'éternel et qu'elle n'oublie pas toutes ses bonnes actions". Selon Rabbi Abahou, les mots "bonnes actions" signifient que Dieu a placé les seins à l'endroit de la raison ou qu'il (Salomon), comme le pense Jehuda, ne regarde pas un endroit honteux, ou, selon Rabbi Mathna, afin qu'il ne suce pas à un endroit honteux.[330]

Gen. 2 :22 : "Et le dieu éternel forma la côte. Rab et Samuel ont des opinions divergentes à ce sujet. Selon l'un, c'était un visage (à partir duquel quelque chose a été formé), selon l'autre, c'était un pénis. Mais c'est juste selon l'un d'eux, puisqu'il est dit dans le *Ps* 139, 5 : 'Tu m'as formé devant et derrière', mais que signifiera la citation selon celui qui suppose qu'il s'agissait d'un pénis ?".[331]

Rabbi Gamliel :

> "Un jour, toutes les femmes accoucheront quotidiennement, puisqu'il est dit dans *Jérémie* 31 :8 : 'les femmes enceintes et les femmes en couches'. Un jour, les arbres porteront des fruits, puisqu'il est dit dans *Eze* 17 :23 : 'il produira des branches et portera des fruits'". [332]

Rabbin Jeremiah :

---

[329] [Ps 103 :2]

[330] Tractate Berachoth, fol.10a.

[331] Berachoth, fol.61a.

[332] Shabbat, fol.30a, b.

"Le premier homme avait deux visages, *Ps.* 139:5 : 'Tu m'as formé devant et derrière'."[333]

Rabbi Samuel :

"Pourquoi les paroles de la Torah ont-elles été comparées à une gazelle ? Pour vous dire : "De même que la gazelle a un corps svelte et semble à chaque heure à son homme aussi chère qu'à la première heure, de même les paroles de la Torah sont à ceux qui les gardent comme à la première heure"".[334]

Rabbi Eléazar :

"Lorsqu'il est dit dans *Deut.* 6:5 : 'Tu aimeras l'Eternel, ton Dieu, de toute ton âme', pourquoi est-il dit aussi 'de tous tes biens' ? Cela signifie qu'il y a beaucoup d'hommes pour qui leur corps est plus cher que leur argent, c'est pourquoi il est dit : 'de toute ton âme', et encore, qu'il y a beaucoup d'hommes pour qui leur argent est plus cher que leur corps, c'est pourquoi il est dit : 'de tous tes biens'".[335]

Le fait que le mot "biens"[336] soit pris ici dans son sens littéral d'argent liquide est significatif, de même que rien n'est dit de l'âme que l'on aime plus que le corps et l'argent.

Rabbi Papa :

"Si l'on a mangé ou bu dans un plat ou un pain apparié, comment prévenir les conséquences néfastes ? On saisit le pouce de la main droite avec la main gauche et le pouce de la main gauche

---

[333] Erubin, 18a.

[334] Erubin, fol.54a, b.

[335] Pesachim, fol.25a, b.

[336] [Le mot allemand pour "possessions" "Vermögen" signifie également "capacités"].

avec la main droite et on parle ainsi : "Toi et moi sommes trois". Mais si l'on entend dire : "Toi et moi sommes quatre", alors on dit : "Toi et moi sommes cinq", etc.[337]

"Il est dit dans *Jon* 2 :1 : 'Alors l'Eternel présenta un grand poisson pour avaler Jonas'. Mais il est dit au v.3 : 'Jonas pria l'Éternel de sortir de l'estomac du poisson et dit : "J'ai invoqué le Seigneur depuis ma prison". Il n'y a pas de doute, peut-être que le grand poisson l'a recraché et que le petit poisson l'a avalé".[338]

Rabbin Meier :

"Pourquoi peut-on prouver que même les embryons dans le ventre de la mère ont commencé à chanter ? Parce qu'il est dit dans le Ps. 68 :27 :[339] 'Dans les assemblées, louez le Seigneur Dieu, dès le ventre d'Israël'".[340]

"Quand une égratignure fait des cloques, on joue du trombone le jour du sabbat. Mais nous avons appris : Lorsque d'autres châtiments s'éveillent et attaquent tout le monde, par exemple les démangeaisons, les sauterelles, les moustiques, on ne souffle pas mais on crie (prie) Dieu ? Il n'y a pas de question, il s'agit seulement de savoir si la démangeaison est humide ou sèche".[341]

Rabbi Jehuda a dit :

"On ne place dans le synédrium (conseil) qu'un homme capable de nettoyer (par des conclusions) le ver de la Torah".

---

[337] Pesachim, fol.110a.

[338] Nedarim, fol.51b.

[339] [Ps.68 :26].

[340] Sota, fol.30b.

[341] Baba Kamma, fol.36 et 37a.

Le rabbin a dit :

> "Je peux le déclarer pur par des conclusions. Si même un serpent, qui tue ou accroît l'impureté, est pur, alors la détermination est certainement valable pour un ver qui ne tue pas et n'accroît pas l'impureté !

Ce n'est pas tenable puisqu'il (le serpent) n'est qu'une épine (qui peut nous tuer et qui est pourtant propre).[342]

Et il est dit dans Ex. 8 :2 : "La grenouille monta et couvrit l'Égypte". Selon Rabbi Eléazar, ce n'était qu'une grenouille, mais elle s'est multipliée et a rempli tout le pays d'Égypte. Mais les Tannaïtes[343] sont d'un avis totalement différent à ce sujet.

Rabbi Akiba dit :

> "Il n'y avait qu'une seule grenouille et elle a rempli tout le pays d'Égypte". Rabbi Eléazar ben Azaria lui dit : "Akiba, qu'as-tu à voir avec le Haggadath ? "Akiba, qu'as-tu à voir avec le Haggadath ?[344] Il n'y avait qu'une seule grenouille, mais elle a sifflé pour les autres et elles se sont toutes approchées".[345]

J'arrête là ces savants mélanges, ils suffisent à démontrer de façon palpable leur vide intellectuel. Mais il faut encore insister sur un point. Dans tous leurs discours, les questions sexuelles occupent une large place, nous en avons déjà vu quelques exemples. Mais la façon dont elles sont traitées est caractéristique. Non pas avec une sensualité naturelle, ni même avec la neutralité objective d'un

---

[342] Sanhédrin.

[343] [Docteurs qui répétaient la Loi, d'où le terme "Mishnah", qui signifie "répétition de la Loi"].

[344] [La Haggadah est un texte juif lu lors de la Pâque, qui commémore la libération de l'esclavage en Égypte].

[345] Sanhedrin, fol.67a, b.

hygiéniste, mais avec la lubricité répugnante de vieillards chauves qui n'en font jamais assez dans l'imagination des activités sexuelles. La plume hésite à écrire une telle plainte d'injustice.

Rabbi Chama :

> "Celui qui place son lit entre le nord et le sud obtient des enfants de sexe masculin, comme il est dit dans le Psaume 17 :14 : 'Et avec ton 'trésor'[346] tu remplis leurs entrailles, elles auront une abondance d'enfants'".[347]

Trois choses illustrent le monde futur : le sabbat, le soleil et le service. De quelle sorte ? S'il s'agissait du service du lit (rapports sexuels), cela devient certainement faible ? Seul le service de l'ouverture de la femme est visé.[348]

La femme est un tube plein de vitupérations dont la bouche est pleine de sang.[349] Rabbi Jochanan :

> "Toute femme qui invite son mari à avoir des rapports sexuels a des enfants d'un type qui n'existait pas à l'époque de Moïse".[350]

Les femmes de ceux qui n'ont pas reçu d'éducation sont des vermines et il est dit de leurs filles dans *Deut.* 27 :21 : "Maudit soit celui qui couche avec une vache"

---

[346] [pénis]

[347] Berachoth, fol.67a, b.

[348] Ibid, fol.57b.

[349] Shabbat, fol.152a.

[350] Erubin, fol.100b.

Celui qui traite de la Torah en présence d'une personne sans instruction est considéré comme s'il mentait à sa fiancée.[351]

Les rabbins ont enseigné :

> "Celui qui a des rapports sexuels dans un lit où dort un enfant a des enfants épileptiques".[352]

La question a été posée à Ben Soma :

> "Le grand prêtre peut-il prendre une vierge qui a été mise enceinte ou n'est-ce pas tenir compte de ce que Samuel a dit : 'Je peux coucher avec beaucoup de vierges sans sang' ou ce que Samuel a dit ne se produit-il pas ? Il leur répondit : "Bien sûr, ce que Samuel a dit ne se produit pas, mais il est à craindre qu'elle soit tombée enceinte dans un bain. Mais Samuel a bien dit : 'Quiconque a des rapports sexuels et dont la semence ne sort pas comme une flèche n'est pas fécondé'. Il devait donc être prêt comme une flèche.[353]

Les anciens ont dit :

> "Ceux qui émettent des crachats, les lépreux et les personnes qui se trouvent à proximité de femmes en période de menstruation sont autorisés à lire le Pentateuque, les Prophètes et les Hagiographes, seule l'émission de semence est interdite".[354]

Elia :

> "Pourquoi le messie ne vient-il pas ? Vois-tu, c'est maintenant le jour de la réconciliation, je peux coucher avec telle ou telle

---

[351] Pesachim, fol.49b.

[352] Pesachim, fol.112b.

[353] Chagia, fol.14b.

[354] Mo'ed-Katan, fol.15a.

femme". Rabbi Jehuda lui demanda alors : "Que dit le Saint ?" Il répondit : "Il dit dans *Gen.* 4 :6 : Le péché est à la porte". "Et que dit Satan ? Il répondit : "Satan n'a pas de pouvoir au jour de la résurrection : "Satan n'a aucun pouvoir au jour de la réconciliation".[355]

Rabbi Simeon :

Une prosélyte de moins de trois ans et un jour est apte au sacerdoce (c'est-à-dire que le prêtre peut coucher avec elle)", car il est dit dans *Nb* 13, 18 : "Et tous les enfants de sexe féminin qui n'ont pas couché avec un homme, qu'ils vivent pour vous".[356] Un "gobelet" est beau pour une femme, deux sont laids, avec trois elle l'exige (sans fustiger) avec sa bouche, avec quatre elle emmène l'âne au marché (pour sa satisfaction)".[357]

Rabbi Johanan :

"Les enfants estropiés naissent parce que leurs parents renversent les tables (leur position dans le coït) ; les enfants muets naissent parce qu'ils embrassent cet endroit (les organes génitaux) ; les enfants sourds-muets naissent parce qu'ils bavardent pendant le coït ; enfin, les enfants aveugles naissent parce qu'ils regardent cet endroit".[358]

Rabbi Jochanan :

"Le pénis du rabbin Ismaël était aussi gros qu'un tube de six kabs". [359]

---

[355] Yoma, fol.19b et 20a.

[356] Yemabot, fol.66b.

[357] Ketubot, fol.65a.

[358] Nedarim, fol.20a.

[359] [Un "kab" est une ancienne mesure hébraïque équivalant à quatre pintes].

Rabbi Papa :

> "Le pénis de Rabbi Jochanan était aussi grand qu'un tube de cinq kabs, selon d'autres de trois kabs. Le pénis de Rabbi Papa était aussi grand que les paniers des habitants de Harpania[360].[361] Chaque criminel (simri) a couché ce jour-là 424 fois avec la femme médiane, et Pinchas en a attendu une si longtemps que son pouvoir s'en est trouvé affaibli. Pinchas ne savait pas que le roi fort (Dieu) était avec lui.

C'est ce qu'indique une Boraitha :

> "Il a couché avec elle 60 fois jusqu'à ce qu'il devienne comme un œuf pourri et elle comme un lit rempli d'eau.[362]

Ces exemples suffisent à mettre en évidence l'étrangeté de l'esprit juif. Comment était-il possible que des produits d'une telle nature, hérités, discutés et jalousement gardés pendant des milliers d'années, aient pu être désignés comme un livre religieux et moral ?

Il faut ici déterminer une fois pour toutes que tout ce qui est écrit dans le Talmud provient d'un esprit qui nous est hostile. C'est une caractéristique spécifiquement juive.

> "Une chose est certaine", dit le juif Dr Bernfeld, "l'enseignement oral est le plus intimement lié à la race juive, il est l'os de son os, la chair de sa chair".[363]

---

[360] (Ville agricole riche dans le district de Mesene, au sud de Babylone).

[361] Baba Mezia, fol.84a.

[362] Sanhedrin, fol.14b.

[363] [S. Bernfeld], Der Talmud [sein Wesen, seine Bedeutung und seine Geschichte], Berlin, 1900, p.16. [Simon Bernfeld (1860-1939) était rabbin et publiciste à Berlin].

Et l'historien juif M. Keyserling s'élève jusqu'à l'éloge en qualifiant le Talmud de "plus grand ouvrage admiré depuis des milliers d'années et dont l'équivalent ne se trouve dans aucune littérature".[364] C'est ce que pensent tous les Hébreux.

Il n'y a guère eu d'homme plus tolérant, d'homme aussi enclin à estomper et à nier les différences individuelles dans le caractère des peuples, que Tolstoï. Il prêchait sans cesse (c'est-à-dire dans ses lettres) la similitude de pensée en Chine, en Inde, en Judée, en Europe.

Mais après avoir quitté son château aérien bâti sur le dogme de l'égalité des hommes, et observé de plus près les œuvres de l'homme, le grand homme en vint cependant à d'autres résultats. Dans l'étude du Nouveau Testament, rapporte-t-il, il se sentait comme un pêcheur de perles qui jette son filet à la recherche de moules précieuses, mais qui attire avec elles en même temps de la vase et de la saleté dont il doit d'abord libérer les premières.

> "C'est ainsi que j'ai trouvé, à côté d'un esprit chrétien pur, un esprit juif sale et étranger".[365]

Schiller éprouve une grande vénération pour de nombreuses figures de l'Ancien Testament, notamment pour la personnalité de Moïse, mais il fait déjà la différence avec un instinct sûr (sans une connaissance plus approfondie des contextes réels) entre "l'indignité et la répréhensibilité de la nation" et le "mérite de ses législateurs". Il qualifie le Juif de "vase impur et vil", dans lequel était cependant conservé quelque chose de précieux qui pourrait mûrir plus tard "dans des esprits plus brillants", un "canal impur" par lequel passait le plus noble de nos biens, la vérité, qui se

---

[364] Sephardim, Leipzig, 1859, p.86.

[365] Kurze Darlegung des Evangelliums [Brève exposition de l'Évangile, 1881].

brisait cependant une fois qu'elle avait accompli ce qu'elle devait faire".³⁶⁶

Goethe a déclaré que le contraste entre les Juifs d'aujourd'hui et leurs "ancêtres nous ennuie". Les deux grands hommes ont donc une attitude nettement contradictoire à l'égard du passé juif.

Mais cela doit être dissipé lorsque, comme nous le savons aujourd'hui, les grands hommes du passé hébraïque n'étaient pas du tout les ancêtres des Juifs actuels, que le judaïsme est un produit très tardif.³⁶⁷ Même Moïse (dont le nom n'est pas hébreu) est, selon les représentations égyptiennes, un prêtre égyptien évadé nommé Osarsiph.³⁶⁸

Non, le Juif n'a pas été "brisé", le canal a été achevé dans sa formation depuis l'Exil et même déjà avant, il n'a fait que se renforcer et s'accentuer.

Cette aversion instinctive pour Tolstoï, Schiller et Goethe, pour ne citer que quelques grands hommes, doit être ressentie par toute personne qui a étudié de plus près les produits intellectuels juifs et qui a conservé son sentiment naturel : les exemples ci-dessus tirés du Talmud devraient inciter à le faire. Le Juif nous qualifiera de "Philistins totaux", ce que nous sommes complètement selon Abraham Geiger,³⁶⁹. Les disciples de Graetz nous qualifient en

---

³⁶⁶ Die Sendung Moses, [La conférence de Schiller sur les origines de la religion juive a été prononcée à l'université d'Iéna en 1789 et publiée dans le journal de Schiller, Thalia, en 1790].

³⁶⁷ Voir à ce sujet [Julius] Wellhausen et [Houston Stewart] Chamberlain. [Julius Wellhausen (1844-1918) était un bibliste orientaliste allemand].

³⁶⁸ Plus de détails sur cette personnalité dans Deussen, Die Philosophie der Bibel. [Cet ouvrage constitue le Vol. II, 2, i de l'Allgemeine Geschichte der Philosophie de Deussen (voir ci-dessus p. 39)].

³⁶⁹ Nachgelassene Schriften, Vol. II, p.242.

outre de "plus limité de tous les peuples",³⁷⁰ , mais cela ne peut pas nous troubler.

L'esprit technique

Examinons brièvement la structure technique de l'esprit juif.

Il est honteux, mais néanmoins vrai, que le concept de culture ait encore une connotation très indéfinie dans les grands cercles et qu'il soit transféré à presque tous les phénomènes de la vie de manière non critique. Aujourd'hui, les chemins de fer et la poésie, les avions et la philosophie, le chauffage à eau chaude et la philosophie font partie de la culture.

Le mot "culture" ne devrait désigner que les expressions de l'homme qui sont le produit (qu'il soit ressenti ou pensé) d'une conception du monde. En font partie la religion, la philosophie, la morale, l'art et la science dans la mesure où ils ne sont pas purement techniques. Le reste, c'est le commerce, l'économie et l'industrie, que je voudrais désigner comme la technique de la vie. Il me semble que le fait que je qualifie l'esprit juif d'esprit essentiellement technique donne une idée importante de l'essence de cet esprit. Dans tous les domaines que j'ai considérés comme appartenant à la technique de la vie, il a, comme nous l'avons vu, toujours été actif avec une énergie tenace et avec de grands succès. Mais même là où la culture prend sa source, ce n'est que l'aspect technique extérieur, sous ses différentes formes, qu'elle a marqué de son empreinte ou qu'elle a possédé.³⁷¹ Cela demande quelques explications.

---

³⁷⁰ Geschichte der Juden, Vol. VII, p.367.

³⁷¹ Isaïe l'avait perçu en disant : "Parce que ce peuple ne me respecte qu'extérieurement, la sagesse de ses sages s'évanouira et le discernement de ses hommes raisonnables se perdra" [Isaïe 29 :13-14].

La morale, par exemple, se fonde sur un sentiment profondément ancré en nous, sur la "voix légèrement audible", selon les termes de Goethe, de "ce qu'il faut faire et de ce qu'il faut éviter". Dans la société humaine, il s'exprime sous la forme de préceptes moraux et de lois étatiques ; ce sont les techniques de la moralité. Plus le sentiment de justice et d'injustice est clairement et définitivement enraciné dans un peuple, moins il a besoin d'une technique juridique compliquée et plus il possède de culture spirituelle. C'est donc un jugement totalement erroné que de voir dans l'énumération minutieuse des activités permises et interdites de la vie quotidienne une expression dérivée d'un ethos supérieur.

Bien au contraire, c'est le signe que la morale n'est pas centrée sur l'homme, mais qu'elle est déterminée de l'extérieur, où la récompense et la punition pour son observation sont décisives. Il est caractéristique de l'esprit juif que la simple morale du bien et du mal ait conduit à un enchevêtrement de lois et à des commentaires qui ont duré des centaines d'années. Pour le seul shabbat, il y a 39 paragraphes d'activités interdites. Moïse aurait reçu 365 interdictions et 248 lois sur le mont Sinaï.

Mais, sur cette base, la loi juive s'établit d'abord avec des milliers de mesures de conduite à respecter scrupuleusement. Il s'agit déjà ici non plus de l'expression d'un sentiment moral, mais simplement de la connaissance et de la maîtrise de règles techniques. "Celui qui connaît la loi est vertueux", dit Jésus Sirach.[372] Et Bernhard Stade, pourtant un érudit bien disposé à l'égard des juifs, rapporte :

> "L'idée de mesurer les actions en fonction de leur contenu ou de la conviction dont elles émanent fait défaut... Les actions sont surtout jugées différemment selon qu'elles ont été commises en

---

[372] [Jésus ben Sirach (début du IIe siècle av. J.-C.) est l'auteur d'un ouvrage appelé Sirach (ou Ecclésiastique) qui est considéré comme apocryphe et n'a pas été accepté dans la Bible hébraïque.

Canaan ou non, qu'elles sont réservées aux Israélites ou aux étrangers".³⁷³

Nous avons là les prémices du Talmud ultérieur qui, de ce point de vue, n'est rien d'autre qu'un appareil technique extrêmement compliqué à l'aide duquel toutes les questions doivent être résolues. Mais comme la maîtrise de cet instrument exigeait beaucoup de temps, les hommes, même parmi les Juifs, qui avaient, à chaque étape de la vie (qu'il s'agisse de la synagogue ou de la toilette) une citation de Moïse ou du Talmud à portée de main n'étaient pas très nombreux. Ces experts en droit étaient aussi les personnes les plus respectées qui dominaient l'apprentissage pour elles-mêmes, et leur nom s'est répandu dans tous les pays habités par des Juifs.

L'estime du savoir en soi était si grande que même un Gentil érudit était parfois considéré comme un homme. Bien que le père Samuel ait interdit à un homme (c'est-à-dire à un Juif) de fréquenter un Gentil,³⁷⁴ et Rabbi Meir ont déclaré : "L'homme doit prononcer chaque jour trois mots de bénédiction, à savoir que Dieu ne m'a pas fait Gentil ou Juif : "L'homme doit avoir chaque jour trois mots de bénédiction, c'est-à-dire que Dieu n'a pas fait de moi un Gentil, une femme et un fou", il était néanmoins expliqué qu'il était possible d'avoir des relations avec un Gentil érudit.

Mais il faut souligner une différence fondamentale entre le savoir et la connaissance. En effet, on pourrait facilement remarquer que même les Indiens disposaient d'un savoir accumulé qui ne pouvait être maîtrisé qu'au prix d'un travail de plusieurs dizaines d'années, et qu'ils avaient donc un esprit similaire à celui des Juifs.

---

³⁷³ Geschichte des Volkes Israel, Vol. I, p.510.

³⁷⁴ Bechorot, fol.26.

Mais il faut observer que la connaissance des Indiens est née de l'aspiration à l'interconnexion de l'univers et a conduit à une connaissance purifiée et symbolique, que cette connaissance n'a servi que de moyen pour atteindre un but qui la dépasse. Le Juif a montré tout au long de son histoire une recherche de la connaissance en soi, évitant toute métaphysique comme une maladie infectieuse, et persécutant instinctivement les quelques exceptions qui flirtaient avec la philosophie. La connaissance de la Loi était pour le Juif un but en soi.[375]

Cet esprit technique, qui a fait du sentiment moral un système d'interdictions et de préceptes, qui n'a pas d'égal dans la littérature mondiale, dans sa monstrueuse confusion et dans son shadow boxing sans esprit, est nécessairement anti-métaphysique, il n'aurait pas pu exister autrement. Un esprit tourné vers le monde extérieur doit avoir réponse à tout, puisqu'il ne ressent intérieurement rien qui soit profond et sans fin. Mais même à cette image du monde, alors nécessairement étroite, appartenait un pouvoir formateur. Et l'esprit juif n'y a pas beaucoup contribué, si ce n'est par l'éternelle tautologie : Dieu est Dieu.

Dans les pays étrangers, le Juif a fait pour la première fois l'expérience de Dieu en tant que créateur de l'univers, des mythes de cette création, de la chute par le péché, des principes du bien et du mal, de l'immortalité de l'âme.

C'est là, au contact des idées étrangères, que l'esprit juif s'est manifesté dans sa bizarrerie caractéristique. Les images et les mythes sont devenus des anecdotes, la tentative d'illustrer une expérience intérieure a été interprétée comme un fait historique

---

[375] Mais si la connaissance n'est pas une fin en soi, elle est considérée comme un moyen, non pas de comprendre, mais de pouvoir et d'enrichissement. Cela signifie, entre autres, que "Dès que la sagesse entre dans l'homme, la ruse entre aussi en lui" (Sota, fol.21b.).

matériel. La chute de l'homme, symbole suméro-akkadien d'un événement spirituel, devint un récit historique, le serpent n'était en fait rien d'autre qu'un serpent, la pomme vraiment une pomme, le tout un événement quotidien. Lorsque les Juifs entendirent pour la première fois parler de l'immortalité de l'âme humaine par les Prussiens, lorsqu'ils entendirent parler d'un messie, d'un Saoshyant, qui délivrerait le monde du pouvoir du principe du mal pour établir un royaume céleste dans lequel entreraient non seulement les saints, mais finalement aussi, après un châtiment sévère, tous les innombrables pécheurs pénitents, ils ne comprirent de ce principe d'un amour libérateur du monde que l'idée d'un messie régnant sur le monde.

Le royaume de Dieu est devenu un État esclavagiste dans lequel les Juifs régnaient en tyrans. Le mythe de la création de l'univers est devenu pour les Juifs l'alpha et l'oméga de leur vision ultérieure du monde, il a clôturé dans le temps, une fois pour toutes, leur image de l'univers. Leur contribution consistait à dire qu'il avait été créé à partir de rien. Quoi qu'il en soit, les Juifs disposaient désormais d'un vaste savoir : le dieu juif a un jour créé l'univers à partir de rien, il est censé nous protéger et nous donnera, dans le royaume à venir, le pouvoir sur tous les peuples. On voit que le tableau est complet, la vision logique.

Un ancien hymne indien dit

> Mes oreilles se débouchent pour l'entendre,
> mes yeux pour le voir ;
> La lumière qui habite mon esprit s'élargit,
> La lumière qui habite mon esprit s'élargit, Mon esprit vagabonde et ses pensées s'éloignent.
> Que vais-je dire, que vais-je imaginer ?[376]

---

[376] Glender et Kaegi, 70 Lieder des Rigveda [Rgveda, VI, 9, 6, j'ai utilisé la traduction de R.T.H. Griffith, The Hymns of the Rigveda, Londres, 1889].

N'est-ce pas comme si une aile de l'infini exécutait, dans ces mots du chanteur indien, un nouveau battement d'aile et s'élevait de tout enfermement terrestre ? Ou lorsque le sage, à la fin d'un des plus anciens ouvrages philosophiques sur la création de l'univers, termine ainsi :

> Il est la première origine de cette création,
> qu'il l'ait formée ou qu'il ne l'ait pas formée,
> ... il le sait, ou peut-être ne le sait-il pas.[377]

Il se termine à nouveau par une question. Ces sensations d'éternité sont la sortie d'un esprit "qui réside comme une merveille potentielle dans l'homme", de "l'esprit sage et sans âge".[378] L'Indien sent en lui quelque chose d'éternel, il se contemple devant l'infini, il ne peut se fermer toutes les portes de l'esprit. Mais l'esprit juif est nerveux devant de telles imaginations — si elles lui viennent à l'esprit. L'Ancien Testament en témoigne. Et Judah Halevi, peut-être la personnalité la plus sympathique que le judaïsme ait produite, s'exprime, intérieurement gelé, en poésie de la manière suivante :

> Ne vous laissez pas tenter par la sagesse grecque,
> qui ne porte pas de fruits, mais fleurit tout au plus,
> Et leur contenu ? "L'univers n'a pas été créé,
> Là, dès le début, enveloppé de mythes",
> Écoute avidement leurs paroles, tu reviens
> La bouche pleine de bavardages, le cœur vide,
> insatisfait,
> Je cherche donc des chansons sur la rue de Dieu,
> et j'ai évité les symboles de la fausse sagesse.[379]

---

[377] [Rgveda X, 129, 7, tr. R.T.H. Griffith].

[378] Traduction de Deussen : Allgemeine Geschichte der Philosophie, Vol. I.

[379] Divan [des Castiliers Abu'l Hassan Juda Ha-levi], tr.A. Geiger [Breslau, 1851]. [Juda Halevi (1075-1141) était un médecin, poète et philosophe juif espagnol].

Le Juif ne peut pas travailler avec des mythes et des symboles, et s'il les adopte, cela devient la magie la plus sèche (voir le Zohar, la Kabbale), c'est pourquoi le Christ et son enseignement du royaume céleste qui est "en nous" lui répugnent, il ressent ici l'agression la plus forte contre son être.

Nous avons vu comment le Talmud parle de Jésus, mais il est important de souligner que même les auteurs juifs qui ne pensent pas d'une manière strictement talmudique n'ont pas de points de vue différents sur ce point.

Bien sûr, on ne rencontre pas toujours de la haine, en tout cas pas une haine importante, mais toujours une incompréhension totale de la personnalité de Jésus.

Tous adoptent le point de vue selon lequel le Christ n'est pas du tout le porteur d'une nouvelle morale, mais a seulement repris les doctrines du grand Sanhédrin, notamment celle d'Hillel,[380] de ses dirigeants ; les différences entre lui et les Pharisiens sont des histoires malveillantes ultérieures, etc. Toutes les réserves de l'érudition juive sont mobilisées à cette fin.

Quelques exemples tirés de la vaste littérature. Le rabbin Josef Eschelbacher pense :

> "En ce qui concerne la doctrine de Dieu, ainsi que les préceptes de justice, de moralité et d'amour du prochain, la source fondamentale du christianisme était et est restée l'Ancien Testament".[381]

---

[380] [Le Sanhédrin était la cour suprême ou le "conseil" de l'ancien Israël. Hillel l'Ancien (vers 110 av. J.-C.-10 ap. J.-C.) était un important chef religieux juif dont les descendants étaient traditionnellement les chefs (Nasi) du Sanhédrin].

[381] Das Judentum und Wesen des Christentums, Berlin, 1905, p.92. [Josef Eschelbacher (1848-1916) était rabbin à Baden et à Berlin].

Cela a malheureusement été le cas, mais le Christ n'en est pas responsable. Il s'oppose consciemment à ce qui est traditionnellement accepté :

> "Vous avez appris qu'il a été dit aux Anciens, mais moi je vous dis...".[382] "Enfants du diable, race de serpents et de vipères".[383]

Déjà le fait de la haine millénaire du Christ est la preuve la plus évidente que l'essence juive est très éloignée de la personnalité du Christ. Mais devons-nous encore brandir la bannière de l'Ancien Testament ? Non, tant que nos enfants devront continuer à respecter comme documents religieux les histoires aseptisées des escroqueries de Jacob, Laban, Juda, tant que l'esprit du Pentateuque et d'Ezéchiel soufflera encore dans nos églises, tant qu'une religion adaptée à nous n'aura pas vu le jour, il n'y aura pas de religion adaptée à nous. "L'Évangile n'est même pas une doctrine religieuse indépendante et fermée sur elle-même", dit le même rabbin,

> "Jésus n'a pas pu et n'a pas voulu offrir une telle religion. Un christianisme sans base solide dans l'Ancien Testament flotte dans le vent et se dissout dans des nuages qui changent constamment de forme".[384]

On retrouve ici l'anxiété juive face à une forme qui n'est pas chaussée de bottes espagnoles, et là encore, ce n'est pas de la religion en tant qu'image de la psyché humaine dont il est question, mais de lois techniques, de principes, etc.

Selon le rabbin Bäck, il n'y a pas de caractéristique qui n'ait été annoncée par un juif en tant que prophète ; il a été le prédicateur de la révérence, l'idée du devoir, de la loyauté et de l'humanité

---

[382] (Voir Matthieu 5 :21-24).

[383] (Voir Jean 8 :44 ; Matthieu 23 :33).

[384] Ibid, p.9.

dérive de lui, le désintéressement de l'attitude, la tolérance à l'égard de ceux qui ont un esprit différent ont toujours été propres aux juifs ? Tout cela est énoncé avec des citations du Talmud qui sonnent bien hors de leur contexte : le Juif apparaît en pleine gloire. Selon Bäck, le pouvoir de Jésus repose surtout sur le fait qu'il ne s'est adressé qu'aux Juifs.[385] Sinon, le sage rabbin estime qu'il n'est pas nécessaire de mentionner le Christ. Si l'on examine son œuvre de plus près, on constate que Kant et Goethe, à demi compris, en ont été la force motrice, et que leurs pensées ont été attribuées aux Juifs selon une méthode éprouvée. Mais comment Goethe met-il déjà en garde contre un autre rabbin (Mendelssohn) : "Ô pauvre Christ ! Que de malheur pour toi lorsqu'il aura lentement tourné autour de tes petites ailes tourbillonnantes". De même, pour Abraham Geiger, l'une des plus grandes autorités du judaïsme libéral, il n'est pas bon de parler en bien du christianisme :

> "Les pensées et les sentiments du christianisme sont d'une grande indistinction, s'opposent à toutes les traditions populaires de telle sorte qu'ils ne peuvent s'y enraciner, des esprits simples qui nient la vie réelle, rêvent d'une vie imaginaire sans chair, creusent le fossé entre l'esprit et le corps afin d'entrevoir la béatitude dans sa destruction". [386]

Il convient de lire attentivement cette citation, qui résume en un mot toute la vision juive du monde. Parce que le christianisme est détesté par les juifs, il est dit "opposé à toutes les traditions populaires".

Il est donc compréhensible que l'homme de Galilée, "pépinière féconde de l'enthousiasme superstitieux", apparaisse à M. Geiger sous un jour étrange.

---

[385] Wesen des Judentums, Berlin, 1905, p.52.

[386] Nachgelassene Schriften, Vol. II, P.38.

"Nous ne pouvons nier au Christ une profonde intériorité, mais il n'y a aucune trace de pensées nouvelles... d'une grande œuvre de réforme. Il y avait en Jésus un étrange mélange de clarté de compréhension, d'obscurité d'esprit et d'enthousiasme, comme on en trouve souvent chez les hommes de cette sorte, et il dépend simplement des circonstances que, de l'émergence de tels hommes, naisse une secte en voie de disparition ou une association religieuse durable".[387]

Le Christ avait donc sa place dans un sanatorium.

Plus clair et plus honnête est Hirsch Graetz, qui voit en Jésus "une renaissance avec un masque de mort" ; cela rappelle déjà un peu le langage du Talmud. Et le talmudiste d'aujourd'hui ne laisse rien à désirer quant à la clarté de son expression. Le Dr Lippe, dont les écrits sont à lire comme ceux des "sages espagnols" (selon le Dr Bursin), écrivait également en 1897 :

"Il y a près de 1900 ans qu'un gouverneur romain d'origine germanique nommé Ponce Pilate a assassiné des milliers de Juifs, parmi lesquels il y en avait apparemment un que les peuples aryens ont promu au rang de dieu longtemps après son exécution. Pour le meurtre de cet homme-dieu, les Aryens ont depuis lors versé de nombreux flots de sang juif sans l'avoir expié après 60 générations... l'Église veille à ce que le symbole du crucifix ne soit pas détourné de sa signification originelle (le meurtre)".[388]

Ces diverses gradations dans l'expression des savants juifs témoignent d'un malentendu si abyssal qu'on ne devrait pas se lasser de souligner à nouveau le danger qu'un esprit juif apporte nécessairement avec lui, volontairement ou non, lorsqu'il est autorisé à opérer au sein d'une communauté chrétienne (sans parler de l'environnement germanique beaucoup plus étranger). (Sans parler de l'environnement germanique, beaucoup plus

---

[387] Op.cit. p.116.

[388] Rabbinisch-wissenschaftliche Vorträge, pp.58,83.

étranger). Zunz[389] appelait le judaïsme "le caprice de mon âme". Or, le Juif ne peut jamais se libérer de ce "caprice", même s'il a été baptisé dix fois, et la conséquence nécessaire de son influence sera toujours et partout la même : déspiritualisation, déchristianisation, matérialisation.

C'est l'idée que l'on retient de l'histoire de l'esprit juif. De la religion et de la philosophie naissent des recueils techniques ; même les plus grands ne font pas exception. On peut prendre la peine de lire le *Moreh Nebukim de Maïmonide,*[390], un ouvrage gigantesque d'une grande érudition et pourtant si dépourvu de toute véritable grandeur d'âme et d'esprit. Beaucoup évoqueront ensuite Spinoza. Mais, selon Jowett, il ne fait plus aucun doute que Spinoza doit toutes ses vraies pensées à l'esprit de deux hommes : Descartes et Giordano Bruno. En véritable technicien juif, il a réussi le tour de force de ramener ces opposés à un dénominateur commun et de les combiner dans un "système" ingénieux. Le fait qu'il ait pu le faire montre qu'il ne comprenait ni l'un ni l'autre.

Mais le fait que Spinoza ait flirté avec l'ancien panthéisme aryen lui a naturellement attiré l'inimitié des Juifs de l'époque. Cependant, dans sa façon de manipuler le panthéisme, il était aussi juif que n'importe quel rabbin. Il nous assure franchement que tout peut être expliqué de la manière la plus commode, sans qu'il soit nécessaire de supposer un mystère ou un secret.

J. Freudenthal le revendique également à juste titre pour la juiverie, tout comme le Dr Spiegler.[391] Il caractérise le philosophe

---

[389] [Leopold Zunz (1794-1886) était un rabbin réformateur allemand qui fut l'un des fondateurs des "études juives" universitaires].

[390] Voir la traduction de Munk, Le guide des égarées, Paris, 1856. [Voir ci-dessus p.28]

[391] Dans son ouvrage Geschichte der Philosophie des Judentums (1890), Julius Samuel Spiegler (1838 — ?) était un historien hongrois de la philosophie.

comme un "juif assimilé" et tente de faire valoir que nous devons remercier les juifs pour toutes les connaissances. Spinoza est donc "le plus grand de tous les philosophes",[392] "le plus grand héros de la philosophie de l'ère moderne",[393] Mendelssohn "a ennobli la langue allemande et popularisé la philosophie grâce à son œuvre, ce qui a permis à celle-ci de se développer jusqu'à des fleurs inimaginables jusqu'alors",[394] il "a fait de la nation allemande une nation philosophique grâce à sa direction élevée",[395] etc. Si l'on examine de plus près ce Gallimathias[396], on en apprend plus que dans bien des ouvrages antisémites.

Tout comme dans la morale et la religion, l'esprit juif s'exprime également dans la science et l'art. Les Juifs s'enorgueillissent d'avoir présenté, à toutes les époques de la science, un grand nombre d'hommes remarquables, en particulier dans le domaine de la médecine. Presque tous les rois, disent-ils, avaient un médecin juif en qui ils pouvaient avoir plus confiance qu'en leurs collègues chrétiens.

Or, s'il est incontestable que l'influence naturelle qu'un médecin exerce sur un malade a été pour les Juifs une forte motivation vers cette profession et a ouvert un large champ à la spéculation et a été aussi pleinement exploitée, nous voulons néanmoins supposer que la médecine avait pour les Juifs un autre intérêt. Il faudrait alors s'attendre à ce qu'ils aient été les premiers à fonder l'anatomie scientifique.

[Julius Samuel Spiegler (1838 — ?) était un historien hongrois de la philosophie].

[392] [Op.cit.], p.316.

[393] [Ibid.], p.317.

[394] [Ibid.], p.353.

[395] [Ibid.], p.8.

[396] [gebberish] (en français dans le texte)

Mais c'est loin d'être le cas. Le libre élan de recherche qui animait un Léonard, qui l'a poussé, au péril de sa vie, à étudier la structure miraculeuse du corps humain et à rendre compte de ses fonctions, à travers des dessins d'une précision phénoménale qui n'ont pas été dépassés aujourd'hui encore, sa vision magistrale, les idées créatives de Descartes et de Copernic, tout cela ne trouve pas d'équivalent chez les chercheurs juifs. Depuis Kant, nous faisons précisément la différence entre l'entendement et la raison. Par le premier, nous entendons la capacité de rassembler les données fournies par l'expérience sensorielle en une image et de les relier à la forme de causalité, par la seconde, la capacité de combiner tous les jugements de l'entendement en une unité.

L'entendement produit la connaissance, la raison la science, la connaissance formée. Mais lorsque la raison recueille elle aussi des données, elle est cependant spontanément active en ce sens que, comme une idée directrice audacieuse, elle tend la main à de nouvelles découvertes. L'idée de l'atome, la loi de la conservation de l'énergie, la théorie de l'éther, ce ne sont pas des idées auxquelles un fou peut penser, et qui ne peuvent pas être prouvées facilement de manière logique et empirique. Ce sont des tentatives de la raison créatrice, de "l'imagination empirique exacte", comme l'appelait Goethe, qui avance à tâtons. Cela va de pair avec une recherche empirique solide.

Il n'est pas difficile aujourd'hui de cerner avec une totale rigueur la sphère de l'esprit juif. Il a toujours maîtrisé ce domaine de la science que l'on ne peut posséder que par l'entendement. Le manque d'imagination et de recherche intérieure, qui a condamné le Juif à la stérilité dans la religion et la philosophie, se manifeste également dans la science. Aucune idée scientifique créative n'a germé dans l'esprit juif, nulle part il n'a indiqué de nouvelles voies.

Certes, les talmudistes défendent encore aujourd'hui les anciens rabbins et soutiennent que ceux-ci, "il y a déjà des milliers d'années", s'étaient appliqués aux sciences et avaient anticipé de nombreuses découvertes modernes. Le Dr Lippe, par exemple, déclare que, dans la Tractate Berachot, il est dit que celui qui place son lit nuptial dans une direction court-sud produit des enfants mâles. Il a lu la même chose dans un nouvel ouvrage médical ! Le Talmud déclare en outre que des centaines de générations avaient déjà vécu avant Adam, ce qui a été prouvé par l'anthropologie moderne.

Devant de telles lacunes, on se gratte la tête. Adam n'est pas l'incarnation du premier homme en général, mais une personnalité indubitablement historique. Nous apprenons en outre que les découvertes modernes ont démontré qu'un homme qui s'occupe d'une seule science souffre de maladies abdominales, alors que celui qui s'adonne à plusieurs devient nerveux. Les anciens rabbins savaient déjà cela. En effet, il est écrit :

> "La majorité des savants meurent de maladies abdominales. Lorsque le savant s'excite (devient nerveux), c'est son intelligence qui l'excite. Ben Soma et Ben Asai se sont occupés de doctrine juridique ainsi que de science philosophique et tous deux sont devenus nerveux"

Un autre talmudiste avide, Med. Kornfeld, a démontré "strictement scientifiquement" que "la circoncision modifie l'organisme humain de telle sorte que seule la personne circoncise est capable d'entreprendre des études". De telles choses sont enseignées, imprimées et crues par les deux tiers d'un peuple qui voudrait illusionner le monde actuel sur son caractère indispensable ! S'il s'agit là des résultats du "génie" de l'esprit savant juif, on ne peut s'empêcher de sourire devant tant de naïveté affichée.

Lorsque l'esprit européen en éveil a encouragé la libre pensée et la recherche, de l'Italie du Nord à l'Angleterre, de l'Espagne à la Pologne, et lorsque des hommes créatifs ont appris à remettre en question la nature avec des idées révolutionnaires, il n'y avait toujours pas de champ d'activité pour le Juif. Et lorsque les navigateurs du monde s'aventuraient courageusement vers des terres lointaines, lorsque les découvreurs du monde inventaient des appareils étonnants pour étudier les cieux étoilés et démêler les lois du cosmos, le Juif était occupé, comme à l'époque de Salomon, par le commerce des chevaux, l'usure et, au mieux, par des arrangements logiques de chevaux, de l'Angleterre à l'Autriche. Jamais on ne put déceler chez lui cette disposition d'esprit qui cherche loin et profond, que Balzac caractérisa plus tard avec tant de finesse en l'appelant une puissance qui oblige un savant allemand à courir des centaines de kilomètres pour affronter directement une vérité qui le défie.

Le 19ème siècle

Mais l'essence de la recherche scientifique a changé au 19ème siècle. Si, grâce aux efforts d'hommes généreux, la science avait été amenée jusqu'à la découverte des lois fondamentales du cosmos, il est apparu un facteur qu'il était difficile d'anticiper : le traitement technique des connaissances collectées, qui favorise une utilité immédiate.

L'homme devint de plus en plus l'esclave de sa création, de la machine, la technique de la vie s'imposa de plus en plus. Et c'est par cette brèche que le Juif s'est engouffré dans notre culture ! Goethe s'en était douté en faisant dire à Wilhelm Meister :

> "La vie mécanique qui prend le dessus m'angoisse, elle roule vers nous comme une tempête, lentement, lentement, mais elle a pris sa direction, elle va venir et frapper".

Et elle a frappé en plein cœur. Aujourd'hui, nous sommes déjà si bestialisés que la valeur d'une idée est jugée uniquement en fonction de son utilité pratique. De là découle l'évaluation de la personnalité.

ème Si, au XIXe siècle déjà, des esprits de génie étaient à l'œuvre (qui pourrait le nier dans le cas de Faraday et de Meyer), aujourd'hui, des hordes de travailleurs habiles et tenaces coopèrent dans le domaine de la science. Schiller dédie à Kant et à ses disciples la phrase suivante :

Comme un seul riche nourrit tant de mendiants !
Quand les rois bâtissent, les journaliers ont quelque chose à faire

Les rois bâtisseurs étaient Kant, [397] Goethe, [398] Mayer, [399] Cuvier,[400] Müller,[401] Baer[402] et bien d'autres, et parmi eux il n'y avait pas un seul juif. Quant aux journaliers, ils se sont tellement multipliés et ont acquis tant d'influence grâce à leur presse qu'ils savent supprimer tous les rois. Ce sont bien, partout, des

---

[397] [Emmanuel Kant (1724-1804) a commencé sa carrière philosophique par d'importantes publications sur les sciences naturelles, telles que Gedanken von wahren Schätzung der lebendigen Kräfte (1746) et Allgemeine Naturgeschichte und Theorie des Himmels (1755). En 1775, il publie un ouvrage intitulé Über die verschiedenen Rassen der Menchen].

[398] [Johann Wolfgang von Goethe (1749-1832) n'était pas seulement un littéraire, mais aussi un scientifique qui a apporté d'importantes contributions à la métamorphose des plantes (Versuch die Metamorphose der Pflanzen zu erklären, 1790) et à l'optique (Farbenlehre, 1810).

[399] [Julius Robert von Mayer (1814-1878) était un physicien allemand qui fut l'un des fondateurs de la thermodynamique].

[400] [Goerges Cuvier (1769-1832) était un naturaliste et zoologiste français, fondateur de l'anatomie comparée et de la paléontologie. Cuvier s'opposait aux théories de Lamarck sur l'évolution progressive et soutenait qu'une forme fossile typique apparaissait brusquement et persistait inchangée jusqu'à son extinction (un phénomène aujourd'hui appelé "équilibre ponctué"). Il croit au polygénisme racial et soutient que le Caucasien est la plus élevée des trois races humaines distinctes].

[401] [Johannes Müller (1801-1858) était un physiologiste et anatomiste comparatif allemand dont l'œuvre principale est son Handbuch der Physiologie des Menschen für Vorlesungen (1837-1840). Pour son importance en tant que psychologue vitaliste, voir A. Jacob, De Naturae Natura, Arktos, 2011, Ch.V].

[402] [Karl Ernst von Baer (1792-1869) était un zoologiste allemand et l'un des fondateurs de l'embryologie, qui a découvert la cellule-œuf humaine. Il a également apporté d'importantes contributions à la géologie et a entrepris des expéditions scientifiques sur la côte nord de la Russie et en Scandinavie. Il a également apporté d'importantes contributions à la géologie et a entrepris des expéditions scientifiques sur la côte nord de la Russie et de la Scandinavie].

communistes. Si un professeur Ehrlich [403] a été vanté aux Allemands par les journaux juifs (et quels journaux ne l'étaient pas jusqu'en 1933 ?) comme un nouveau sauveur, plus grand que le Christ, proclamé comme le plus grand génie du siècle, c'est — avec une incapacité organique à distinguer le grand du petit - de la propagande à des fins nationales. Même le professeur Jacques Loeb,[404], qui a fait des recherches approfondies sur la maladie de l'amour de la patrie, pour la déchiffrer comme une hyper-stimulation des nerfs, appartient, avec tous les autres de sa race et ceux qui sont influencés par l'esprit juif, à ceux qui nous sont éternellement étrangers. Même ici, la tendance est de faire d'un principe de recherche (la mécanique) un dogme rigide du matérialisme. Ce but est presque atteint.

Qu'on ne me comprenne pas mal. Je ne prétends pas du tout que le Juif soit le seul responsable de la matérialisation bestiale de notre vie, mais je constate qu'il a mis toutes ses forces d'énergie et d'argent au service d'une tendance qui rend tout commercialisable, et qu'il a dû le faire aussi nécessairement en fonction de toute sa race séculaire. L'esprit allemand, laissé à lui-même, aurait bientôt établi son propre équilibre, mais la puissance juive dans la presse, le théâtre, le commerce et la science lui a rendu la tâche presque impossible.

Nous étions nous-mêmes à blâmer, car nous n'aurions pas dû émanciper les Juifs, mais créer des lois d'exception insurmontables pour les Juifs, comme Goethe, Fichte, Herder[405] l'avaient demandé en vain. On ne laisse pas traîner le poison sans surveillance, on ne lui donne pas la même importance qu'aux antidotes, mais on le conserve soigneusement dans des armoires

---

[403] [Paul Ehrlich (1854-1915) était un immunologiste juif allemand].

[404] [Jacques Loeb (1859-1915) était un biologiste juif allemand qui s'est installé en Amérique en 1892].

[405] [Johann Gottfried Herder (1744-1803) était un théologien et un historien qui a contribué au développement du nationalisme allemand].

noires. C'est enfin ce qui s'est passé — après 2000 ans — dans le Reich national-socialiste !

Dans le domaine de l'art, il en va de même que dans les autres domaines de notre vie. La tendance à l'extériorité de notre époque l'a également marqué de son empreinte. Même le gentil Wackenroder avait un pressentiment de cet esprit lorsqu'il écrivait :

> "Les modernes semblent ne pas vouloir du tout que l'on participe à ce qu'ils nous représentent ; ils travaillent pour d'élégants seigneurs qui ne veulent pas être ennoblis et émus par l'art, mais au mieux être éblouis et titillés par lui".[406]

Cet éblouissement et ce titillement sont désormais le cri de guerre, et derrière lui se tient une phalange cachée, l'esprit juif. Le marchand d'art juif ne demande aujourd'hui que des œuvres susceptibles d'exciter les sens, le directeur de théâtre juif aussi, et l'éditeur encore plus. Aujourd'hui, nos critiques juifs ne recherchent pas une recherche sérieuse de la forme, mais de la technique, de la structure d'une œuvre.

Les artistes juifs disposent donc d'une voie favorable, car là où la norme est extérieure, ils peuvent se montrer. Il y a 300 ans, par exemple, Max Liebermann[407], dont on a fait l'éloge, n'aurait jamais joui d'une reconnaissance aussi grande qu'aujourd'hui. Dans l'histoire de l'art, cet homme occupe une place de colporteur de l'art français, et c'est là que son importance s'épuise. En effet, la technique de ses tableaux peut tout au plus

---

[406] Herzensergießungen [eines kunstliebenden Klosterbruders (1797)]. [Wilhelm Heinrich Wackenroder (1773-1798) fut, avec Ludwig Tieck, l'un des fondateurs du romantisme allemand. Ses Herzensergießungen (Expirations d'un frère amateur d'art) sont un éloge de l'art et de la littérature du Moyen Âge et de la Renaissance].

[407] [Max Liebermann (1847-1953) était un peintre juif allemand qui a propagé l'impressionnisme en Allemagne].

étonner, mais pas dissimuler le vide intérieur. Plus Liebermann vieillissait, plus ses tableaux devenaient superficiels, plus ils étaient consciemment chargés d'effets. Les jeunes juifs se situent principalement dans le camp du bolchevisme artistique et du futurisme. Le fait que les représentants de cette grossièreté aient pu parler de l'âme et des expériences intérieures inexprimables fait partie de la folie de notre époque jusqu'en 1933.

Les virtuoses qui parcourent l'Europe sont un exemple typique de l'esprit artistique juif. Chanteurs, violonistes, pianistes maîtrisent leur instrument avec la plus grande bravoure, les acteurs jouent leur rôle avec grandiloquence, les metteurs en scène juifs maîtrisent la technique théâtrale avec un raffinement inégalé. Mais tous ces prodiges juifs, tous ces virtuoses, sont-ils devenus des créateurs ? Ils ont tenté de contenir la qualité par la quantité et de faire de l'art avec tous les moyens agissant sur les sens. Mahler imaginait comme idéal un orchestre de mille musiciens,[408] Reinhardt[409] ouvrait un cirque théâtral avec des centaines et des centaines d'artistes. Tout devait être mis en œuvre pour submerger le public. Plus profondément, d'autres personnes travaillaient à leurs opérettes et à leurs "hits", à l'édition de romans à sensation, et ainsi de suite *à l'infini*.

Il y a un artiste que je n'ai pas encore mentionné et dont le nom a peut-être traversé l'esprit de beaucoup, Heinrich Heine.[410] Il est

---

[408] [Gustav Mahler (1860-1911) était un musicien juif allemand du romantisme tardif, dont la Huitième Symphonie a été jouée pour la première fois à Munich sous le nom de "Symphonie des mille", en raison de ses vastes effectifs instrumentaux et choraux].

[409] [Max Reinhardt (né Maximilian Goldmann) (1873-1943) était un directeur de théâtre juif autrichien très actif en Allemagne et en Autriche avant d'être contraint d'émigrer aux États-Unis en 1937. En 1919, il ouvrit un grand théâtre dans le cirque Schumann rénové de Berlin, qui commença à être appelé le cirque Reinhardt].

[410] [Heinrich Heine (1797-1856) était un poète et critique littéraire juif allemand dont de nombreux poèmes ont été mis en musique par Mendelssohn,

vrai que Heine était l'un des Juifs les plus intelligents qui, grâce à son "orientation intellectuelle hellénistique", devait être qualifié comme nul autre pour rendre justice à l'âme européenne. Mais ce que j'ai dit en général, à savoir que c'est l'extérieur qui seul peut être compris et sur lequel seul l'accent est mis, nous apparaît également de manière symbolique chez Heine.

Hormis le *Buch der Lieder*, ses œuvres sont peut-être tombées dans l'oubli, mais il serait bon de les examiner sérieusement pour une fois ; non pas pour en tirer du plaisir, mais pour observer comment les sentiments et la pensée européens et spécifiquement juifs se sont reflétés dans l'esprit d'un juif talentueux qui, né dans la joyeuse Rhénanie, a absorbé les contes de fées et les sagas allemandes avec le lait de sa mère.

Cet homme a grandi, a été diplômé d'une école et d'une université allemandes, a étudié l'histoire intellectuelle et la philosophie de l'Europe et a consigné ses opinions à ce sujet dans de nombreux écrits. [411] La première épine dans le pied de H. Heine est le christianisme. Nous sommes peut-être très libres-penseurs, mais jamais un grand Européen n'a parlé de l'incarnation du Christ avec un mépris insolent. Le christianisme n'est qu'un "ticket d'entrée dans la culture européenne", sinon "une idée extravagante d'étudiant", "l'humanité est malade et fatiguée de toutes les hosties" et réclame "du pain frais et de la bonne chair", "il faut massacrer de grandes victimes pénitentes pour la Matière" car le christianisme "incapable de détruire la Matière, l'a affaiblie

---

Schulmann et Schubert. En 1831, après la révolution de juillet 1830, il s'installe en France, où il forme avec Ludwig Börne le noyau du mouvement littéraire révolutionnaire appelé "Junges Deutschland" (Jeune Allemagne).

[411] *Religion et philosophie en Allemagne, Geständnisse, Nachlass*, etc.

partout". Il faut revêtir nos femmes de blouses et de pensées nouvelles, comme après une peste vaincue".[412]

C'est ainsi que l'idée d'un autre monde se répand dans l'intelligence juive. On peut certes avoir des opinions différentes sur l'essence du christianisme, mais la forme et la manière dont Heine s'exprime nous montrent une disposition intellectuelle tout à fait différente de celle des Européens. C'est l'esprit de la loi de l'Ancien Testament. C'est de la même manière que Heine parle de la philosophie allemande.

Il contourne la vie de Kant par un trait d'esprit : "Sa vie-histoire est difficile à décrire, car il n'a eu ni vie (!) ni histoire (!)". La vie extérieure de stricte simplicité est pour Heine incompréhensible, le devoir accompli tranquillement, la réserve qui ne lave pas son linge sale en public, comme Heine aimait le faire, est pour lui une énigme. La conception que Heine se fait de l'homme Kant se limite au célibataire à la canne, dont il prétend comprendre qu'il a accompli une révolution intellectuelle.

Il va sans dire que le spirituel Heine s'en prend au style de Kant : "A cet égard, Kant mérite plus de critiques que n'importe quel autre philosophe…", opine-t-il en ajoutant avec bienveillance qu'il avait pourtant auparavant "un style souvent plein d'esprit". Heine ne peut s'expliquer la forme scolastique que par la possibilité que Kant ait pu craindre que la science perde quelque chose de sa valeur dans le cas contraire. Bien sûr, il lui vient à l'esprit que le processus de pensée de Kant exige un langage mesuré, mais non, Kant était un "philistin". "Seul un génie dispose d'un nouveau langage pour une nouvelle pensée, mais Emmanuel Kant n'était pas un génie".

---

[412] *Religion und Philosophie in Deutschland*, Kampe Verlag, p.70. [L'essai de Heine intitulé *Zur Geschichte der Religion und Philosophie in Deutschland* a été publié dans son recueil *Der Salon II* en 1835].

Le fait que le génie consiste avant tout en une pensée créatrice ne semble pas non plus venir à l'esprit de Heine, pour qui le génie et le caractère superficiel de l'extérieur sont équivalents. Il n'y a pas grand-chose à ajouter à ce point de vue, un génie tel que l'imagine Heine n'aurait pas permis à Kant de faire un travail sérieux.

Que Kant ait prouvé et démontré le caractère indémontrable de Dieu, que la raison théorique doive se limiter au seul domaine de la science exacte, que la croyance en Dieu ne soit déterminée que par l'expérience intérieure, Heine y voit une "farce". "Je dois renoncer à la connaissance pour faire place à la foi", disait Kant.

Et cette foi pure, non juive et anhistorique, née de l'expérience intérieure, c'est elle que Kant visait. Que Heine n'ait pas compris Kant n'est pas une honte, cela est arrivé à de plus grands que lui, mais comment il l'a mal compris et comment il a osé, sans aucune base savante profonde, s'exprimer, se livrer surtout à des traits d'esprit, c'est ce qui paraît caractéristique.

Nous ne pouvons pas nous y attarder ici, mais une fois qu'on y est sensibilisé, on rencontre partout le "cosmopolitisme philosophique", comme l'appelle Heine, la superficialité, la finesse technique et les représentations en quête d'effets, comme nous pourrions l'appeler. Le même esprit souffle même dans le "Buch der Lieder" et le "Romanzero"[413] choyés par nos dames de boudoir. Un sentimentalisme débordant doublé d'un humour obscène, un portrait qui ne concerne que lui-même, une tentative constante de se représenter le plus haut possible.

Si l'on a compris cet esprit, on ne se laissera pas éblouir par la douzaine de poèmes formellement réussis. Les imitations de Goethe et de chansons populaires allemandes par Heine auraient peut-être été oubliées si l'un des plus grands artistes, Robert

---

[413] [Il s'agit de son troisième et dernier recueil de poèmes, publié en 1851.]

Schumann, n'avait insufflé une âme immortelle à l'échafaudage vide.

En ce qui concerne la bien-aimée "Lorelei", il convient de noter qu'il s'agit d'une transposition presque mot pour mot du poème d'un comte allemand (Loeben).[414] La façon dont Heine s'est imaginé la vie et l'esprit allemands est illustrée par son poème "Deutschland",[415]. Celui qui souhaite savoir comment il était encore possible à l'époque pour un Français de devenir allemand peut lire Chamisso :[416]

> Toi, ma chère patrie allemande, tu m'as
> m'a donné la raison pour laquelle je me suis battu et bien plus encore.
> Je n'ai rien à te demander, rien à me plaindre,
> Je n'ai qu'à vous remercier d'un cœur pieux.[417]

Je ne peux pas présenter en détail toutes les transformations que l'esprit de Heine a subies dans le processus de la pensée européenne : il se présente tantôt comme protestant, tantôt comme athée, s'insurge de la manière la plus mesquine contre tous les esprits qui pensent différemment et finalement abandonne la philosophie européenne comme quelque chose d'essentiellement étranger et incompréhensible pour revenir consciemment au judaïsme. En dépit de cette apparente

---

[414] [Otto Heinrich, Comte Loeben (1786-1825) était un écrivain romantique dont le poème "Der Lureleyfels", qui sert d'introduction à son œuvre en prose "Loreley : Eine Sage vom Rhein" (1821), est peut-être à l'origine de la "Lorelei" de Heine (1822)].

[415] Deutschland : Ein Wintermärchen" est une épopée en vers racontant un voyage imaginaire à travers l'Allemagne, publiée en 1844. Elle a été interdite par les autorités allemandes la même année.

[416] [Adelbert von Chamisso (1781-1838) était un aristocrate français dont la famille s'est réfugiée en Allemagne après la Révolution française. Il s'est illustré à la fois comme poète et comme botaniste].

[417] Berlin, 1831. [Ce poème est intitulé "Berlin, im Jahr 1831".]

citoyenneté mondiale, le caractère était plus fort que toute l'influence et la puissance des idées européennes sur la culture.

Sur son lit de mort, Heine a déclaré : "Je n'ai pas besoin de revenir au judaïsme puisque je ne l'ai jamais abandonné" : "Je n'ai pas besoin de revenir au judaïsme puisque je ne l'ai jamais abandonné". Et sur les Juifs, il porte un jugement comme le ferait n'importe quel rabbin :

> "Moïse a pris une pauvre tribu de bergers et en a fait un grand peuple, éternel et saint, un peuple de Dieu, qui pourrait servir de modèle à tous les autres peuples, voire de prototype à toute l'humanité : il a créé Israël !

Et plus loin :

> "On pensait connaître le Juif en voyant sa barbe, mais on n'en savait pas plus et, comme au Moyen-Âge, à l'époque moderne, ils sont un mystère ambulant. Il sera peut-être résolu le jour annoncé par le prophète : il n'y aura alors qu'un seul berger et un seul troupeau, et le juste qui se préoccupe du salut de l'humanité recevra sa glorieuse reconnaissance".

Ce sont des mots que chaque Européen devrait noter, surtout à une époque où la vague juive a atteint un niveau sans précédent et menace de tout submerger. En eux revit l'esprit du Talmud et de la Loi de l'Ancien Testament qui dit :

> "Dieu s'est contenté de tes pères qu'il a aimés, et après eux, c'est ta descendance seule qu'il a choisie parmi tous les peuples".[418]

Mais je ne peux pas ne pas souligner aussi la relation de Heine à Goethe. Il est semblable à celui qu'il entretient avec le christianisme et avec Kant : d'un côté, il fait semblant d'être plein de révérence et de voir en lui un grand maître, mais entre ses

---

[418] *Dt* X :15.

louanges, il parsème les remarques les plus superficielles et celles qui déforment le plus grossièrement l'image de Goethe.

Lorsque Goethe traite les romantiques avec froideur et les rejette plus tard avec brusquerie, Heine opine :

> "Même si Goethe voulait se sentir supérieur à eux, il devait les remercier pour la plus grande partie de sa réputation". "On n'entendait parler que de Goethe et toujours, mais il y avait des poètes qui ne lui étaient guère inférieurs en puissance et en imagination".

Et voici que résonne en prose ce qui est bien connu :

> "Et si l'on devait citer les meilleurs noms, le mien y figurerait également".

Le fait que Heine, qui se considérait comme un véritable poète, ait osé se comparer à Goethe montre déjà avec une clarté frappante qu'il n'avait aucune idée que la poésie est autre chose que des vers.

"Goethe avait peur de tout auteur original et indépendant et louait et exaltait tous les petits esprits insignifiants : il allait même jusqu'à dire qu'être loué par Goethe équivalait à un certificat de médiocrité.

Il reproche ensuite à Goethe son indifférentisme religieux, le fait qu'il n'ait pas compris ou voulu comprendre l'enthousiasme philosophique pour ne pas être arraché à sa "tranquillité d'esprit", qu'il ait eu peur d'exprimer ses convictions, qu'il se soit "occupé de jouets artistiques, d'anatomie, de la théorie des couleurs, de botanique, d'observations des nuages, au lieu de s'intéresser aux intérêts humains les plus élevés". Plus loin, Heine opine de manière profonde : "La répugnance de Goethe à céder à l'enthousiasme est aussi répugnante que puérile". De "Faust", il comprend que Goethe a perçu l'insuffisance de l'esprit en plaçant dans Faust le désir des "plaisirs matériels et de la chair", le "West-östliche Divan" est une étreinte du sensualisme, la dernière phase de l'art poétique de Goethe, etc. Il continue ainsi, son chapeau pieusement à la main.

L'ennemi le plus acharné de Goethe n'aurait pas pu imaginer une image plus déformante, et il est superflu de contredire Heine.

Si le grand Balzac avait à la fois admiré avec respect, si Carlyle avait reçu Goethe avec amour, si Taine avait nommé Goethe l'esprit le plus cultivé qui ait jamais vécu,[419] et Dostoïevski ont placé dans la bouche de Goethe une prière dans laquelle il exprime sa grande révérence,[420] ce n'est pas le cas de Heine et cela ne pouvait pas l'être.

Schiller avait maintenu :

> "Selon mon intime conviction, aucun autre poète ne l'approche (Goethe), même de loin, par la profondeur et la tendresse des sentiments, par la nature et la vérité, et en même temps par la valeur artistique... Mais ce ne sont pas les avantages de son esprit qui me lient à lui. S'il n'avait pas pour moi la plus grande valeur de tout ce que j'ai personnellement rencontré en tant qu'homme, je n'admirerais son génie que dans sa forme... Il avait une grande vérité et honnêteté dans sa nature et le plus grand sérieux pour la justice et la bonté, c'est pourquoi les commères, les hypocrites et les sophistes se sont toujours trouvés mal à l'aise en sa compagnie...".

C'est aussi à ce type de personnes qu'appartenait Heine, qui ouvre trop largement les canaux de sa superficialité. On peut s'imaginer

---

[419] Taine, *Voyage en Italie*. [1866]. [Hippolyte Taine (1828-93) est un historien intellectuel français qui a mis en évidence l'importance de "race, milieu et moment" sur les écrits de tout auteur.]

[420] *Journal d'un auteur* [1873-1881]. [Fiodor Dostoïevski (1821-1881), le célèbre romancier russe, était un nationaliste et un monarchiste slavophile. Son *Journal d'un auteur* est un recueil d'articles couvrant les années 1873-1881 qu'il avait initialement publiés dans une revue qu'il éditait].

ce que Heine a ressenti lorsqu'il a rendu visite à Goethe. A la question de Goethe sur ses activités, Heine a répondu de manière importante qu'il était également en train d'écrire un "Faust". Il semble que Heine ne se soit pas remis de la réponse glaciale de Goethe, "Vous n'avez rien d'autre à faire à Weimar ?", tout au long de sa vie, ce qui, avec son incapacité organique, a peut-être été l'une des raisons pour lesquelles il s'est empressé de dénigrer Goethe. Il serait toutefois trop long d'examiner de plus près le caractère de Heine.

Je sais que je m'écarte quelque peu d'une stricte adhésion à mon sujet, mais de tels détails révèlent l'essence d'un sentiment et d'une pensée. Si les représentants de toutes les nations d'Europe voient en Goethe le plus grand poète et le plus grand homme, deux Juifs, et deux des Juifs les plus intelligents, font de leur mieux pour déformer cette image de l'homme. L'un, Heinrich Heine, va jusqu'à se plaindre de lâcheté morale, l'autre, Ludwig Börne, dit, à la mort de Goethe : "Maintenant, nous aurons enfin la liberté ! "Maintenant, nous aurons enfin la liberté !" Peut-on passer sous silence de tels faits lorsque le plus grand des Allemands est qualifié de lâcheté morale et d'obstacle à la vraie liberté ? Ces paroles ne devraient-elles pas faire réfléchir chaque Allemand au fait que la ville natale de Goethe, Francfort-sur-le-Main, a érigé, il n'y a pas si longtemps, un monument à la gloire de ce Ludwig Börne ?

Non, c'est le symbole d'une tendance consciente ou instinctive. Mais cette tendance signifie la lutte contre toute "profondeur de sentiment et de tendresse", comme Schiller l'a loué dans Goethe, mots qui expriment finement l'essence de l'âme européenne également. Je voudrais ajouter ici un avertissement de Goethe à tous ceux qui accordent encore une certaine valeur à notre culture : "Nous ne tolérons aucun Juif parmi nous : "Nous ne tolérons aucun Juif parmi nous, car comment pourrions-nous lui accorder une part de notre culture la plus élevée, dont il désavoue l'origine et les coutumes ?[421]

Le caractère juif — L'énergie juive

L'inconvénient de l'écrivain est qu'il ne peut parler que consécutivement de choses qui, lorsqu'elles émergent, forment une unité. La direction et le type de l'esprit correspondent toujours au ressort du caractère et sont conditionnés par ce dernier. Or, un caractère ne se décrit pas. "C'est en vain, dit Goethe, que l'on s'efforce de décrire un homme, mais si l'on note ses actes, alors une image du caractère nous parviendra.[422] Tout ce qui précède a décrit les actes de l'esprit juif ; il s'agit ici d'en tirer les conséquences et de voir si ce qui s'est manifesté dans la nature des Juifs s'est également manifesté dans la sphère de l'auto-compréhension. Goethe a dit : "Le caractère juif : l'énergie, la base de tout". Goethe, avec une merveilleuse acuité, a mis le doigt sur le nœud du problème. L'histoire des Juifs, que j'ai essayé de décrire brièvement, montre une ténacité de caractère que nous n'avons pratiquement jamais eu l'occasion d'observer chez aucun autre peuple.

Les hommes du 20ème siècle vivent une vie dans laquelle les changements, les inventions, les nouvelles, etc. se précipitent ; la multiplicité et le changement sont les facteurs qui déterminent notre vie publique et donnent aussi une direction à notre pensée. En effet, nous sommes facilement enclins à sourire lorsqu'on nous parle de quelque chose de rigide, sans changement ; la vie actuelle a eu pour conséquence que le temps de loisir a été mesuré

---

[421] *Wilhelm Meisters Wanderjahre*. [Le deuxième roman de Goethe, après *Die Leiden des jungen Werthers* (1774), se compose de deux parties, *Wilhelm Meisters Lehrjahre* [1795-1796] et *Wilhelm Meisters Wanderjahre* (1821/1829)].

[422] Introduction à Farbenlehre. (L'ouvrage de Goethe sur les couleurs, Zur Farbenlehre, a été publié en 1810/1820).

de manière si courte que la possibilité de voir l'unité dans la multiplicité a fait défaut, et que la capacité d'étudier et de comprendre de plus grands complexes est devenue de plus en plus petite.

L'homme pratique, qui ne connaissait que le présent et l'évaluait, ainsi que le passé et l'avenir, du point de vue de ses expériences personnelles accidentelles, a donné le ton et il nous est difficile d'attirer l'attention d'un tel homme sur d'autres points de vue. Pourtant, nous devons nous dire qu'il existe des forces qui, malgré le caractère éphémère de notre présent, changent certes d'apparence mais restent essentiellement les mêmes. C'est à ces forces qu'appartient la volonté juive sémite.

Nous ne pouvons pas expliquer le phénomène de l'énergie juive, mais nous devons le considérer comme un fait historiquement prouvé. Dispersée dans tous les pays, la volonté de vivre sa vie nationale exclusivement de tout ce qui est ales est toujours restée la même ; aujourd'hui, les Juifs sont nettement plus nombreux qu'à n'importe quelle époque de l'antiquité. Ce que Schopenhauer a discerné comme la Volonté aveugle et inconditionnelle [423] constitue le caractère juif ; autour de cet instinct orienté vers toutes les choses du monde de façon unilatérale se groupent toutes ses capacités et ses faiblesses. Doté d'une compréhension pratique, cet instinct était capable de forger tous les instruments de sa domination. Le mythe séculaire de l'or, symbole de la puissance mondiale, a pris forme dans le peuple juif ;[424] l'objectif du Juif était toujours orienté vers cet or comme vers un moyen qui servirait à satisfaire sa volonté de puissance. Il a dû renoncer à l'imagination divine ainsi qu'à la création de l'art

---

[423] [Arthur Schopenhauer (1788-1860) a exposé sa doctrine de la volonté de vivre (Wille zum Leben) comme moteur de toute vie dans son œuvre majeure, *Die Welt als Wille und Vorstellung* (1818/1844)].

[424] [Rosenberg fait ici allusion à la signification symbolique centrale de l'or du Rhin dans la tétralogie *Der Ring des Nibelungen* (1876) de Richard Wagner].

le plus élevé, il était incapable de concevoir une idée cosmique de dieu (le dieu juif est aujourd'hui encore un dieu national), il était incapable de façonner des idées scientifiques et il était incapable d'aimer. "Seul celui qui renonce à l'amour acquiert le pouvoir", dit Wagner. Cet amour, il a dû y renoncer puisqu'il s'est lancé dans l'asservissement. La base de son caractère : l'instinct incontrôlé, son but : la domination du monde, ses moyens : la ruse, le sens utilitaire et l'énergie.

Le Juif doit être compris à partir de ces trois points. Ses lois morales, son absence de scrupules, son manque d'imagination, son insatiabilité, sa ruse, son expertise technique, son influence politique, etc.

Nous l'avons suivi historiquement au Portugal et en France, et nous avons vu en effet ce caractère du Juif surgir toujours et partout, nous l'avons observé dans le Talmud, nous l'avons trouvé à l'œuvre dans la franc-maçonnerie, et intrigant dans l'Internationale avec sa révolution lunatique et le déchaînement de tous les instincts.

À ce moment-là, le Juif s'est élevé parmi tous les peuples, et cela nécessairement. Je l'ai déjà dit plus haut : le principe libre de la morale humaine met chez tous les peuples un obstacle à l'instinct inconditionnel, le Juif reçoit cependant un surcroît de puissance spécial de ses doctrines morales, qui applaudissent à l'exercice de cet instinct à l'égard de tous les non-Juifs. Dans les périodes d'anarchie, les plus sans scrupules doivent se hisser au sommet, surtout lorsque toutes les capacités y sont adaptées. C'est pourquoi le Juif est toujours et partout porteur de l'idée de destruction.[425] Or, l'énergie du Juif est un trait de caractère spécifiquement sémite. Les Sémites ont su imposer le fanatisme qui en découle à des peuples subjugués ou piégés par la parole ou

---

[425] Le droit et la justice vivent comme une "maladie éternelle", dit son ami Méphisto.

l'épée. Sous la puissance de sa volonté stérile mais énorme, le caractère des peuples a été modifié.

Cet héritage du sang juif a déjà maintes fois traversé les pays comme une tempête. En Arabie, appelé à l'action par Mahomet, il a subjugué la Perse et l'a soumise avec une violence brutale à sa domination ; jetant tout à terre devant lui, il s'est déplacé en Afrique du Nord, a franchi les colonnes d'Hercule, a déferlé sur l'Espagne et s'est finalement heurté à une contre-attaque concluante. Le jour où Charles Martel remporte la victoire dans le sud de la France,[426] la première bataille contre le fanatisme religieux, l'intolérance religieuse est gagnée, même si ce n'est, bien sûr, que sur le terrain politique. Forcé de battre en retraite, l'islam se tourne vers le sud. Tout au long de la bordure du Sahara, il soumet lentement, et en rencontrant des résistances de plus en plus fortes, les tribus les unes après les autres. Et si l'on se demande comment cette volonté sémite a opéré, écoutons le chef de l'expédition allemande de recherche sur l'Afrique intérieure, Leo Frobenius.[427] Une fois que l'Islam a été fortement touché militairement, il ne pouvait plus tempêter violemment "mais il s'est glissé dans les pantoufles d'une vie mercantile sédentaire jusqu'aux portes arrière des palais du Soudan". Pendant longtemps, on a cru les écrivains arabes, on a vu l'histoire arabe "à travers les lunettes grises de l'Islam" et on l'a considéré comme un diffuseur de culture. Mais ce n'est pas le cas. "L'islam s'est appuyé, dans tout le Soudan, sur des cultures plus anciennes", affirme l'universitaire susmentionné.

Les représentants de l'Islam ont conquis par l'assaut des pays à faible pouvoir politique, ceux qui avaient une forte volonté de vie, mais en suivant la vieille recette éprouvée "par le chemin de la

---

[426] [Charles Martel ("le Marteau") (686-741) était un général franc célèbre pour sa victoire contre les Maures lors de la bataille de Tours (732)].

[427] *Und Afrika sprach* [3vols., 1912-13]. [Leo Frobenius (1873-1938) était un ethnographe prussien spécialisé dans la culture africaine et préhistorique.]

paix", c'est-à-dire en semant le conflit et la discorde entre les dynasties. Tantôt ils ont soutenu l'une, tantôt l'autre, pour finalement planter leur drapeau sur les murailles chancelantes. Et de quelle manière : elle-même improductive, après que l'Islam ait pendu tous les "meneurs", elle a contraint tous les pouvoirs à se mettre violemment à son service, à l'esclavage le plus amer. C'est ce que dit Frobenius :

> "Les Romains ont atteint leur apogée dans les entreprises coloniales en donnant aux peuples soumis un travail forcé dans le sens d'opportunités de travail. Le Romain ne faisait que collecter des impôts, mais l'Arabe volait tout le capital, tout le "moi d'une personne"".

Ce fut une première fois le résultat, le fanatisme (au milieu du 19ème siècle), la seconde est apparue à la fin du 19ème siècle, lorsqu'une vague arabe, venant cette fois de l'est, s'est déversée sur l'ensemble du Soudan, a subjugué tous les peuples qui y vivaient en s'adonnant à l'agriculture, a littéralement transformé la terre en désert et, vivant eux-mêmes dans des tentes de soie, les a transformés en cruels mangeurs d'hommes.

Cette puissance de l'énergie sémite et du fanatisme sémite, qui n'a pas été considérée dans toute son ampleur, est également présente dans l'idée juive, l'idée de la race juive sainte, par rapport à laquelle toutes les autres sont impures, et de la foi juive, par rapport à laquelle toutes les autres sont païennes.

Cette brève digression devrait ébranler la pensée naïve selon laquelle l'idée juive est une question insignifiante, en fait comme si elle n'était même pas présente. Leur conquête est "pacifique", c'est-à-dire qu'il faut aggraver les différends existants, contrecarrer la réconciliation, pour enfin hisser sur les murs chancelants "l'espoir historique" — la domination mondiale de l'empire juif, l'empire du Messie.

Le règne juif sur le monde

Certes, de nombreux peuples ont émergé en tant que conquérants, de nombreuses personnalités se sont élevées pour devenir des souverains. Cette quête du pouvoir n'est pas du tout à condamner sans réserve, elle est même souvent une nécessité morale ; la Rome antique, par exemple, se voyait au milieu d'un mélange de peuples ; pour protéger sa famille, son État, le Romain devait s'entourer d'un rempart solide. Ce n'est que lorsque de nouvelles tribus ont envahi Rome, lorsque des Syriens, des Africains, des empereurs soldats dégénérés ont pris le contrôle, que la volonté de puissance justifiée s'est transformée en une avidité de pouvoir débridée, et que Rome a perdu sa force. Même chez Bismarck et Napoléon, il existait une énorme volonté de puissance, mais alors que chez le premier, elle était contrôlée et ennoblie par une haute idée, chez l'autre, la volonté de puissance s'est déchaînée sans limite dans toute l'Europe. Contrairement à tous les pacifistes, je ne vois aucun crime dans la volonté de puissance elle-même, la seule et unique chose décisive étant le caractère du peuple ou de la personnalité qui la sous-tend. Parfois, une idée sociale, civilisatrice, culturelle peut être réalisée par ce biais, d'autres fois, des pays et des peuples pillés sont la conséquence d'une ramification du pouvoir. Or, partout où le caractère juif a été à l'œuvre, nous le voyons, même dans le plus haut développement de sa puissance, marqué par une stérilité totale. Jamais un peuple n'a montré une telle avidité de pouvoir que le Juif, non pas pour accomplir quelque chose, mais simplement parce qu'il se considérait comme "élu", mais jamais un peuple n'a pu faire aussi peu avec le pouvoir acquis que, là encore, le Juif. Le sentiment d'esclave qui est en effet l'évangile juif caractéristique à l'égard de Dieu (et non le sentiment d'un enfant, comme chez les Indo-Européens) pénètre le Juif profondément dans son sang ; mais que l'esclave exige ensuite avec le plus d'avidité de jouer au seigneur, que l'esclave devenu chevalier chevauche cependant son cheval jusqu'à la mort, tout cela est facile à comprendre.

L'instinct de puissance des Juifs est donc d'une autre nature que celui des anciens Romains, d'Alexandre, de Bismarck, de

Napoléon. En tant que seigneur, il n'exige pas naturellement le respect et l'obéissance ; en tant que personnalité, le Juif ne se tient pas ouvertement devant son travail, mais il poursuit son chemin par l'intrigue, le mensonge, la tromperie et l'assassinat ; il se tient en tant qu'assistant secret, se sentant comme un communiste derrière tous les couloirs d'un travail destructeur. Toute l'histoire juive en fournit la preuve. [428]

Nous avons ainsi décrit avec précision le type et le mode de fonctionnement du caractère juif. Il va de soi que ce caractère s'exprime non seulement instinctivement, mais qu'il trouve aussi son empreinte consciente dans l'écriture. On a suffisamment écrit sur la littérature de l'Antiquité, je voudrais seulement rappeler brièvement la promesse qu'ils pourront dévorer tous les peuples que Dieu remettra aux Juifs, [429] que les princesses seront leurs nourrices, [430] que tout l'argent et l'or leur appartiendront un jour, que tous tomberont à leurs pieds pour en lécher la poussière, et que le Juif sucera le lait des païens et que les seins des reines l'allaiteront. [431] Je ne souhaite pas m'étendre davantage sur ce sujet.

Mais ces vieilles pensées n'ont jamais été oubliées. L'avidité effrénée pour la domination de ce monde apparaît encore et toujours comme une revendication "légitime" de principe. Le Saint a dit aux Israélites : "Vous avez fait de moi le seul maître du monde, alors je ferai de vous les seuls maîtres de ce monde".[432]

---

[428] Comment et pourquoi le communisme et l'anarchisme vont de pair et sont liés chez les Juifs est une question psychologique intéressante que je ne peux pas aborder ici et sur laquelle je reviendrai dans un autre ouvrage.

[429] *Dt* 7 :10.

[430] *Isa* 19 :7.

[431] *Isa* 60 :9.

[432] *Talmud de Babylone, Tractate Chagigah*, fol.3a, b.

Si, dans un pays, les Juifs atteignaient des positions influentes, si la position de la communauté juive se développait de manière brillante, ce pouvoir était souvent considéré comme le premier signe de l'avènement d'un pouvoir mondial.

C'est ainsi que les Juifs, par exemple, ont vécu sous Léon X[433] dans une telle ivresse qu'ils ont demandé à Jérusalem si les signes d'un salut imminent n'étaient pas manifestes. C'est ainsi qu'un David Reubeni [434] est apparu à Rome avec la nouvelle très excitante que, sous le commandement de son frère, une grande armée était rassemblée et qu'il ne lui manquait plus que l'armement pour conquérir la Terre Sainte. Par ses discours, il trahit non seulement les Juifs, mais aussi le pape qui lui a fourni des recommandations.

David traverse l'Italie, fêté comme un roi. Il s'est ensuite rendu en Allemagne, où il a été capturé et a connu une fin ignominieuse. Sabbataï Zevi[435], qui avait promis au monde entier de renverser le sultan et de libérer la Palestine de la domination turque, était du même acabit. Il s'est rendu à Constantinople, a été capturé et est devenu mahométan. Des aventuriers de ce type, qui semblent totalement pathologiques, le judaïsme en a fait naître un grand nombre.

---

[433] [Giovanni di Lorenzo de' Medici (1475-1521) devient le pape Léon X en 1513].

[434] [David Reubeni (1490-1535/1541) était un mystique juif aux prétentions messianiques, probablement né en Afghanistan, qui s'est rendu en Europe en promettant une alliance des Juifs d'Orient contre l'Empire ottoman. Mais il fut arrêté par l'Inquisition vers 1532 et mis à mort].

[435] [Sabbataï Zevi (1626-1676) est un rabbin et kabbaliste né à Smyrne (Izmir) qui, à partir de 1648, prétend être le Messie. Malgré un nombre considérable de "sabbatéens", il fut contraint par le sultan ottoman Mehmet IV de se convertir à l'islam en 1666].

Dans le Zohar,[436] le célèbre chef-d'œuvre de la Kabbale, l'espoir juif trouve l'expression suivante : "Lorsque l'année 60ème et l'année 66ème auront franchi le seuil du premier millénaire du monde (65060/66, c'est-à-dire 1300/1306), le Messie apparaîtra, mais il s'écoulera encore un certain temps avant que tous les peuples ne soient conquis et qu'Israël ne soit rassemblé".[437] Lorsqu'un certain Mordechai s'éleva en Perse jusqu'à devenir un haut dignitaire de l'État, le peuple inventa le verset suivant :

> Mordekhaï est un prince brillant,
> Puissant dans la règle, aimé par le roi et le grand homme,
> Son nom est sur les lèvres des grands et des petits,
> Dieu a accordé la domination au peuple saint en son nom.

Ces processus de pensée reviennent sans cesse. Nous avons déjà entendu certains francs-maçons juifs parler au 19ème siècle, ainsi que le poète "allemand" Heinrich Heine. Il savait ce qu'il disait lorsqu'il a écrit l'histoire d'un berger et de son troupeau.

Et dans ses œuvres posthumes, on trouve un aveu significatif que tout Allemand doit prendre en compte : "La mission des Juifs est-elle terminée ? Je pense que lorsque le Messie mondain viendra : Industrie, Travail, Joie. Le Messie du monde viendra dans un train. Michael[438] construit le chemin pour lui". (Depuis 1933, Michael s'est enfin réveillé). Je ne voudrais pas prendre congé des expressions du passé juif sans mentionner en conclusion une personnalité qui me semble à tous égards incarner tout ce qui

---

[436] [Le *Zohar* est le texte fondamental de la Kabbale juive. Il consiste en un commentaire mystique de la Torah ainsi qu'en des discussions sur la cosmologie et la psychologie. Il a été publié pour la première fois en Espagne au 13ème siècle par Moïse de Léon, qui l'a attribué à un rabbin du 2nd ap. J.-C., Shimon bar Yochai].

[437] Graetz, *Geschichte der Juden*, Vol. VII, p.228.

[438] [Der deutsche Michel" (le Michel allemand) est un nom péjoratif pour un Allemand, considéré comme typiquement simple d'esprit].

caractérise le judaïsme : Isaac Orobio de Castro (1616-1627),[439] incontestablement l'un des Juifs les plus importants de son époque. D'abord professeur de philosophie à Salamanque, il est ensuite livré au tribunal de l'Inquisition, puis se rend en France après sa libération, où il devient professeur de médecine à Toulouse.

Plus tard, il s'est rendu à Amsterdam, où il a fini ses jours. La vision du monde de cet homme nous révèle les limites caractéristiques de l'esprit juif et la volonté implacable du caractère juif qui travaillent ensemble pour produire une unité caractéristique.

Cette vision du monde repose sur les piliers typiquement juifs d'un dogme immuable (en l'occurrence la loi du Sinaï), sur la haine des chrétiens et sur la domination juive du monde.

Avec un instinct sûr, il rejette le caractère absolu des prophètes (qui se sont en effet efforcés en vain de réformer la juiverie obstinée).

> "La reconnaissance du vrai Dieu ne dépend en aucune façon des révélations prophétiques. Dieu a ordonné à son peuple le culte avec lequel il devait le servir, et ce culte est indépendant de ce que les prophètes ont eu à lui annoncer par la suite".
>
> "Les prophètes, qui sont l'oracle du christianisme, et sans lesquels les chrétiens n'auraient pu se faire un Messie, ont suivi consciencieusement les lois, leurs prophéties ne sont remplies que d'avertissements aux enfants d'Israël pour qu'ils gardent la loi donnée par Moïse. Et que ne sont-elles pas contre ceux qui la négligent ?

---

[439] (Voir ci-dessus p.92.)

> Si c'est Dieu qui a fait la loi, si elle a été écrite de sa main, si elle a été déclarée de sa bouche, alors elle est intouchable et rien ne peut y être changé sans qu'elle cesse d'exister".[440]
>
> "On ne peut pas croire que Dieu ait tenu si longtemps son peuple à l'accomplissement de sa loi, qu'il a donnée sur le mont Sinaï et répétée mot à mot sur le mont Horeb, si celle-ci était imparfaite".

Ce processus de pensée revient avec beaucoup d'obstination dans de nombreux endroits. Une telle étroitesse d'esprit a été transférée au principe catholique romain, où la volonté de l'Ancien Testament a remporté une victoire sur la libre pensée. Mais Origène[441] pouvait encore écrire :

> "Si nous nous en tenons à la lettre et si nous comprenons ce qui est écrit dans la loi à la manière des gens du peuple, je devrais rougir de reconnaître que c'est Dieu qui a donné ces lois. Alors les lois des hommes, par exemple des Romains, des Athéniens, des Spartiates, seraient plus excellentes et plus raisonnables".

Origène était en effet un homme libre, mais le point de vue des "gens du commun" l'a emporté, jusqu'à ce qu'aujourd'hui une seconde Réforme se présente à la porte pour supprimer entièrement l'esprit juif et libérer enfin le Nouveau Testament de l'emprise de l'Ancien.

De Castro ne peut se satisfaire, à juste titre, de fournir des preuves que le Christ n'a jamais pu être le Messie promis aux Juifs.

---

[440] Israël venge, Paris, 1845, p.111. [Cet ouvrage a été publié pour la première fois à Londres en 1770 par un juif nommé Henriquez qui prétendait qu'il s'agissait d'une traduction française d'un ouvrage original espagnol de Castro].

[441] [Origène (vers 184-253), théologien chrétien platonisant d'Alexandrie, faisait la distinction entre l'Église idéale du Christ et l'Église empirique qui offrait un refuge aux "pécheurs"].

> "Qu'a-t-il accompli parmi les prophéties ? A-t-il jamais exercé un pouvoir sur les Israélites ? Il ne s'est pas assis sur le trône de David, il n'a pas tenu son peuple dans la vérité, sa famille était l'une des plus communes, et ses actes prouvent qu'il n'était pas le Messie légitime".

S'il est dit qu'à l'époque du Messie, tous les justes de son peuple, tous les réfugiés d'Israël des quatre coins du monde seront rassemblés, l'esprit captivé par la religion chrétienne doit admettre que le Christ n'a pas fait cela.

> "Qui sont les pauvres du monde qu'il a justement jugés ? Possédait-il un sanhédrin digne de ce nom, auquel seul Dieu a donné le droit de juger ?"

Le Christ s'est trompé et, par le manque de respect qu'il a manifesté à l'égard des lois des pères, a contraint le Sanhédrin à le condamner à mort. Si le jugement n'avait pas été juste, il se serait trouvé quelqu'un pour le défendre, mais malgré l'invitation à le faire, personne ne s'est présenté pour le faire.

Cependant, il faut bien reconnaître aux Juifs la capacité de connaître leur loi, même s'ils l'ont formée à partir de leur propre esprit, et leur accorder le droit de lutter contre les réinterprétations telles qu'elles ont toujours été populaires.

Or, pendant près de deux mille ans, ils ont qualifié d'étranger et d'hostile l'esprit du Christ sur la base de leur loi, donc de leurs sentiments et de leur pensée, avec une clarté indubitable ; c'est décisif, quoi que l'on veuille lire dans le Pentateuque et les Prophètes.

Ici, deux types d'âme s'opposent comme l'eau et le feu. C'est pourquoi de Castro, à l'unisson de toute la juiverie, voit dans le Christ un "séducteur"... "qui a une ressemblance fatale avec le serpent qui séduisit Eve en ayant institué la même calamité dans le monde".

Le Christ effilait les oreilles le jour du sabbat, mangeait de la chair défendue, "il est impossible de lui pardonner tout ce qu'il a dit, parce que Dieu, prévoyant qu'un jour un homme surgirait pour séduire son peuple, lui avait ordonné par sa sainte écriture d'être sur ses gardes, et lui avait défendu tout ce que Jésus-Christ voulait introduire". [442] A peine connu, le Christ donna des preuves évidentes de son manque de respect envers la loi divine, et ce n'est qu'après une enquête absolument précise et impartiale qui prouva que sa doctrine et sa morale étaient en contradiction avec la volonté de Dieu qu'il fut condamné à mort".[443]

Cette déclaration sort de la bouche de tous les juifs, même si l'idée d'un rapprochement possible est toujours d'actualité. Et du plus profond de son cœur, de Castro lance un appel :

> "La dépendance dans laquelle vivaient les Juifs lorsque la religion chrétienne a commencé à être introduite les a empêchés de la détruire jusqu'à la racine. Si les Juifs n'étaient pas sous le joug des Romains, s'ils avaient eu le pouvoir comme au temps de David et de Salomon, cette idolâtrie aurait pris fin aussitôt après son commencement".

C'est assez brutal, et la même façon de penser se retrouve chez le Dr Lippe, déjà cité, lorsque, à propos du récit de Caïn et d'Abel, il dit :

> "La différence dans l'expression de la conscience religieuse va jusqu'au fratricide. Quelle vérité profonde !"

La rigidité d'esprit et la haine du Christ (qui dépasse naturellement de loin l'hostilité au sang allemand)

---

[442] *Op.cit.* p.91.

[443] *[Ibid.]*, p.180.

s'accompagnent d'une exigence compréhensible de domination sur les autres peuples.

Il revient souvent : il ne fait pas appel à des capacités, à des réalisations, mais uniquement à la promesse de Moïse et des prophètes.

> "Dieu a promis à son peuple le bonheur dans cette vie et toutes les bénédictions dans l'autre. Il lui a dit que toutes ses persécutions de la part des nations auront une fin définitive, qu'il régnera sur elles, qu'il disposera d'une abondance d'argent et d'or au lieu de plomb et de fer…"[444]

Je dois me contenter de ces indices, mais même eux montrent avec une clarté indubitable une structure essentielle immobile et fermée sur elle-même. Selon Ezéchiel, les Juifs ont "la tête dure",[445]. En lisant les écrits juifs, on peut être amené à désespérer de leur dureté et, dans les cas de grande érudition, de leur bigoterie. Mais si leur influence s'exerce réellement sur les masses, alors le désespoir est réel et général. Un triste exemple : le présent.

Même le présent, avec la règle inconditionnelle du caractère juif, a été lentement déterminé à l'avance, comme on le voit, fruit de forces à l'œuvre déjà dans le passé. J'ai déjà souligné le fonctionnement de la machine qui a préparé le terrain pour les forces juives de matérialisation. Par l'expansion croissante de ces forces, par la spécialisation devenue de plus en plus nécessaire, l'ouvrier était condamné à une activité de plus en plus sans but ; sans but pour lui parce qu'il voyait sortir d'une usine un produit

---

[444] *Op.cit.* p.35. Pour plus de détails sur ces idées, voir Weber, *System der synagogalen Theologie*. [Le *System der alt-synagogalen-palästinischen Theologie aus Targum, Midrasch und Talmud* de Ferdinand Weber *a été publié à titre posthume* en 1880].

[445] *[Ezek 3 :7]*

dont la construction et l'effet lui étaient incompréhensibles. Alors que l'agriculteur était contraint par son travail de se préoccuper de l'avenir, de réfléchir aux moyens de l'assurer, cela manquait à l'ouvrier, il effectuait un travail purement mécanique. Il s'est ruiné, comme l'aurait dit Goethe, par le "travail inconditionnel". C'est dans les masses ainsi disposées qu'est tombée la semence empoisonnée de la doctrine marxiste.

Le socialisme, tel que Marx l'a développé sous la forme d'un système, n'est naturellement pas seulement une bataille pour des questions d'ordre mondial, mais une vision du monde en général. Dans sa doctrine, deux facteurs sont devenus des points de repère : la lutte brutale des classes et l'internationalisme.

Sans entrer dans la science "bourgeoise" de l'ethnologie, tous les hommes sont expliqués par l'extrême puissance d'un fanatique comme étant égaux ; ce qui les rend apparemment inégaux ne serait que des injustices sociales, et les batailles et événements religieux et politiques se révèlent être des luttes de classes de groupes sociaux. Il serait certes intéressant d'éclairer l'histoire de ce point de vue et, naturellement, personne ne devrait sous-estimer les effets des structures sociales, mais il est caractéristique que cette idée séminale puisse devenir un dogme fondamental pour toute une vie. Réduire tout à un principe abstrait et l'imposer avec fanatisme, c'est encore le même esprit et le même caractère qui ont opposé à toute la pensée de l'Inde et de l'Europe le seul "Dieu est Dieu et nous sommes son peuple".

Dans cette pensée, il faut voir un danger pour toute notre culture, un tison lancé dans chaque communauté nationale : on attend de nous que nous essayions de travailler non pas les uns avec les autres, mais les uns contre les autres. Si la lutte d'intérêts est un fait préexistant, il n'en reste pas moins que le fait de faire appel partout au principe de la brutalité ou à celui de la coopération mutuelle fait une grande différence. Ce qui est décisif, c'est l'orientation de la pensée et non les événements occasionnels ; et l'orientation de la pensée qui a été transmise aux masses ouvrières a été la tendance qui a rongé toute la vie allemande.

Si un Thomas Moore a voulu exclure de son Utopie les hommes irréligieux,[446] si même les révolutionnaires français ont eu le désir de se rapprocher d'un symbole, si un Karl Ernst v. Baer[447] n'a en effet pas voulu entendre parler d'une science qui pourrait tuer le sentiment religieux, l'esprit de Marx se place à un point de vue antireligieux, tout à fait purement matérialiste. Toute science et toute histoire est matérialisme, toute religion est le règne des prêtres, tout travail est quantité. Dans l'ensemble de son sentiment, de sa pensée et de son action, il manque une compréhension de la qualité et de la personnalité comme fondement de celles-ci, c'est la compréhension technique déjà mentionnée.

La vision marxiste du monde balaie les masses comme un balai raide qui égalise tout le monde. Si les travailleurs s'unissent, s'ils défendent leurs intérêts avec vigueur, si les Allemands ne se battent pas entre eux, le caractère du peuple lui-même produira quelque chose de fructueux ; par contre, lorsqu'un esprit étranger veut s'imposer en termes de vision du monde ou dans l'arène sociale, et qu'il le fait avec une intolérance qui rejette tout le reste avec fanatisme, tout homme sérieux doit se demander si cela ne représente pas un grand danger. En outre, l'internationalisme prôné est antinational, ce qui signifie en principe une guerre civile dans tous les pays et la chute de nations européennes cultivées entières. Werner Sombart, par exemple, dit expressément que les unions internationales bourgeoises se tiennent sur le sol national, mais l'internationalisme du prolétariat est, et doit être, nettement antinational.[448] L'opposition d'intérêts avait pris ces dernières

---

[446] [L'œuvre latine de Thomas More sur la république idéale de l'île d'Utopie a été publiée en 1516].

[447] (Voir ci-dessus pp.5, 165).

[448] *Sozialismus und sociale Bewegung* [1896]. [Werner Sombart (1863-1941) était un économiste et sociologue célèbre pour son ouvrage *Die Juden und das Wirtschaftsleben* (1911), une réponse à *Die protestantische Ethik und der Geist des Kapitalismus* (1904/5) de Max Weber].

années, grâce à la direction prudente de certains socialistes allemands, une forme qui rejetait la dictature du prolétariat et attendait la domination du socialisme d'un changement de mentalité. Mais à l'heure actuelle, alors que la discipline et la résistance morale se relâchent, ce sont partout les Juifs qui la prêchent sous sa forme la plus brutale.

Et cette rigidité dogmatique que rien ne peut troubler — enseignée par l'énergie, cultivée pendant mille ans, d'une partie de la population vivant dans des conditions difficiles, d'une masse qui ne connaissait rien de l'histoire, qui connaissait à peine la valeur et l'empreinte de sa propre âme raciale — devait trouver des racines. La doctrine qui plaçait le mécontentement des entrepreneurs dans une vision du monde à établir de manière historique, qui proclamait la lutte des classes comme le seul facteur de l'histoire du monde, devait trouver des adeptes. Le mouvement qui n'a pas su saisir le but à portée de main s'est immédiatement fixé, comme un enfant qui ne sait rien, un but totalement irréalisable, l'humanité entière.

Beaucoup d'hommes honnêtes ont adopté le socialisme, mais la majorité des Européens ont énergiquement formé un front contre l'internationalisme au sens d'anti-nationalisme et contre la révolution. Même un August Bebel[449] opina dans sa vieillesse,[450] que l'on ne sait même pas encore à qui appartient la patrie, aux riches ou aux pauvres, et celui qui prononça ces paroles était pourtant celui qui avait protesté contre l'annexion d'Elsaß—Lothringen au point de vouloir prendre des pierres à fusil s'il le fallait pour défendre la patrie. Mais lui et d'autres hommes avaient perçu la valeur irremplaçable de la nation, ils avaient aussi

---

[449] [August Bebel (1840-1913) était un socialiste allemand qui fut l'un des fondateurs du Parti social-démocrate d'Allemagne (SPD)].

[450] Ces lignes ont été écrites en 1919, avant la fondation du NSDAP.

reconnu la catastrophe qu'une révolution engendrait et ne voulaient pas y participer.[451]

Mais chacun doit d'abord se demander comment il se fait que l'appel à l'internationalisme, plus précisément au chaos national, soit lancé avec toujours plus de force au sein d'un peuple qui, pendant des milliers d'années, a préservé son caractère dans la cohésion nationale la plus rigide et a maintenu sa tradition. *La réponse est la suivante : L'appel à l'internationalisme dans le sens de l'anti-nationalisme est l'appel de la juiverie nationaliste, l'appel à la lutte des classes dans le sens de la guerre civile est l'appel de l'exploiteur qui ne connaît pas de classes !*

La signification de toute démocratie comprise dans un sens juif, de tout socialisme compris dans un sens juif, de toute liberté comprise dans un sens juif, est l'assujettissement de toutes les autres nations, de tous les autres droits, comme la loi juive l'a exigé il y a deux mille ans, et doit l'exiger aujourd'hui et à l'avenir.

Si nous pouvions déterminer le caractère juif par l'observation de l'histoire juive, si nous devions faire appel à notre héritage spirituel pour faire contrepoids à l'action de l'esprit juif, alors la tolérance non pas humaine, mais étatique, devrait s'arrêter devant l'effrayante nécessité avec laquelle le caractère juif s'affirme, secrètement ou lorsqu'il est parvenu au pouvoir.

Chaque Européen doit prendre conscience qu'il s'agit de tout ce que notre esprit, notre caractère nous a transmis comme tradition héréditaire à entretenir et à gérer et qu'ici, la tolérance humanitaire face à l'hostilité agressive signifie purement et simplement le suicide.

---

[451] Discours parlementaire, 1904.

Il serait bon de noter les mots lapidaires de J.H. Voh :

> "On exige audacieusement que la vraie tolérance soit tolérante même à l'égard de l'intolérance. Il n'en est rien ! L'intolérance est toujours active et efficace, elle ne peut être contrôlée que par des actions et des effets intolérants."

Conséquences

J'en arrive à la fin. Pour évaluer le danger juif, nous avons dû suivre la trace du Juif, observer la forme de ses sentiments, de ses pensées, de ses actions et illustrer ce qui est essentiel et ce qui revient toujours. Ce n'est qu'à partir de cette connaissance et du soin conscient de notre caractère qu'il est possible d'affronter le danger de la judaïsation. Autrefois, lorsqu'on privait le Juif de ses droits civiques, on le privait aussi de ses droits humains.

Ces deux concepts doivent maintenant rester séparés. Fichte dit :

> "Ils doivent avoir des droits de l'homme, même si ceux-ci ne leur appartiennent pas comme à nous... mais pour leur donner des droits civiques, je ne vois pas d'autre moyen que de leur couper une nuit toutes les têtes et de leur en mettre d'autres dans lesquelles il n'y a pas une seule idée juive. Pour nous protéger d'eux, je ne vois pas d'autre moyen que de conquérir pour eux leur terre vantée et de les y envoyer tous".[452]

Ce que Fichte entend par droits de l'homme ressort des mots suivants : "Si tu n'as du pain que pour aujourd'hui, donne-le au juif qui a faim à côté de toi". C'est ce que nous devons aussi penser. Nous devons pratiquer la protection de la vie à l'égard du Juif comme à l'égard de tout autre homme, mais nous devons

---

[452] [Ces remarques sont extraites de la brochure de Fichte de 1793 intitulée "Beitrag zur Berichtigung der Urtheile des Publicums über die französische Revolution" (Contribution à la correction de l'opinion publique sur la Révolution française).

protéger juridiquement notre culture nationale, pouvoir la maintenir et la purifier dans son caractère spécifique sans qu'un esprit juif étranger et nécessairement hostile puisse exercer une influence.

Les objectifs sont clairs, maintenant brièvement les moyens. Sur le plan économique, le Juif a acquis le pouvoir par le biais de l'intérêt, de l'usure, de l'argent. Auparavant directement, aujourd'hui par l'intermédiaire des banques et des bourses. La rupture de l'esclavage financier, un moyen qui n'a pas réussi pendant si longtemps, est aujourd'hui à nouveau un cri de guerre. Si l'on y parvenait, ne serait-ce que partiellement, la hache aurait été abattue sur l'arbre de vie du Juif.

En termes de politique nationale, il faut déterminer que :

1. Les Juifs sont reconnus comme une nation vivant en Allemagne. La foi religieuse ou l'absence de foi ne joue aucun rôle.
2. Est juif celui dont les parents, père ou mère, sont juifs selon cette nationalité ; est désormais juif celui qui a un conjoint juif.
3. Les Juifs n'ont pas le droit de s'engager dans la politique allemande, que ce soit en paroles, en écrits ou en actions.
4. Les Juifs n'ont pas le droit d'occuper des fonctions publiques et de servir dans l'armée, que ce soit comme soldats ou comme officiers. Leur performance au travail est remise en question.
5. Les Juifs n'ont pas le droit de diriger les institutions culturelles publiques et communales (théâtres, galeries, etc.) et d'occuper des postes professionnels et d'enseignement dans les écoles et les universités allemandes.
6. Les Juifs n'ont pas le droit de travailler dans les commissions étatiques ou communales de contrôle, de censure, etc., ils n'ont pas non plus le droit d'être représentés dans les directions des banques étatiques et des institutions de crédit communales.

7. Les Juifs étrangers n'ont pas le droit de s'installer durablement en Allemagne. L'acceptation dans la fédération allemande devrait leur être interdite en toutes circonstances.
8. Le sionisme doit être activement soutenu afin de transporter un certain nombre de Juifs allemands chaque année en Palestine ou, plus généralement, au-delà des frontières.[453]

Sur le plan culturel, les institutions désormais clairement allemandes doivent veiller, en nommant les artistes allemands les plus importants, à ce qu'il ne soit plus possible de transmettre un tel poison au peuple, comme c'est le cas aujourd'hui par l'intermédiaire des éditeurs, des directeurs de théâtre et des propriétaires de salles de cinéma, et à ce que les maîtres allemands soient choisis de préférence.[454] Mais la chose la plus importante, qui ne peut être obtenue par aucun décret, c'est une culture allemande. Les lois ne peuvent que supprimer toutes les restrictions, mais c'est le peuple lui-même qui doit parler. Et quiconque a des oreilles pour entendre entendra des milliers de personnes aspirer à cette culture.

Beaucoup des meilleures personnes restent sans plus aucun lien avec une église, elles se sont éloignées du dogme, mais n'ont pas encore trouvé la foi ; d'autres se construisent un monde dans l'isolement. Mais la religion, si elle veut dispenser une culture à tout un peuple, doit avoir un point commun. L'individu a besoin de la puissance d'un tout, et peu nombreux sont ceux qui peuvent s'en passer sans en souffrir. Il est grand temps que les récits d'Abraham et de Jacob, de Laban, de Joseph, de Juda et d'autres archi-roi cessent de jouer leur rôle dans les églises et les écoles.

---

[453] Voir dans ce contexte les lois de Nuremberg de 1935.

[454] Au cours de la saison d'hiver 1918/1919, au théâtre de Berlin, alors dirigé par des Juifs, Goethe est joué une fois avec Clavigo, Schiller avec Maria Stuart ; sinon, seuls des Juifs et des étrangers sont promus.

C'est une honte que ces incarnations d'un esprit totalement fourbe et trompeur nous soient présentées comme des modèles religieux, voire comme les ancêtres spirituels de Jésus.

L'esprit chrétien et l'esprit "sale juif" doivent être séparés ; la Bible doit être divisée en chrétiens et antichrétiens. La vérité doit apparaître que des hommes du passé israélite (Amos, Osée) ont lutté en vain contre l'esprit juif qui devenait de plus en plus fort, et que cet esprit, qui avait toujours été présent, a triomphé, qu'il a considéré le chrétien comme son ennemi mortel, et que ce dernier l'a ressenti comme son adversaire.

En lieu et place des anciennes histoires juives, il convient enfin d'évoquer les trésors de la pensée indo-germanique, les modèles qui ont été déformés dans le miroir juif. Réveillons les mythes indiens de la création, le chant de l'Unique de Dhirgatamas,[455] les merveilleux récits des Upanishads, les dictons des âges ultérieurs. Racontons les drames cosmiques des Perses, la bataille de la Lumière contre les Ténèbres et la victoire du sauveur du monde.[456] Racontons aussi la sagesse grecque et allemande, la croyance en l'immortalité et le symbolisme de la nature. Alors l'époque connaîtra une grande renaissance ; elle est peut-être plus proche que nous ne le pensons.

> "L'esprit entend résonner la naissance d'un nouveau jour
> La naissance du nouveau jour",[457]

Le jour de la pensée allemande.

---

[455] [Dhirgatamas était l'un des Sages qui ont composé le Rgveda].

[456] [Dans l'eschatologie zoroastrienne, Saoshyant est le sauveur qui apportera la rénovation finale du monde lorsque les morts seront ressuscités et que leurs âmes seront réunies avec la divinité Ahura Mazda].

[457] [Ces lignes sont tirées du *Faust* II, acte I, de Goethe.]

Autres titres

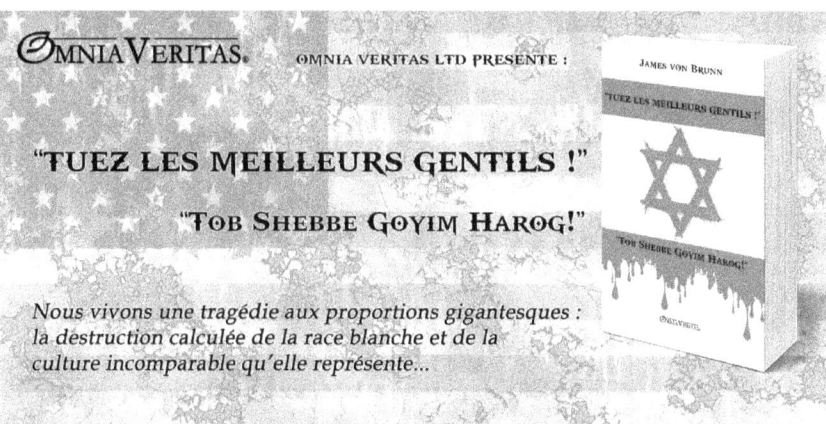

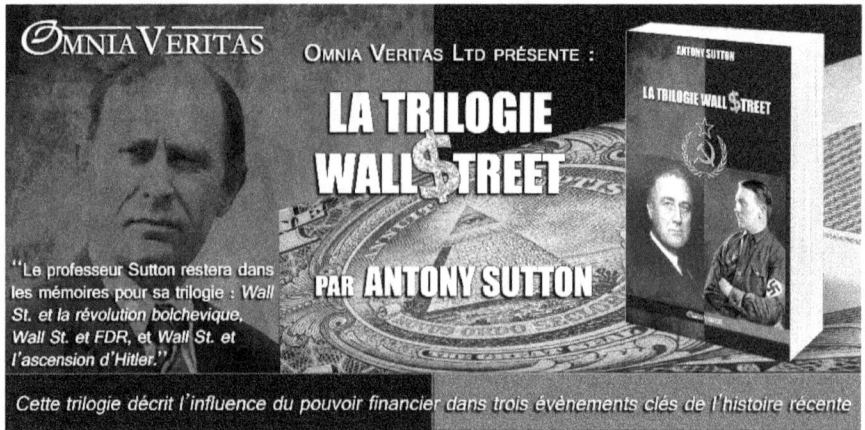

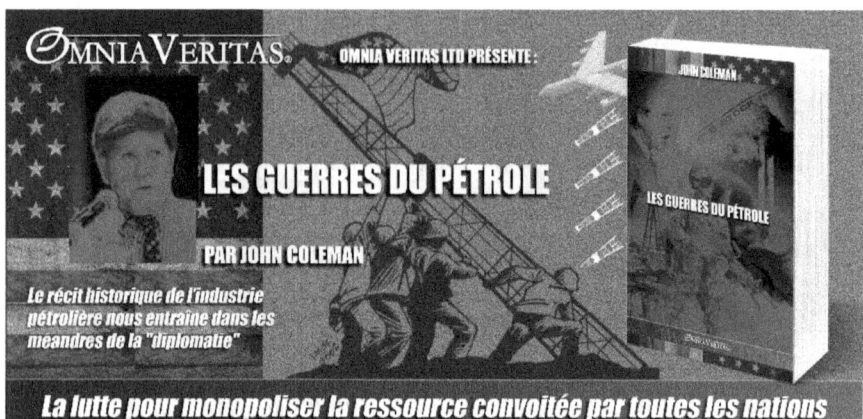

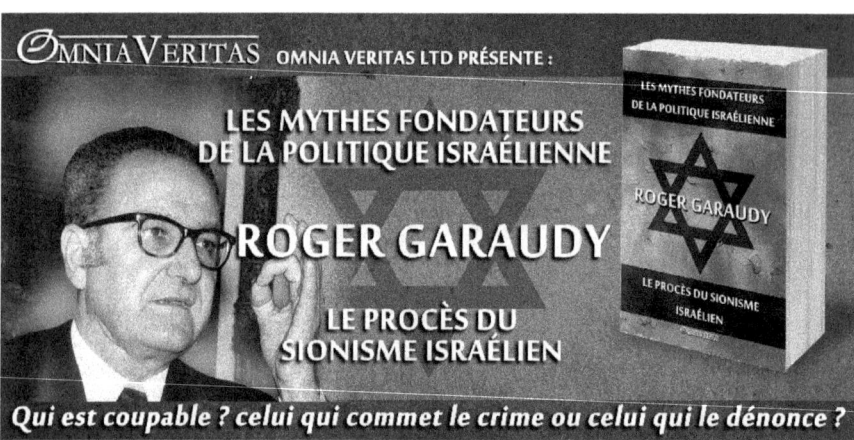

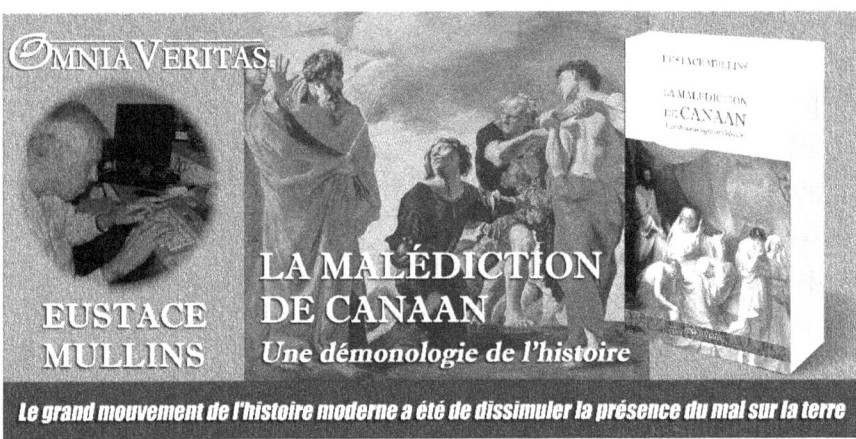
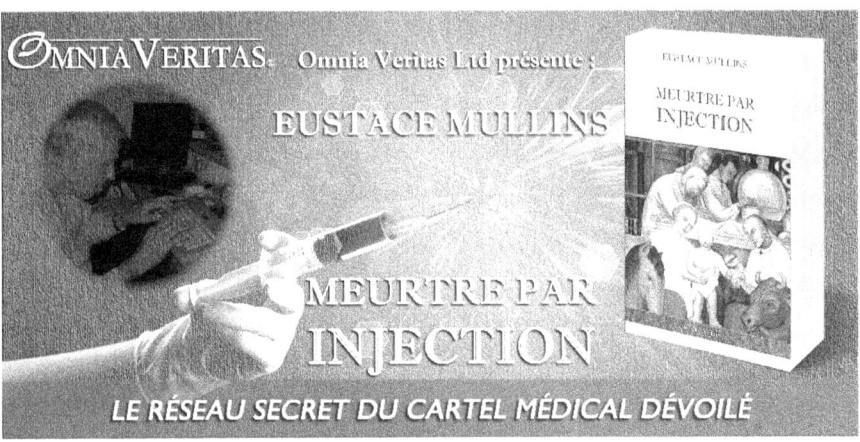

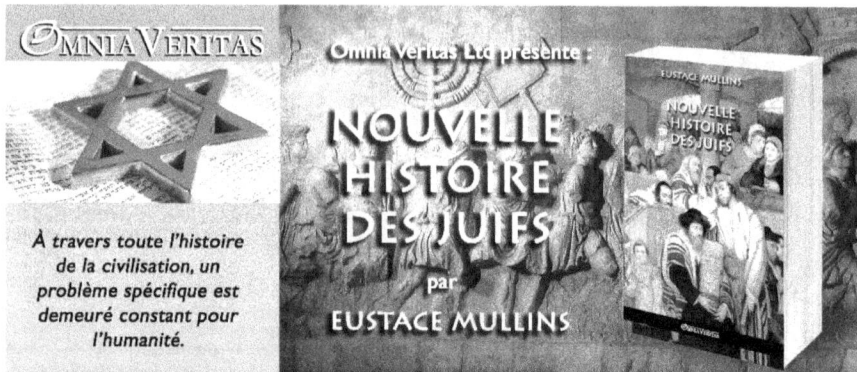

www.ingramcontent.com/pod-product-compliance
Lightning Source LLC
Chambersburg PA
CBHW050132170426
43197CB00011B/1808